Gerhard Walter

Schlagzeilen 1993

Ueberreuter

Buch und Redaktion: Gerhard Walter, Christoph Matzl
Idee: Dr. Friedrich Dragon

Bildschirmlayout: Werner Galli, Hermann Müller, Hermann Riedl, Herbert Szokoll, Fritz Tomicek
Bildschirmumbruch: Reinhard Staindel

Archiv: Adolf Kindl, Hildegard Gstöttner, Martin Kriegel

Sekretariat: Sandra Reiterer
Register: Margit Wudernitz

Die Deutsche Bibliothek – CIP-Einheitsaufnahme

Schlagzeilen 1993:
Neue Kronen Zeitung – Wien: Ueberreuter
Erscheint jährl. – Früher begrenztes Werk,
– Aufnahme nach 1991
Forts. von: Schlagzeilen, die Österreich bewegten 1991
ISBN 3-8000-3482-4

AU 267/1

Druck und Bindung: M. Theiss, 9400 Wolfsberg
Printed in Austria
3 2 1

1993 Am Ende stehen die Signale auf Hoffnung

Wenn nichts so langweilig ist wie eine Zeitung von gestern, dann ändert sich dieser journalistische Grundsatz mit der Distanz. Die reminiszente Aufarbeitung wird zur Chronik, und die Wanderung durch das nachlassende Gedächtnis gewinnt an Spannung.

„Schlagzeilen, die Österreich bewegten" hieß 1990 der erste einer Reihe von Georg Markus zusammengestellter Bände über 90 Jahre österreichische Geschichte, das Jahrhundert der am 2. Jänner 1900 gegründeten „Kronen Zeitung". Ein Pilotprojekt mit Riesenerfolg und „Kindern": Mittlerweile gehören die Jahresrückblicke in Buchform, aufgearbeitet in der vertrauten Form täglicher Zeitungsseiten, schon zur Tradition innerhalb der großen „Krone"-Familie.

Dieses Mal zeichnen als Autoren zwei junge, hochtalentierte Journalisten aus der Lokalredaktion: Gerhard Walter und Christoph Matzl. Wie immer, wenn Arbeit Freude macht, wird die Arbeit gut. Das Nachschlagewerk ist wie aus einem Guß.

Auf den ersten Blick mag die Rückschau auf das turbulente Jahr 1993 eher düster scheinen: Schon wie im Vorjahr hat ihm der mörderische Krieg vor unserer Haustür seinen Stempel aufgedrückt. Was im Osten mit so viel Hoffnung begann, führte in Sackgassen von Nationalismus und Blutvergießen; die Völkerwanderung innerhalb Europas, geboren aus echter Not, mehr noch aus wirtschaftlichem Vorteilsdenken; die daraus resultierende wachsende Kriminalität; das jähe Ende der Überflußzeit im verwöhnten Westen mit allen bitteren Folgen wie Arbeitslosigkeit und leeren Staatskassen; die Rache der vergewaltigten Natur, die sogar die Sonne zum Feind macht; all das hat Ängste erzeugt, latent schon vorhanden, aber jetzt ein Jahr lang unsere unheimlichen Weggefährten.

Jedoch, Optimismus ist das Vorrecht der Jugend, und so ist die Jahresschau 1993 kein grauschwarzer Einheitsbrei geworden, das würde dem Weltbild unserer Autoren nicht gerecht. Wie gute Köche haben Walter und Matzl ihren Report mit Humor und Unterhaltung garniert, mit Meldungen aus aller Welt und Österreich, die zwar keine großen Schlagzeilen gemacht haben, aber doch wert waren, ins Buch der Erinnerungen aufgenommen zu werden. Die positiven Aspekte führen in der täglichen Berichterstattung ja oft genug ein Mauerblümchendasein und setzen sich schwer durch gegen die Dominanz von Greueln und Verbrechen. Das Ergebnis ist der bunte Bilderbogen eines Jahres, ein Kaleidoskop unserer Vergangenheit. Letztlich gar kein so schlechtes Jahr, wie man meinen möchte, denn am Ende stehen die Signale auf Hoffnung: Der Händedruck der Todfeinde Arafat und Rabin im Park vor dem Weißen Haus. Ob er hält, was er versprochen hat? Auch der vermutlich letzte Widerstandskampf der verbliebenen Eismänner in Moskau berechtigt zu Optimismus. Nur die bosnische Tragödie bleibt offenbar auch im nächsten Jahr der Mühlstein auf dem westlichen Gewissen.

Eine Rückschau im Jahresrhythmus heißt Chronologie, Chronologien aneinandergereiht werden Geschichte, alles zusammen ist unser Leben. Mit dem vorliegenden Band, dem weitere folgen werden, verlieren die Jahreszahlen ihre Anonymität und werden gewissermaßen zum Tagebuch des Selbst- und Miterlebten, ein Nachschlagewerk für jeden „Krone"-Leser und seine Familie, das noch lange Interesse und Freude wecken wird.

Dies als Geleitwunsch.

Willi Haunold

Das Autorenteam: Christoph Matzl (li.) und Gerhard Walter (re.)

In Memoriam Ernst Happel

Mitten in den Vorbereitungen zu dem von ihm mit Spannung erwarteten Länderspiel Deutschland – Österreich hörte das Herz des großen Fußballers Ernst Happel auf zu schlagen.

Mit 51 Länderspielen, zwei Weltmeisterschaften und einer Berufung in die FIFA-Weltelf dokumentierte Happel schon als Spieler seine absolute Weltklasse. Als Trainer wurde er später sogar die Nummer 1 mit zwei Europacupsiegen, einem Erfolg im Weltcup und einem Vize-Weltmeistertitel. Insgesamt brachte er es mit den von ihm betreuten Mannschaften auf 18 Meistertitel.

Mit Feyenoord Rotterdam und dem Hamburger SV holte der Trainer die Trophäen in der stärksten europäischen Clubkonkurrenz. Als Betreuer der holländischen Nationalelf zog Ernst Happel in das WM-Endspiel 1978 in Argentinien ein und kam buchstäblich um Torstangenbreite um die Weltmeisterschaft.

Happel, den seine Freunde liebevoll „Aschyl" und auch „Wödmasta" riefen, war einer jener Großen des Sports, die Geschichte schrieben. Ein genialer Fußballer, der sich vom leichtsinnigen Genie zum pflichtbewußten und vorbildlichen „Kicker-Guru" entwickelt hatte und den österreichischen Spielern neue Hoffnung gab.

Er war bereits durch seine Krebserkrankung gezeichnet, als er die Betreuung unseres Fußballteams übernahm, und ertrug sein Schicksal mit einer menschlichen Größe, die Bewunderung und Erschütterung zugleich auslöste.

Einer wie „Aschyl" kommt nicht mehr wieder.

Karl. H. Schwind

Ernst Happel, geboren am 29. November 1925 in Wien, starb am 14. November 1992 in Innsbruck an Lungenkrebs.

OFB-Präsident Mauhart stellt Prohaska als neuen Teamchef vor

Grantig sein ist ein Normalzustand

Grant und Mißmut sind ein normaler Zustand. Das hat die Studie einer Psychologin der Universität Los Angeles ergeben. Nur zwei Prozent der Menschen gehen mit einem Lächeln durchs Leben, fünf Prozent blasen Trübsal, und die Mehrheit leidet an drei von zehn Tagen unter schlechter Laune. Tips der Expertin: Sex, ein prickelndes Bad oder ein Gespräch mit Freunden wirken aufmunternd.

Auf „Aschyl" folgt „Schneckerl": Prohaska wird neuer Teamchef

„Den Weg fortsetzen – aber mit eigenem Stil", das verspricht Österreichs neuer Fußballteamchef Herbert Prohaska, der am 8. Jänner 1993 mit der Happel-Nachfolge betraut wird. Gleichzeitig mit Prohaska werden Erich Obermayer als Co-Trainer und Bruno Pezzey als Coach der Unter-21-Auswahl präsentiert.

„Diese Variante hätte Ernst Happel sicher gefallen", resümiert ÖFB-Präsident Beppo Mauhart und glaubt, die beste Lösung für Gegenwart und Zukunft der österreichischen Nationalmannschaft gefunden zu haben.

Herbert „Schneckerl" Prohaska (37) bewährte sich als großartiger Spieler von Austria Wien, Inter Mailand sowie AS Roma und wurde 83 mal in die österreichische Nationalelf berufen.

Als Trainer führte er Austria zu zwei Meistertiteln, zwei Cupsiegen und zwei Siegen im Supercup. Unter Ernst Happels ÖFB-Amtszeit betreute Prohaska als Coach die Unter-21-Mannschaft. Der bisherige Happel-Co Dietmar Constantini scheidet aus dem ÖFB aus. Zum Kreis der Teambetreuer rückt auch Rapids Ex-Keeper Herbert Feurer, der die Torleute trainiert.

„Als mich der Präsident fragte, ob ich mir das Amt zutraue, habe ich das sofort und ohne Zögern bejaht. Ich wollte das Team zwar erst in zwei, drei Jahren übernehmen – aber man kann sich nicht alles aussuchen", erklärt der neue Teamchef. Sein Motto: „Ich habe schon als Spieler einige Erfolge gefeiert, die man für unmöglich hielt, warum sollte es diesmal nicht klappen?"

Ernst Happel, der „Wödmasta"

Krone-Chronik Jänner '93

● Zollbeamte der burgenländischen Grenzstation Nickelsdorf entdecken in einem Lastwagen 27 türkische Flüchtlinge, die unter 20 Tonnen Mandarinen versteckt sind. Der Fahrer des Lkw wird verhaftet.

● Thomas Muster kommt in das Finale des GP von Australien, verliert aber im Endspiel gegen Pete Sampras (USA) 6:7, 1:6.

● Exakt mit dem Gongschlag kommt das Neujahrsbaby 1993 in Graz zur Welt. Der kleine Maximilian ist 3,15 Kilo schwer und kerngesund.

● 250.000 Menschen feiern in den Fußgängerzonen der Wiener Innenstadt Silvester, die Pummerin ist im Jubel kaum zu hören.

● Die Grippewelle schlägt zu: Zehntausende Österreicher leiden Anfang Jänner an Schnupfen, Halsweh, Husten und Fieber. Allein in Wien sind 9000 Menschen erkrankt.

Prickelnd lieben es die Österreicher: Jährlich knallen bei uns 15 Millionen Sektkorken, das ergibt einen Konsum von mehr als zwei Flaschen pro Person.

Prüfer und Lehrer nehmen Schmiergeld

Führerscheinskandal: Wer zahlt, kommt durch

Bis zu 18.000 Schilling bezahlen Wiener Fahrschüler, um bei der Führerscheinprüfung durchzukommen. Am 19. Jänner 1993 werden sieben Magistratsbeamte und vier Fahrlehrer verhaftet. Sie haben gemeinsam über Jahre hindurch Schmiergeld kassiert, und „ihren" Kandidaten dafür die Prüfungsfragen verraten.

Als Kundenservice der besonderen Art bieten mehrere Wiener Fahrschulen neben der üblichen Ausbildung gleich die Prüfungsfragen samt Antworten an. Allerdings gegen einen Aufpreis von bis zu 18.000 Schilling: Wobei rund 3.000 Schilling der Bestechungssumme an die Prüfer der Magistratsabteilung 46 gehen.

Zweihundert Fahrschüler machen von dem Angebot Gebrauch, mit etwas finanzieller „Nachhilfe" die Fragen vor dem Prüfungstermin zu erfahren. Eine 20jährige Wienerin, die in ihrer Fahrschule die Extra-Zahlung von 10.000 Schilling für das sichere Durchkommen beim ersten Mal ablehnte, mußte neunmal antreten ...

Die bestechlichen Beamten werden wegen Amtsmißbrauches und Geschenkannahme angeklagt. Die Fahrschüler, die durch diesen Skandal zu ihrem Führerschein kamen, müssen das rosa Papier wieder abgeben und neu lernen.

Ein Schleudersitz in der Bundesregierung wird neu besetzt. VP-Lady Maria Rauch-Kallat (45) folgt als Umweltministerin ihrer glücklosen Parteikollegin Ruth Feldgrill-Zankel, die in die Grazer Gemeindepolitik wechselt. Rauch-Kallat trägt mit Vorliebe grüne Kleider und Schmuck: „Früher trug ich Grün als Gag, jetzt liebe ich es ..."

Ölkatastrophe vor der Küste Schottlands

Als „ärgste Ölpest der Geschichte" bezeichnen Ökologen die Umweltkatastrophe vor den schottischen Shetland-Inseln: Der liberianische Supertanker „Braer" läuft im Sturm auf ein Riff auf und schlägt leck. Mehr als die Hälfte der Ladung, insgesamt 93.000 Tonnen Rohöl, fließt in die Nordsee, da Unwetter eine Bergung tagelang unmöglich machen. Der 20 Kilometer lange Ölteppich treibt auf die Küste zu, Tausende Tiere verenden. Auch der wirtschaftliche Schaden ist enorm: Die Fisch- und Schafzucht sowie der Tourismus – Haupteinnahmequellen der Inselbewohner – sind ruiniert.

Vor der Küste Schottlands gestrandet: Supertanker „Braer"

Blutige Tragödie in Einfamilienhaus

Familientragödie in Salzburg: Ein 54jähriger Stapelfahrer erschlägt in einem Einfamilienhaus in St. Koloman mit einer Hacke seine Frau und seinen behinderten 16jährigen Sohn. Danach begeht der Mann, dessen Motiv auch engsten Freunden ein Rätsel ist, Selbstmord. Eine Verwandte, die zu Besuch kommen wollte, entdeckt das Blutbad.

Mary Vetseras Grab wird aufgrund der Anzeige von Georg Markus geöffnet: Es ist leer!

Die „Krone" deckt eine der größten Kriminalaffären aller Zeiten auf: Durch die Berichte von Georg Markus und seine Anzeige bei der Polizei wird der Raub der Vetsera-Gebeine geklärt!

Kriminalfall

Am 1. Jänner 1993 startet die „Krone"-Serie „Mayerling, Tragödie in neuem Licht". Ihr war eine Exklusiv-Geschichte der „Kronen Zeitung" vorausgegangen, die weltweit für Schlagzeilen sorgte. Der „Kriminalfall Mayerling" zählt zu den aufsehenerregendsten Affären der Zweiten Republik.

Es war Ende 1992, als sich bei mir in der Redaktion ein 54jähriger Mann namens Helmut Flatzelsteiner meldete, der von einer „historischen Sensation" berichten wollte. Der Möbelhändler aus Linz behauptete allen Ernstes, im „Besitz" der Gebeine Mary Vetseras zu sein. Hielt ich Herrn Flatzelsteiner anfangs für einen Verrückten, so begann ich der Sache nachzugehen, als er mir Fotos und gerichtsmedizinische Gutachten der Toten übergab.

Ich zog Dr. Hans Bankl, Professor für Pathologische Anatomie an der Universität Wien, ins Vertrauen. Der Mediziner hielt, als ich ihm die Unterlagen zum ersten Mal zeigte, immerhin für möglich, daß das Skelett mit den Überresten der vor mehr als 100 Jahren verstorbenen Mary Vetsera ident sein

Im Mittelpunkt des Kriminalfalls: Mary Vetsera, Kronprinz Rudolf

Mary Vetseras Schädel: Prof. Bankl zeigt, wie geschossen wurde

Mayerling

könnte. Am 17. Dezember 1992 legte mir Flatzelsteiner einen Totenkopf auf meinen Schreibtisch in der „Krone“-Redaktion, von dem er behauptete, es sei jener der Baronesse Vetsera. Am 21. Dezember erstattete ich im Wiener Sicherheitsbüro Anzeige wegen des dringenden Verdachts der Störung der Totenruhe. Gleichzeitig ging ich mit der Story via „Kronen Zeitung“ an die Öffentlichkeit. Und schon am nächsten Tag wurde die Gruft Mary Vetseras in Heiligenkreuz bei Wien aufgrund meiner Anzeige und im Auftrag der Staatsanwaltschaft geöffnet. Tatsächlich: Das Grab war leer!

Hatte der Linzer Möbelhändler ursprünglich behauptet, er hätte das Skelett der Baronesse Vetsera „von zwei unbekannten Burgenländern“ gekauft, so fanden die Kriminalisten vom Wiener Sicherheitsbüro beim Verhör heraus, daß Helmut Flatzelsteiner selbst – gemeinsam mit zwei Komplizen – Mary bei Nacht und Nebel „geraubt“ hatte.

Helmut Flatzelsteiner, 54, erzählte seine Story der „Krone“

Alle Welt berichtet von der „Krone“-Story

Mayerling, 1889, zur Zeit der Kronprinzen-Tragödie

Ehe er mit seiner Story zu mir kam, hatte der „Grabräuber“ Mary Vetseras Skelett und die im Sarg befindlichen Kleider, Schuhe und Haare der Toten von Gerichtsmedizinern und von Textilforschern untersuchen lassen. Die Ergebnisse sind für die Geschichtsforschung von enormer Bedeutung: Für Professor Bankl gibt es aufgrund der Gutachten und der Fotografien keinen Zweifel, daß Mary Vetsera durch einen Schuß in den Schädel starb. Die Einschußöffnung in der linken Gesichtshälfte und der Ausschuß auf der rechten Seite sind klar erkennbar.

Mary Vetseras sterbliche Überreste wurden den Professoren Georg Bauer und Johann Szilvássy vom Gerichtsmedizinischen Institut Wien zur weiteren Erforschung des Kriminalfalles Mayerling übergeben.

Jenes Kriminalfalles, bei dem am 30. Jänner 1889 der Sohn des österreichischen Kaisers Franz Joseph und seine Geliebte Mary Vetsera auf mysteriöse Weise ums Leben gekommen waren.

Erst die wissenschaftliche Auswertung des gestohlenen Skeletts bringt alle Spekulationen zum Verstummen: Es steht jetzt endgültig fest, daß Kronprinz Rudolf die erst 17jährige Baronesse Vetsera mit seinem k. k. Armeerevolver vom „System Gasser“ erschossen hatte und dann Selbstmord beging.

***Neuer Stern** am österreichischen Skispringerhimmel: Andreas Goldberger (20) gewinnt nach Bradl, Pürstl, Neuper und Vettori als fünfter Österreicher die Intersport-Skispringertournee. Goldberger, nur 1,68 Meter groß, besitzt unglaubliches Fluggefühl und sichert sich mit den Plätzen 2 (Oberstdorf), 3 (Garmisch), 1 (Innsbruck) und 1 (Bischofshofen) den Gesamterfolg der schwersten Skisprungkonkurrenz der Welt. Der Oberösterreicher erhält von den Journalisten sofort einen Spitznamen: „Goldengelchen".*

Fünf Leichen wie Müll auf Südautobahn abgeladen

Wie Müll werfen skrupellose Menschenschmuggler die Leichen von fünf illegalen Flüchtlingen auf einen Parkplatz der Südautobahn bei Leobersdorf in Niederösterreich.

Die Männer aus Sri Lanka erstickten in einem engen Versteck in einem Autobus oder Lastwagen. Die Leichen werden von zwei Bediensteten der Straßenmeisterei entdeckt.

Einer der Singhalesen führte ein Tagebuch, das in einem Mistkübel gefunden wird. Es ist das erschütternde Dokument einer Reise in den Tod.

Der 25jährige Mann und seine Leidensgefährten gelangten bereits im September aus ihrer Heimat über Malaysia nach Rußland. Vier Monate hielten sie sich in Moskau auf, wurden dann von einer international organisierten Schlepperbande in ein Lager nach St. Petersburg gebracht, ehe sie Anfang Jänner zum Weitertransport über Polen, Tschechien und Österreich aufbrachen. Am Ziel ihrer langen Reise, Italien, sollten sie nie ankommen.

Von den Schleppern fehlt jede Spur.

Frau verläßt wegen 40 Kühen ihren Ehemann

Weil sie nicht 40 Kühe melken und in einen Bauernhof in der Steiermark übersiedeln will, reicht die Frau eines Fernfahrers die Scheidung ein. Der Mann erfindet einen Raubüberfall, um das Mitleid der Gattin zu wecken und seine Ehe zu retten – vergebens.

Flüchtiger Mörder wird als Ladendieb verhaftet

Der seit zwei Jahren gesuchte Mörder David Rai (40), der 1981 ein Topmodel getötet hat und nach einem Hafturlaub nicht mehr in seine Zelle zurückgekehrt ist, wird in einem Supermarkt in Wien-Landstraße als Ladendieb entlarvt und wieder eingesperrt.

telemax

Ihr Tmx gilt auch als großer Freund der affengeilen Jugendsprache.

Umso überraschter war ich, als letztens ein Eingesandt des Lesers Tom S. auf meinen Tisch kam: „Hör auf", sandte er ein, „mit Deinem Scheißlatein. Wenn ich die aufgeblasenen Wörter nur höre! Wir haben es heute lockerer!"

☆

Derweil geht Ihr Tmx mit seinem Latein ohnehin sparsam um.

Manchmal streue ich ein lateinisches Wörtchen ein, damit, wie man mir nachsagt, der Pöbel erschrickt oder sich pensionierte Landesgerichts- und Medizinalräte nostalgisch krümmen und einen altphilologischen Schub bekommen.

Aber ich bin nicht darauf aus, den Klang der alten Römer in heutige Ohren zu blasen.

☆

Anders freilich die Kids, welche sich in der Jugendsprache unterhalten.

Sie sagen „logo", was einst „logicus" hieß.
Sie sagen „claro", was einst „clarus" hieß.

Sie reißen alte lateinische Wörter auseinander und versehen sie mit dem jugendsprachetypischen Abkürzungssuffix „-i" oder „-o" und sagen: Prolo, Promi, Provo, Sponti, Normalo, Brutalo usw. – alles, alles abgerissenes Latein im O-Ton.

Es ist der Versuch, seine Rede zu internationalisieren, damit man, liebe Leute, einander von Land zu Land versteht und doch nicht englisch spricht.

Für so was hat Latein im Laufe der Geschichte schon oft herhalten müssen – Kirchenlatein war beispielsweise so ein affengeiler Versuch, meint Ihr

Telemax

Erschienen am 2. Jänner 1993

Filmdiva Marlene Dietrich, die Sexgöttin, in einem ihrer berühmtesten Streifen: dem „Blauen Engel“

Bitterböse Abrechnung, posthume Hinrichtung einer Legende

Tochter schreibt Skandalbuch über Sexgöttin Marlene Dietrich

„Meine Mutter Marlene“ – das ist der Titel des Skandalbuches über die verstorbene Filmdiva und Sexgöttin Marlene Dietrich. Geschrieben von der einzigen Tochter, Maria Riva, ist es die gnadenlose Zerstörung eines Mythos – gespickt mit bösen Vorwürfen. Bis hin zur Behauptung, die Mutter habe die Vergewaltigung der eigenen, damals 16jährigen Tochter eingefädelt.

Und zwar die Vergewaltung durch die lesbische Kinderfrau. Als Grund führt Riva an: „Wäre ich lesbisch geworden, dann hätte ich nicht geheiratet, keine Kinder gehabt und wäre immer für sie dagewesen. Ich gehörte, wie alle anderen, zu Marlenes Hofstaat.“

Um diese Kernaussage dreht sich auch das gesamte Buch, das Marietta Torberg, Dietrich-Intimfreundin und Witwe des unvergessenen Wiener Schriftstellers Friedrich Torberg, im Interview mit „Krone“-Reporterin Trude Sagmeister als einen „Kübel Jauche“ bezeichnet.

Marlene, so die Tochter, sei egozentrisch gewesen. Menschen, die sie liebten, habe sie eiskalt ausgenützt, zerstört, kaputtgemacht. So etwa Josef von Sternberg, Erich-Maria Remarque . . .

Dazu Marietta Torberg: „Das ist ein solcher Schwachsinn, den sie da schreibt. Der Remarque hat doch die Marlene betrogen!“

Sex, so die rachsüchtige Tochter, habe Marlene, die Sexgöttin, gehaßt. Auch die Rolle der Dietrich als Antifaschistin und Nazigegnerin sei nur gespielt gewesen, wie überhaupt ihr Leben eine einzige Pose gewesen sei. Selbst ihre Schönheit sei lediglich das Ergebnis stundenlanger Arbeit gewesen.

Torbergs Trost und Antwort auf das Skandalwerk: „Die Tochter und ihr Buch wird man vergessen. Den Mythos Marlene aber nie.“

Maria Riva mit ihrem Skandalbuch „Meine Mutter Marlene“. War die Dietrich ein Monster?

Krone-Chronik Jänner '93

- In Italien wird ein 68jähriger verhaftet. Er soll in den Jahren von 1968 bis 1985 acht Liebespaare in der Nähe von Florenz ermordet haben – stets bei Neumond.
- Nur 43 Stunden ist Dolfi Blutsch Trainer beim Fußballklub Vorwärts Steyr, dann tritt er wieder zurück. Das ist neuer Rekord.
- Der neapolitanische Charmeur Riccardo Muti feiert als Dirigent ein triumphales Neujahrskonzert mit den Wiener Philharmonikern.
- Bei den Gemeinderatswahlen in Graz erleiden SPÖ und ÖVP mit je vier Mandaten Verluste. FP (+5), Autofahrerpartei (+2), KP (+1) und Alternative (+1) gewinnen.
- Österreichs Handballteam besiegt in der Wiener Stadthalle eine Europa-Auswahl mit 27:25.
- Weil sie ihr drei Monate altes Baby gegen ein Auto getauscht hat, wird im US-Staat Florida eine 22jährige Frau verhaftet.
- Jazz-Gittis TV-Blödelserie „Tohuwabohu“ wird beim New Yorker Fernsehfestival ausgezeichnet.

Farben helfen beim Hungern

Hoffnungsschimmer für alle, die bisher vergebens versucht haben, abzunehmen. Eine US-Wissenschafterin will entdeckt haben, daß die Farbe des Geschirrs den Appetit beeinflußt – und bei richtiger Auswahl daher wirksamer ist als viele Diäten. Klassische weiße Teller, so haben Tests mit 400 Übergewichtigen ergeben, machen hungrig, weil die Speisen sich darauf so plastisch ausnehmen. Rot und gelb wiederum regen das Nervensystem an. Empfehlenswert ist daher Geschirr mit appetithemmenden kühlen Farben wie blau, grün und hellgrau.

Das Todesschiff kurz vor dem Kentern in der Ostsee: Geldgier war schuld an der Katastrophe

Acht Österreicher unter den Opfern ● Ursache des Unglücks in Ostsee: Geldgier

54 Tote bei Fährenkatastrophe

54 Menschen, unter ihnen acht Österreicher, ertranken hilflos

Auf der Fahrt von Polen nach Südschweden kentert die Fähre „Jan Heweliusz" vor der deutschen Ostseeinsel Rügen. Das Schiffsunglück fordert 54 Todesopfer, unter ihnen acht Österreicher. Die einzig Überlebenden sind zehn Besatzungsmitglieder, die sich vor den Passagieren (!) in Sicherheit brachten.

Als 24 Stunden nach der Katastrophe die Suchaktionen nach Überlebenden wegen des orkanartigen Sturmes und der meterhohen Wellen in der Ostsee abgebrochen werden müssen, ist es traurige Gewißheit: Fünf Fernfahrer, eine Frau und zwei Mädchen aus Österreich sind hilflos im Wrack der kieloben treibenden 3000-Bruttoregistertonnen-Fähre ertrunken.

Gleichzeitig mit dieser erschütternden Nachricht werden die haarsträubenden Ursachen der Katastrophe bekannt. Die „Jan Heweliusz" war die einzige Fähre, die trotz Sturmwarnung der Wetterdienste den sicheren Hafen verließ – vollbeladen mit schweren Lastwagen und Eisenbahnwaggons. Seefahrtsexperten sprechen von Fahrlässigkeit des Kapitäns, zumal dieser wissen mußte, daß gerade dieser Schiffstyp in rauher See besonders gefährdet ist. Außerdem wird bekannt, daß bereits im polnischen Hafen von Swenemünde Defekte an den riesigen Ladetoren aufgetreten sind. Sie wurden zwar angeblich behoben, doch bereits kurz nach dem Auslaufen hatte das Todesschiff leichte Schlagseite. Dennoch dachte die Besatzung nicht an Umkehren – aus wirtschaftlichen Gründen, aus Geldgier.

Und schließlich berichten Rettungsleute, daß ein Großteil der Schwimmwesten der Passagiere unbrauchbar, weil schlicht und einfach kaputt, war . . .

Gratis-Gummis in Bonbon-Gläsern

Mehr als 900 österreichische Ärzte verteilen im Jänner in ihren Praxen als Reaktion auf das zunehmende AIDS-Risiko Präservative. Die Gratis-Gummis stecken samt Gebrauchsanweisung in Bonbon-Gläsern.

Tourist rammt mit Pistenraupe Autos

Aus „Übermut" stiehlt ein 27jähriger deutscher Skiurlauber während der Snowboard-WM im Tiroler Ischgl nachts eine Pistenraupe, fährt durch den Ort und zertrümmert vor einer Pen-sion zwei neue Luxusautos.

Prostitutionsgesetz „geht in die Hose“

Wiener Bordellszene völlig außer Kontrolle

Polizei und Gesundheitsamt schlagen Alarm: Die Wiener Bordellszene ist völlig außer Kontrolle geraten. Schuld daran ist das Prostitutionsgesetz, das die offizielle Ausübung des leichten Gewerbes weitgehend verbietet. Und damit lediglich bewirkt, daß der unkontrollierte Geheimstrich total ausufert . . .

Zentraler Punkt des Gesetzes ist nämlich eine sogenannte „Bannmeile“ von 150 Metern rund um Schulen, Kindergärten, Spielplätze, Kirchen, Krankenhäuser und andere öffentliche Bauten, innerhalb der die Prostitution verboten ist. Dies gilt für den Straßenstrich wie für Bordelle. Es kommt, wie es kommen mußte: 22 Lusthäuser werden von ihren Besitzern umbenannt und munter als sogenannte „Sexbars“ weitergeführt.

Das Gefährliche an dieser Entwicklung: Die Mädchen dürfen in diesen „harmlosen“ Lokalen natürlich nicht mehr als registrierte und vom Gesundheitsamt kontrollierte Prostituierte arbeiten und nennen sich jetzt Animierdamen oder Tänzerinnen. An ihrem Job ändert das freilich nichts. Sie sind fortan eben Geheimprostituierte, die ohne „Deckel“, also Gesundheitszeugnis, ihre Liebesdienste anbieten.

Um mehr als hundert wächst das Heer der „Geheimen“ binnen weniger Monate. Mädchen, von denen jedes zweite den Tripper hat und so manches sogar AIDS. Höchstgefährliche Liebschaften, die da angeboten werden. Denn die Ansteckungsgefahr ist bei geheimen 39mal höher als bei registrierten Prostituierten. Vernichtendes Urteil der Experten daher: Das Gesetz ist „in die Hose gegangen“.

Viele „Geheime“ stammen aus Osteuropa

Opernskandal in Salzburg

W.A. Mozarts „Lucio Silla“, die eigenwillig inszenierte Opernpremiere der Salzburger Mozartwoche im kleinen Festspielhaus, endet mit einem wüsten Skandal. Viele im Publikum reagieren mit Geschimpfe und wütendem Gebuhe.

Russen sind verstrahlt

Erstmals geben russische Experten zu, daß seit 1949 mehr als 400.000 Menschen durch Unfälle und technische Mängel in Atomanlagen verstrahlt worden sind. Ein Fünftel des Gebiets der einstigen Sowjetunion ist radioaktiv verseucht.

Jazzlegende Dizzy Gillespie stirbt am 6. Jänner 75jährig in einem Krankenhaus im US-Bundesstaat New Jersey. Während der Mann, dessen Markenzeichen die „Blasebalg-Backen“ und das gebogene Trompetenrohr waren, in den Tod hinüberdämmert, hat er noch seine unvergängliche Musik im Ohr: Aus den Spitalslautsprechern klingt seine letzte LP „Dizzy's Diamonds“ . . .

Debatte über Mocks Gesundheitszustand

Eine unwürdige Diskussion über den Gesundheitszustand von Außenminister Alois Mock und sein angeblich bevorstehender Rücktritt beherrschen Anfang Jänner Österreichs Innenpolitik. Ehe Bundespräsident Thomas Klestil den Gerüchten ein Ende bereitet.

Mock bleibt Minister

Auch Bundeskanzler Franz Vranitzky schaltet sich in die Diskussion ein. Er bezeichnet die in einer Wochenzeitschrift kolportierten Gerüchte als „mies“.

Mock selbst erklärt „Krone“-Redakteur Michael Jeannée, daß er weder todkrank sei noch an einen Rücktritt denke. Räumt aber ein, überarbeitet zu sein: „Ich bin nun halt einmal ein Workaholic.“ Bundespräsident Klestil stärkt Mock den Rücken und verweist auf dessen wichtige Rolle bei den EG-Verhandlungen und bei der Suche nach Lösungen der Jugoslawien-Tragödie. Dem US-Modell, wonach Politiker ärztliche Gutachten vorlegen müssen, kann Klestil nicht viel abgewinnen: „Das muß jeder für sich entscheiden.“

Bushs Abschiedsbomben

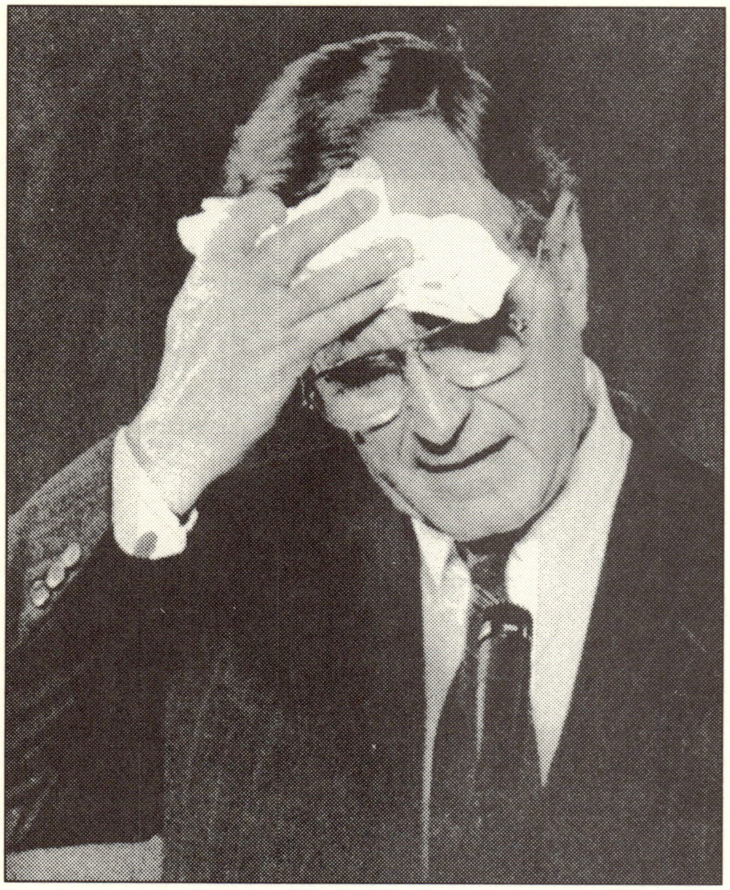
Bush gerät im „Duell" mit Iraks Hussein mehrmals ins Schwitzen.

High-Tech-Militärschlag der USA gegen geheime Raketenstellungen und ein Waffenlager bei Bagdad

Zum Abschied seiner Amtszeit geht US-Präsident Bush noch einmal auf Kriegskurs gegen den Irak. Weil Militärdiktator Saddam Hussein sich weigert, Raketen nahe einer Flugverbotszone abzuziehen, stellt Amerika ein Ultimatum. Eine US-Armada von hundert Kampfflugzeugen und „Cruise-Missile"-Marschflugkörpern wird für einen „High-Tech-Militärschlag" zusammengezogen.

US-Kampfflugzeuge beenden Rache-Duell

Dennoch ignoriert der irakische Staatschef die Forderungen. Um Bushs Abgang mit waffenklirrendem Imponiergehabe zu begleiten, startet er sogar zur Gegenoffensive: Irakische Truppen dringen in die UNO-Pufferzone ein und erbeuten Kriegsgerät aus kuwaitischen Waffenlagern.

Am 14. Jänner reißt Bush die Geduld und er gibt grünes Licht für einen Militärschlag. Auch der designierte Präsident Bill Clinton schaltet sich fünf Tage vor seiner Amtsübernahme in das „Rache-Duell" ein.

Als Saddam am Höhepunkt der Spannungen einen Armee-Trupp Richtung Kuwait losschickt und das Feuer auf kuwaitische Grenzposten eröffnen läßt, greifen US-Kampfflugzeuge am 18. Jänner in rollenden Bombenangriffen versteckte Raketenstellungen im Irak an. 40 „Cruise-Missile"-Raketen zerstören das Rückgrat

Krone-Chronik Jänner '93

- Stürmer Andreas Ogris, verliehen an den Lask, kehrt wieder zur Austria zurück.
- Erste Abfertigung für einen Fußballer: Heimo Pfeifenberger, von Rapid zu Austria Salzburg übe.siedelt, erhält von den Grünweißen 200.000 S.
- Martin Flossmann, langjähriger Chef des Wiener Kabarett „Simpl", übersiedelt nach Berlin. Seine Nachfolge tritt Michael Niavarani, Partner von Ossi Kollmann in der TV-Produktion „Wer lacht gewinnt", an.

So sieht sich der Diktator am liebsten: auf Wandmalereien als „größter Feldherr der Geschichte".

für Iraks Diktator Hussein

der irakischen Wirtschaft, eine Industriezone in der Nähe von Bagdad.

Clintons „Krönung" wird überschattet

Der „Abschiedskrieg" zwischen Bush und Hussein überschattet die Amtseinführung des neuen US-Präsidenten Bill Clinton. Der 42. Präsident der Vereinigten Staaten zeigt sich gleich am ersten Tag seiner Amtszeit hart: Als „Zeichen der Entschlossenheit" greift ein US-Kampfflieger Flugabwehrstellungen im Nordirak an. Zwei weitere Angriffe untermauern, daß Clinton genauso wie Bush das Gesetz des Handelns nicht dem irakischen Diktator überlassen, sondern es selbst in die Hand nehmen will.

Eröffnungstanz des 42. Präsidenten der Vereinigten Staaten, Bill Clinton, mit der neuen First Lady Hillary. Bei einer Gala der Superlative zieht der nun „Mächtigste Mann der Welt" in das Weiße Haus ein. Gleich am ersten Tag seiner Amtszeit zeigt er, daß er sich nicht auf der Nase herumtanzen läßt und beantwortet Saddam Husseins Angriffe auf UNO-Truppen mit Raketen.

Ein Jahr tot in der Wohnung: Junger Mann ist niemandem abgegangen

„Würde es noch eine Bassena geben, wär das nicht möglich. Da hat man sich am Gang beim Wasserholen getroffen, mit den Leuten geplaudert. Und alle gekannt."

So kommentieren die älteren Mieter in einem Haus in Wien-Meidling den grausigen Fund einer verwesten Leiche durch Bedienstete der Gaswerke. Nur vier Wochen, nachdem zwei betagte Schwestern entdeckt wurden, die sieben Jahre tot in einer Wohnung gelegen waren. Diesmal handelt es sich um einen 31jährigen Mann, der ein Jahr lang niemandem abgegangen ist. Weil er, so die Hausmeisterin, ein „Einzelgänger" war.

Zwölf Monate lag er tot hinter der Tür. Erst Mitarbeiter der Gaswerke, die nach dem Rechten sehen wollten, weil die Rechnungen seit Monaten nicht bezahlt wurden, alarmierten die Feuerwehr und die Polizei.

Krone-Chronik Jänner '93

● Wegen Schneemangels muß das traditionelle Hahnenkammrennen in Kitzbühel abgesagt werden. Die Bewerbe werden an Lech (Slalom) und St. Anton (Abfahrt) vergeben. „Hahnenkamm-Sieger" 1993 wird Marc Girardelli.

● Unglaublliches Glück haben 152 Passagiere und 13 Besatzungsmitglieder eines Jets der „Indian Airlines" nach einer Bruchlandung in Neu-Delhi: Alle überleben und können das Flugzeug verlassen, ehe es in Flammen aufgeht.

● Sensationssieger im Wiener Hallenfußballturnier in der Stadthalle wird der FavAC vor der Austria.

● Kein Ende der Gerüchte um Megapopstar Michael Jackson: US-Blätter behaupten, er und seine Schwester Janet seien ein- und dieselbe Person. Die Manager des Jackson-Clans dementieren wütend.

Mitglied brutaler Juwelen-Bande erschießt einen 29jährigen

Letztes Geleit für den von einem Italo-Gangster erschossenen 29jährigen Inspektor aus Salzburg

Wiener Schanigärten sind vom Aussterben bedroht

Nach der umstrittenen Sperrstunden-Regelung beschließt der Wiener Gemeinderat im Jänner einen weiteren „Anschlag" auf die beliebten Schanigärten: Die von den Wirten zu entrichtende Gebrauchsabgabe wird von 125 auf 375 Schilling pro Quadratmeter angehoben. Zwar wird die Bestimmung von der Handelskammer heftig kritisiert, aber die Rathaus-SP boxt sie gegen die Stimmen der Oppositionsparteien im Alleingang durch. Viele Gastwirte sehen sich nach dieser zweiten Teuerung innerhalb von 24 Monaten nicht mehr in der Lage, ihre Tische aufzustellen. Was zur Folge hat, daß eine „Wiener Institution" vom Aussterben bedroht ist.

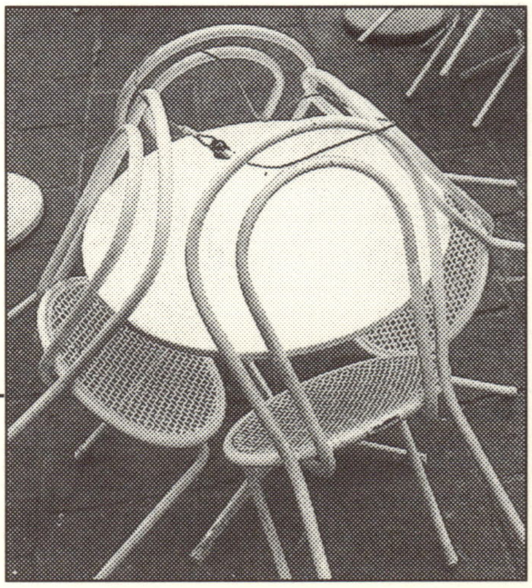

◀ Nach der Gebührenerhöhung bleiben viele Schanigärten zum Leidwesen der Gäste geschlossen ▶

Familienvater auf der Westautobahn

Salzburger Polizist von Italo-Räuber ermordet

Polizistenmord auf der Westautobahn bei Salzburg: Der 29jährige Inspektor Norbert Brüll kontrolliert ein Mitglied einer italienischen Räuberbande. Plötzlich zieht der Verbrecher einen Revolver und feuert. Danach flüchtet der Schütze mit dem Streifenwagen des Beamten, wird aber kurz danach von Gendarmen gestellt.

Am Dreikönigstag tauchen die drei Gangster in Salzburg auf. Mit einem gestohlenen Mercedes und einem wuchtigen Geländewagen, an dessen Stoßstange sie einen drei Meter langen Baumstamm montieren. Verwenden diesen als Rammbock und sprengen die Tür eines Juweliergeschäftes in der Innenstadt. Plündern Schmuck im Wert von einer Million Schilling.

Während zwei Täter wenige Minuten später gefaßt werden können, gelingt ihrem Komplizen die Flucht. Der Italiener Giuseppe Serra fällt am Nachmittag auf der Westautobahn als Autostopper auf. Inspektor Norbert Brüll hält seinen Einsatzwagen an und wird Sekunden später von dem skrupellosen Räuber erschossen. Der Beamte hinterläßt eine Frau und zwei Söhne im Alter von ein beziehungsweise zwei Jahren.

Die Flucht des Gangsters endet wenige Kilometer weiter. Er wird von Gendarmen in Zivil angehalten und feuert abermals sofort, gibt 17 Schüsse ab – ehe er im Kugelhagel der Gesetzeshüter tödlich getroffen wird.

***Audrey Hepburn ist tot:** Die Schauspielerin mit österreichischen Wurzeln – ihre Großmutter war Wienerin – stirbt am 20. Jänner 1993 in der Schweiz nach langem Krebsleiden. Audrey wurde in Brüssel geboren, wuchs in Holland auf und übersiedelte dann nach Großbritannien. 1953 wurde sie für ihre Darstellung in dem Film „Ein Herz und eine Krone" mit dem Oscar ausgezeichnet. Weitere berühmte Rollen spielte sie in „Frühstück bei Tiffany" (1961), „My Fair Lady" (1962), „Charade" (1963) und „Warte, bis es dunkel ist" (1967). In den letzten Jahren ihres Lebens widmete Audrey Hepburn sich ihrer Tätigkeit als UNICEF-Botschafterin und kümmerte sich um hungerleidende Kinder.*

Weltweit Angst um Plutonium-Frachter

Zwei Monate ist ein japanischer Frachter mit 1,5 Tonnen Plutonium von Frankreich in den Heimathafen nördlich von Tokio unterwegs und trifft dort Anfang Jänner ein. Da es schon vor und während des Atom-Transportes Demonstrationen von Umweltschützern gegeben hat und Versuche, den Ozeanriesen gewaltsam zu stoppen, werden im Land der aufgehenden Sonne 1600 Polizisten mit dem Schutz des Schiffes beauftragt.

Schwerer Unfall mit Armee-Transporter

Ein Todesopfer und elf Schwerverletzte fordert der Unfall eines Mannschafts-Transporters des Bundesheeres auf der Südautobahn bei Wiener Neustadt (NÖ): Wegen eines Defektes an einem Zwillingsrad muß der Armee-Lastwagen auf dem Pannenstreifen halten. Beim Wiedereinreihen in den Verkehr geschieht das Unglück: Der Transporter mit 13 Soldaten auf der Ladefläche wird von einem Sattelschlepper abgeschossen.

Wirbel um Mitterers „böse Piefke-Saga"

Heiße Diskussionen löst die vierte und abschließende TV-Folge von Felix Mitterers „Piefke-Saga" aus, die Österreichs Fremdenverkehrswirtschaft gehörig auf's Korn nimmt. Denn Hauptdarsteller und Parade-Piefke Karl-Friedrich Sattmann (verkörpert von Dietrich Mattausch) wird darin von jodelnden japanischen Ärzten zu einem „echt urigen" Tiroler umoperiert – und darf sich fortan Sepp Unterwurzbacher nennen.

Kündigte Enthüllungen an und verschwand: Linda St. Clair

Ex-Politikerin der SP kassiert ungeniert ab

Arbeitslosen-Geld für wilde Abgeordnete

Die Alpenrepublik ist um einen Polit-Skandal reicher: Gabrielle Traxler, von SPÖ und ÖGB im Streit geschieden, kassiert als „wilde" – will heißen parteilose – Abgeordnete im Parlament ungeniert Arbeitslosengeld. Trotz ihres ansehnlichen monatlichen Gehalts von mehr als 100.000 Schilling. Eine Gesetzeslücke macht's möglich.

Die Bombe platzt erst Monate später, nach Ausscheiden Traxlers aus sämtlichen SP-Funktionen. Und zwar durch eine Indiskretion eines Mitgliedes der Parteibasis, das solche Machenschaften ebenso wie der überwältigende Teil der Steuerzahler höchst empörend findet.

Dabei ist die Aktion Traxlers, wenn schon nicht moralisch, so zumindest rechtlich gedeckt, da Abgeordneten-Gehälter keinen Versicherungsschutz bieten. Sozialminister Josef Hesoun kündigt denn auch eine „rasche Reparatur" der Bestimmungen an, um künftig den mißbräuchlichen Bezug der „Arbeitslosen" durch Großverdiener zu verhindern. Traxler: „Ich wollte auf die 12.000 Schilling verzichten, das war aber gar nicht möglich. Daher habe ich mich entschlossen, das System zu entlarven."

Krone-Chronik Jänner '93

- Emese Hunyady kommt zur ersten österreichischen Goldmedaille im Eisschnellaufen der Damen. In Heerenveen (Holland) gewinnt sie den Vierkampf.
- Bei einem Skiunfall auf der Turrach in Kärnten erleidet Fürstin Theresa Schwarzenberg (52), Ärztin aus Wien und Mutter von drei Kindern, eine schwere Wirbelverletzung und ist gelähmt.
- Burgschauspieler Tom Krinzinger, Darsteller in mehr als 150 Rollen, stirbt 60jährig in Wien.

Sexskandal in Großbritannien

Politiker zittern vor „Peitschen-Lady"

„Frau Peitschenschlag" ist der Spitzname der Prostituierten Linda St. Clair, vor der Englands Politiker zittern. Die 38jährige kündigt an, sie werde die Namen von 300 Kunden – alles prominente Persönlichkeiten – verraten. Und verschwindet spurlos. Die strenge Lady war auf dem Weg zu einem Journalisten, dem sie ihre Kundenkartei geben wollte. An einer Küste in Südengland findet die Polizei das verlassene Auto. Mord wird nicht ausgeschlossen.

Das Motiv für die angedrohten Enthüllungen ist Rache. Die „Peitschen-Lady" hatte Ärger mit den Finanzbehörden, die von ihr zwei Millionen Schilling Einkommenssteuer verlangen ...

***Ein Bild der Zerstörung** bietet diese Autobahn auf der japanischen Insel Hokkaido, wo ein Erdbeben der Stärke 7,5 wütete. Und Fahrzeuge samt Insassen regelrecht in metertiefen Kratern verschwinden ließ. Insgesamt werden 40 Gebäude, 16 Straßen und fünf Brücken beschädigt. Dank der erdbebensicheren Bauweise in Japan geht das Unglück aber glimpflich aus – gemessen daran, was hätte passieren können. Zwei Menschen sterben, 425 werden verletzt.*

Großbrand in Palmers-Haus

Drei Stunden lang wütet im „Palmers-Hochhaus" in Wiener Neudorf (NÖ) ein Großbrand, meterhohe Flammen schlagen aus den Fenstern. 250 Feuerwehrmänner sind im Einsatz, 700 Angestellte müssen in Sicherheit gebracht werden. Der Schaden geht in die Millionen. Das verheerende Feuer wurde vermutlich durch einen Defekt der Elektrik ausgelöst.

Zeugin entlastet Mord-Häftling

Sensationelle Wende in der Affäre um den zu lebenslanger Haft verurteilten Motorradrennfahrer Tibor Foco (37), der beschuldigt wurde, 1986 in Linz eine Prostituierte mit einem Kopfschuß ermordet zu haben: Die Kronzeugin der Anklage widerruft nach Jahren ihre Aussage und behauptet, sie sei von der Polizei gefoltert worden, um Foco im Prozeß zu belasten.

„Stalingrad", der Film: Abklatsch einer Tragödie

Er sorgt für Diskussionen, ruft in der älteren Generation Gespenster der Vergangenheit wach: Der Film über Stalingrad, die Tragödie vor 50 Jahren. Das „Betroffenheitskino", wie es in Deutschland genannt wird, entpuppt sich trotz Preiskrönung nicht als Kassenschlager. Warum, erklären die Kritiken. So schreibt Renate Wagner in der „Krone": „Der Film wirkt realistisch, ist aber nur mit wohlfeilen Thesen gefüllt. Vieles, was damals geschah, bleibt im Dunkeln. Wenig wird da ausgesagt über die Seele des deutschen Soldaten, seiner vermeintlichen Pflichterfüllung einem noch unerkannten verbrecherischen Regime gegenüber. Die Soldaten von Stalingrad standen im Banne der Unausweichlichkeit eines tragischen Schicksals. Wie sollte ein Regisseur von heute das so ganz erfühlen und gestalten können? So ist der Film nur falsche Übertreibung. Er gibt nicht Antwort, sondern wiederholt Klischees."

◀ Trotz Preiskrönung ist „Stalingrad", der Film über die Tragödie, die 200.000 Leben gefordert hat, kein Kassenschlager. ▶

Die Habsburg-Hochzeit: Ein

In Mariazell treffen österreichischer Geschichtsadel und deutscher Geldadel aufeinander: Karl und Francesca tauschen die Eheringe

Der letzte Auftritt: Nurejew wird zum Ehrenritter erhoben

Nurejew verliert den Kampf gegen AIDS

Der Superstar der internationalen Tanzszene ist tot: Rudolf Nurejew, der Russe mit österreichischem Paß, stirbt am 6. Jänner 54jährig in Paris. Heldenhaft hat er gegen AIDS gekämpft, wollte seine Erkrankung nicht wahrhaben, hat sie nie eingestanden. Noch im Oktober feierte er an der Pariser Oper Triumphe als „Bajadere"-Choreograf, wurde vom französischen Kultusminister Jaques Lang zum Ehrenritter erhoben.

Im Jahre 1938 im Transsibirien-Expreß geboren, sprang der Wunderknabe 1961 bei einem Gastspiel des Kirow-Balletts in den Westen ab. „Ein blutjunger tatarischer Tarzan", schrieben damals Kritiker.

Als 1972 Margot Fonteyn, die Grande Dame des Londoner Royal Ballet, ihn als Partner wählte, begann seine Weltkarriere. Nurejew erschloß Europa die russische Klassik neu: „Schwanensee", „Raymonda", „Don Quixote", „Dornröschen". Er hat sie alle in Wien getanzt, an 100 Abenden. Wien liebte er, 1988 wurde er Österreicher. In der Donaumetropole trat er noch 1992 als Todkranker auf – als Dirigent im Palais Auersperg. Es war sein Abschied.

Karlheinz Roschitz

Seit Wochen beschäftigt sie Adabeis in aller Welt: Die Traumhochzeit des österreichischen Kaiserenkels mit der reichen Industriellen-Tochter. Am 31. Jänner ist es dann soweit: Francesca Thyssen-Bornemisza und Karl Habsburg-Lothringen geben einander im tiefverschneiten Mariazell das Ja-Wort. Ein Märchen in Weiß, in dem der Geschichtsadel auf den Geldadel trifft.

Kaiserwetter in Mariazell, schon in aller Früh versuchen Hochzeitskiebitze, die besten Plätze auf Bäumen und Schneehaufen zu ergattern. Und die bevorstehende Traumvermählung sorgt trotz Eiseskälte für hitzige Diskussionen. „Die zwei passen gut zusammen", meint eine Kaisergetreue aus Linz. „Eben nicht", klärt sie ein Mariazeller auf, „der Karl hätte sich was Besseres verdient." „Was Besseres als eine Milliardärin gibt es nicht", schließt ein Herr mit Hut das Thema ab. Tatsache ist: Karl hat entschieden. Aus Liebe zu Francesca und massiven Protesten in Reihen der Habsburger-Dynastie zum Trotz – wie er „Krone"-Reporterin Conny Bischofberger verrät. Nicht weniger als 47 Habsburger haben beim Chef der Familie und Vater des Bräutigams, Dr. Otto Habsburg, schriftlich Protest eingelegt. Weil die Hochzeit nicht „standesgemäß" sei. „Wenn ich mir anhöre, wer unsere Trauung boykottiert, kann ich nur lachen", erklärt Karl selbstbewußt, „die meisten dieser Herrschaften sind gar nicht eingeladen."

Es sind jedenfalls Hunderte Adelige, die nebst Tausenden Schaulustigen dem Gesell-

Brautvater Heinrich Thyssen-Bornemisza in ungarischer Magnaten-Uniform: „Geld spielt bei Hochzeiten immer eine Rolle." ▶

Märchen bei Kaiserwetter

Traumpaar Karl & Francesca: Die beiden ließen sich von den Protesten nicht beirren . . .

schaftsereignis des Jahres an diesem prachtvollen Jänner-Sonntag beiwohnen. Die Preußen, die Sachsen, die Hohenzollern, die Liechtensteins, die Bathyanys und Pallavicinis, die Auerspergs und Hohenlohes, und, und, und . . . Sie alle steigen die Treppen zur Basilika empor. Brautvater Baron „Heini" Thyssen-Bornemisza gibt bereitwillig Auskunft. „Ist ihre Tochter wirklich schwanger?" „Woher soll ich das wissen?" „Ist es eine Vernunfts- oder Liebesheirat?" „Geld spielt bei jeder Hochzeit eine Rolle."

Doch um Punkt 13 Uhr haben alle Spekulationen ein Ende. Kardinal Groër, der die Messe zelebriert, stellt die berühmte Frage: „Sind Sie hierhergekommen, um nach reiflicher Überlegung aus freiem Entschluß mit ihrer Braut den Bund der Ehe zu schließen?" Karl sagt „Ja". Francesca („Chessie") weint, sagt unter Tränen ebenfalls „Ja". Und streichelt zärtlich seine Wange.

Jetzt ist von den Habsburgern nur noch Karls Bruder Georg zu haben . . .

Sieger der Fußballer-Wahl: Schachner, Herzog, Pfeifenberger (v.l.)

Raubmord wegen 1000 Schilling

Weil er Schulden hat, schlägt ein 17jähriger Lehrling in Wien-Simmering seine Nachbarin – eine 52jährige Krankenschwester – mit einem Hammer nieder, tötet sie mit 24 Messerstichen und raubt ihr 1000 Schilling.

Danach geht der Mörder in eine Discothek, um ein Alibi zu haben. Doch die Polizei arbeitet gut und rasch: 24 Stunden nach der Tat klicken die Handschellen.

Herzog ist Fußballer des Jahres

Die alljährlich von der „Krone" durchgeführte Leserwahl zum „Fußballer des Jahres" gewinnt mit 201.507 Stimmen Favorit Andy Herzog, der bei Werder Bremen in der deutschen Bundesliga spielt. Zweiter wird überraschend Ex-Teamspieler Walter „Schoko" Schachner, der beim DSV Leoben einen x-ten Fußballfrühling erlebt, gefolgt von Salzburg-Stürmer Heimo Pfeifenberger.

Tausende Autofahrer auf der Autobahn stundenlang im Schneechaos gefangen

Weiße Hölle in Ostösterreich

▲ *Unter den Schneemassen wird Wien zur Hauptstadt des Winters. Der Verkehr bricht völlig zusammen. Auf der Südautobahn führen Verwehungen zum absoluten Chaos in Weiß: Hunderte Autofahrer müssen von Rettungsmannschaften abgeschleppt werden.* ▶

„Weiße Hölle" Ostösterreich! Schneefall und Sturm legen Ende Februar den Verkehr in der Bundeshauptstadt beinahe völlig lahm. Auf der Südautobahn sind Tausende Autofahrer in ihren Fahrzeugen im Schnee gefangen. Erst nach zehn Stunden werden sie von Soldaten mit Bergepanzern befreit.

Obwohl 1400 Mann mit 400 Räumfahrzeugen im Dauereinsatz sind, versinkt Wien am 25. Februar unter den weißen Massen. Straßenbahnen entgleisen, Buslinien müssen eingestellt werden, und der Autoverkehr erstickt im Schneetreiben. Auch die Zugverbindungen kommen beinahe zum Stillstand, da zahlreiche Weichen einfrieren.

Zwei quergestellte Lastwagen und das völlige Versagen der Einsatzkräfte lösen auf der Südautobahn bei Baden das totale Chaos aus: Mehr als tausend Fahrzeuge bleiben in meterhohen Verwehungen stecken und werden binnen Minuten bis zum Dach eingeschneit.

Bei Minusgraden wird die Situation für die in der Schneehölle Gefangenen von Stunde zu Stunde dramatischer. Dutzenden Autofahrern, die die Heizungen wegen der arktischen Kälte laufen lassen, geht das Benzin aus. Für Kinder, Kranke und Schwangere werden die Strapazen zur Qual. Mit der Dunkelheit kommt die Panik: Das Zittern vor Nacht und Kälte beginnt.

Erst nach zehn Stunden gelingt es den Rettungstrupps, sich mit Bergepanzern durch die bis zu drei Meter hohen Schneewächten zu den Eingeschlossenen durchzukämpfen. Die Geretteten sind körperlich und nervlich am Ende. Viele haben Erfrierungen.

Vierjähriges Kind von der Mutter fast erwürgt

Familiendrama in Tirol: In Vompberg schließt sich eine 32jährige Schweizerin mit ihren zwei Kindern im Auto ein und versucht, ihren vierjährigen Sohn mit einem weißen Gürtel zu erdrosseln. Im letzten Moment schlagen der Vater und ein Helfer die Scheibe ein und retten dem Buben das Leben. Die Frau wird in eine Nervenheilanstalt eingewiesen.

Beitritts-Verhandlungen mit der EG beginnen

Anfang Februar beginnen in Brüssel die Beitritts-Verhandlungen Österreichs mit der Europäischen Gemeinschaft. Während Österreich in wirtschaftlicher Hinsicht als „attraktiver Partner" gilt, stellt sich einmal mehr das Neutralitätsgesetz als heikler Punkt heraus – weil unklar ist, ob es sich mit der EG-Außen- und Sicherheitspolitik vereinbaren läßt.

„Biest" Joan Collins als teurer Opernball-Aufputz

Ohne Ausschreitungen und in Abwesenheit vieler Prominenter geht der Opernball 1993 über die Bühne. Aufsehenerregendster Gast ist die 59jährige Joan Collins, hier an der Seite von Bundespräsident Thomas Klestil. Das „Biest" aus der „Dynasty"-Serie wurde von einem Wiener Bauunternehmer für den Ball des Jahres eigens aus den USA eingeflogen. Und prompt kursieren wilde Gerüchte über die „Walzer-Gage" für die TV-Schöne. Angeblich soll sie 80.000 Dollar für den Wien-Auftritt kassiert haben.

Lotto-Millionär aus Vorarlberg verliert alles

Ein Lotto-Sechser macht einen 42jährigen Vorarlberger zum Millionär. Doch das Glück währt nicht lange: Denn 18 Monate später ist der Mann völlig ruiniert, hat 400.000 Schilling Schulden. Hinter der Misere steckt eine Frau. Zwei Monate nach dem Millionen-Tip tippt der Familienvater nämlich auf die Falsche. Er läßt sich von seiner Frau scheiden, verlobt sich mit seiner neuen Flamme.

Sündteure Urlaube, luxuriöse Geschenke wie Pelzmäntel und Schmuck lassen in kurzer Zeit das fette Konto des „glücklichen" Gewinners schrumpfen. Bis letztendlich der Exekutor vor der Tür steht. Doch es kommt noch schlimmer: Als die Geliebte den Mittellosen wenig später auf die Straße setzen will, gibt es einen handfesten Krach, bei dem die Frau verletzt wird. Der 42jährige landet für zwei Wochen im Gefängnis. Bilanz des Lotto-Gewinns also: Geld weg, Familie weg, Haus weg, Schulden und eine Vorstrafe.

Krone-Chronik Februar '93

- Der neue Box-Weltmeister im Schwergewicht, Riddick Bowe, schlägt in seiner ersten Titelverteidigung in New York Herausforderer Michael Dokes bereits nach 139 Sekunden k.o.
- Zwanzig Personen, die bei einem Überfall in der französischen Hafenstadt Toulon 320 Millionen Schilling erbeutet hatten, werden verhaftet.
- Ein 92jähriger Amerikaner wird Vater. Damit ergibt sich für seine beiden Söhne ein Weltrekord im Altersunterschied von 72 Jahren.

Die Umgangsformen werden förmlicher und distanzierter

„Du-Wort" ist out, „Sie" ist in

Einen interessanten Trend orten Sozialforscher in Deutschland: Das kumpelhafte „Du-Wort" ist out, das förmliche „Sie" im Vormarsch. Nicht nur an Universitäten, auch am Arbeitsplatz und sogar in Sportklubs. Selbst gute Freunde, so die Wissenschafter, begrüßen einander mit „Guten Tag, Herr Müller".

Der Soziologe Bernhard Schäfers analysiert das Zurück zum „Sie" so: „In einer Gesellschaft, in der jeder gleichermaßen wichtig wie nichtig ist, setzen die Menschen mit dem Sie wieder Grenzen zum Selbstschutz."

Symptomatische Szene für die Entwicklung: Als eine Frankfurter Hochschullehrerin ihre Studenten mit dem obligatorischen „Du" begrüßt, fordern diese vehement, mit „Sie" angesprochen zu werden . . .

Rollende Särge aus dem Osten

In katastrophalem Zustand sind Busse und Lastwagen, die aus dem Osten kommen. Eine „Aktion scharf" an den Grenzen deckt auf, daß jedes siebente Fahrzeug gefährliche Mängel aufweist. Die rollenden Särge dürfen nicht einreisen.

Streiterei um Sommerzeit

Zu einem Chaos führt in Brasilien die Weigerung des Bürgermeisters von Rio de Janeiro, das offizielle Ende der Sommerzeit zu akzeptieren. Folge: Die staatlichen Uhren in der Millionenstadt werden zurückgestellt, städtische nicht.

Was dahinter steckt

VON ERNST TROST

Liberal

... die Freiheit liebend, vorurteilsfrei: So definiert das Lexikon liberal. Und zum Wesen des Liberalismus gehören das unbedingte Eintreten für die Freiheit des Einzelnen und die Überzeugung vom Vorrang seiner Rechte gegenüber individuellen Gemeinschaften und Gesellschaften, vor allem gegenüber dem Staat.

Bei der Spaltung der FPÖ steht das Recht auf eigene Meinung innerhalb einer mehr und mehr nach dem Führerprinzip organisierten Partei im Vordergrund. Doch für echte Liberale war Haiders FPÖ längst zu einem äußerst unwohnlichen Haus geworden. Aber was bedeutet Liberalsein in Österreich heute noch? Liberale Köpfe haben auch in der ÖVP und in der SPÖ eine Heimat gefunden. Auch dort geraten sie manchmal mit dem Apparat, mit Dogmatikern und mit sturem Funktionärssinn in Konflikt. Denn die wirklichen Liberalen, das sind ja Menschen, die die Freiheit lieben, selbständig denken und sich nicht gerne gängeln und in den Zwang ideologisch geprägter Programme pressen lassen.

Am Beginn des Liberalismus stand das Eintreten für die Menschenrechte und für eine Verfassung zur Begrenzung monarchischer Gewalt. Die Auswüchse des hemmungslosen Wirtschaftsliberalismus lehrten uns dann, daß für ein menschenwürdiges Dasein aller auch der Freiheit Grenzen gesetzt werden müssen, und daß Liberalsein nicht zuletzt den Respekt vor der Person und den Rechten des Mitmenschen einschließt.

Erschienen am6. Februar 1993

Heide Schmidt gründet überraschend das „Liberale Forum"

Politisches Erdbeben: Eine Frau spaltet die Freiheitliche Partei!

Geschwächt: Jörg Haider

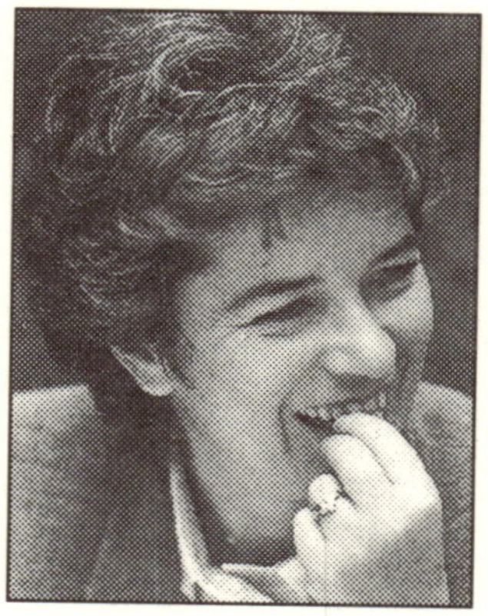

Neubeginn: Heide Schmidt

Ein politisches Erdbeben erschüttert Anfang Februar die österreichische Parteienlandschaft: Eine Frau, die 3. Nationalratspräsidentin Heide Schmidt, spaltet die FPÖ. Sie verläßt mit vier Abgeordneten die Freiheitlichen, um eine neue Partei, das „Liberale Forum", zu gründen. Damit gibt es erstmals in der 2. Republik eine fünfte Parlamentsfraktion. Der Scheidung des „Traumpaares" Haider-Schmidt gehen eine Reihe von Unstimmigkeiten voran.

Zwei der markantesten: Haiders „Liebesentzug" während des Bundespräsidentschafts-Wahlkampfes, in dem er Heide Schmidt ob ihrer goßzügigeren Geisteshaltung in der Ausländer- und Sicherheitspolitik im Regen stehen läßt. Und die Bilanz des Anti-Ausländer-Volksbegehrens, das Schmidt nie voll mitgetragen hat. Das Ergebnis steht am 1. Februar fest und liegt weit unter den Erwartungen der FPÖ. Nur 417.278 der insgesamt 5,6 Millionen Wahlberechtigten setzen ihre Unterschrift unter die FP-Forderungen. Was wohl auch daran liegt, daß Haider im Vorfeld der Zeichnungsfrist massiven Protesten der Kirche, der Großparteien und Tausender Bürger ausgesetzt ist. Die in beeindrukkenden Veranstaltungen wie den Lichterketten ihre tolerantere Haltung zum Ausdruck bringen.

Nach Schmidts Trennung von der FPÖ spricht Jörg Haider von einem abgekarteten Spiel und bezichtigt Nationalratspräsident Heinz Fischer (SP), die Spaltung der Freiheitlichen eingefädelt zu haben. Der Chef-Blaue droht sogar, das Höchstgericht anzurufen, da die neue Fraktion verfassungsrechtlich unzulässig sei. Schmidt und Fischer bleiben cool. Fazit des politischen Erdbebens: Österreich hat 1993 tatsächlich eine fünfte Parlamentsfraktion.

Zehntausende Menschen protestieren mit „Lichtermeeren" gegen das Volksbegehren

Orang-Utan-Lady *„Nonja" ist unter die Künstler gegangen: Im Schönbrunner Zoo malt sie täglich eine Stunde und hat bereits mehr als 150 Bilder gepinselt. Ihre Werke erzielen bei Versteigerungen bis zu 10.000 Schilling.*

Wiener morden in der Karibik

Angestiftet von einer Studentin ermorden zwei Wiener in der Karibik einen reichen Drogenhändler, um sich dessen Besitz anzueignen. Die Leiche zerstückeln sie in 120 Teile und lassen sie im Müll verschwinden.

Eishockeystar auf Diebstour

Ein Stürmer des Klagenfurter Eishockeyklubs KAC, Nationalspieler und Publikumsliebling, wird als Serieneinbrecher entlarvt. Der 22jährige besorgte sich von der Aufsperr-Firma seines Vaters passende Nachschlüssel.

Liverpool: Zwei Zehnjährige erschlagen ein Kleinkind!

Weltweites Entsetzen löst ein schreckliches Verbrechen in der englischen Hafenstadt Liverpool aus: Zwei Zehnjährige entführen in einem Einkaufszentrum einen erst zwei Jahre alten Buben, der von seiner Mutter kurz alleingelassen wird. Die Kinder schleppen den Kleinen über die Straße. Zeugen sehen das schreiende, später sogar blutende Opfer – unternehmen aber nichts. An einem Bahndamm wird nach Stunden die Leiche des Buben gefunden.

Tagelang pilgern Hunderte schockierte Bewohner zu dem Ort, legen Kränze und Blumen nieder. „Warum?", steht auf einer Karte inmitten des Blütenmeeres. Die Menschen können nicht fassen, daß die Augenzeugen des Verbrechens nicht eingeschritten sind.

Die jugendlichen Killer werden festgenommen. Sie wurden von den Überwachungskameras im Einkaufszentrum gefilmt.

Flick-Entführer sind verurteilt

Der Prozeßreigen um die Entführung des Schwagers des deutschen Milliardärs Friedrich Karl Flick in Klagenfurt ist beendet. Ein Grazer Disko-Betreiber und ein Münchner Autohändler werden verurteilt.

Krone-Chronik Februar '93

- In einer Umfrage des Fessel-Instituts werden 1000 Österreicher über das weitere Schicksal der Verstaatlichten befragt: Ein Großteil spricht sich für Privatisierung und gegen den Einsatz weiterer Steuermittel aus.
- An jedem vierten Mittelmeerstrand müßte das Baden wegen der miserablen Wasserqualität verboten sein, stellen Experten auf einer Umwelttagung in Athen fest.
- Die Auto-Versicherungen kündigen an, die Kfz-Kaskoprämien um zehn bis 20 Prozent erhöhen zu wollen.
- Einen Sturm der Entrüstung löst die Visaerteilung der USA für den bosnischen Serbenführer und Kriegsverbrecher Radovan Karadžić aus.

Der Horror *jedes Autofahrers wird im Helbersbergtunnel bei Werfen (Salzurg) Realität: Nach einer Massenkarambolage auf vereister Fahrbahn türmen sich bis unter die Tunneldecke demolierte Autos, mittendrin steckt ein Tankwagen. Eine Mutter aus Kärnten wird getötet, elf Menschen verletzt.*

Staberl

Es kommt aufs Präsidium an!

Als neulich die Wahlen in Graz mit dem jetzt schon gewohnheitsmäßigen Ergebnis – Verluste für SPÖ und ÖVP, Gewinne für FPÖ – endeten, verneinte die ÖVP-Spitzenkandidatin Ruth Feldgrill-Zankel die naheliegende Frage, ob sie aus der Niederlage eventuell Konsequenzen zu ziehen gedächte, mit dem Hinweis, daß sie doch das „einstimmige Vertrauen" ihres zuständigen Parteipräsidiums ausgesprochen bekommen habe.

Dem im parteipolitischen Ränkespiel unbewanderten Bürger und Wähler mag eine solche Argumentation ein wenig seltsam erscheinen. Es käme doch, denkt der Bürger, weit weniger auf das Vertrauen eines Präsidiums als vielmehr auf das Vertrauen der Wählerschaft an.

Der Bürger liegt mit einer solchen Annahme aber in gewisser Hinsicht falsch; während Frau Feldgrill und viele andere Politiker, die in ähnlichen Bahnen denken, in gewisser Hinsicht eigentlich nur logisch handeln.

Nach dem bei uns geltenden System des Listenwahlrechts muß sich ein politischer Kandidat ja in allererster Linie nicht dem Wähler, sondern vor allem seiner Partei verantwortlich fühlen. Nicht dem Wähler verdankt er ja Amt und Würden, sondern vielmehr der Partei, die ihn zuvor an einen „wählbaren" Listenplatz gesetzt hat. Die gern gehörte und oft gebrauchte Formulierung, daß ein politischer Mandatar doch vom Volk „freigewählt" worden sei, ist eine unverbindliche Floskel, die mit der politischen Wirklichkeit nichts zu schaffen hat.

„Die Partei ist alles – wir sind nichts", hat der seinerzeitige Partei- und Regierungschef Sinowatz in naiver, aber doch zutreffender Weise herausgesagt. Auf unser Listenwahlrecht übertragen, könnte der Satz „Der Listenplatz ist alles – der Wähler nichts" lauten.

In der schönen Theorie hört sich das natürlich ganz anders an. Da werden etwa die Politiker von den Wählern „ihres" Wahlkreises in ihre hohen Ämter berufen, um dann dort mit Hingabe und nimmermüder Ausdauer fürs Volkswohl zu wirken. Aber man frage doch einen gewöhnlichen Wähler, wer da eigentlich bei Nationalratswahlen „sein" Kandidat sei; und welcher Person er also per Stimmzettel sein Vertrauen ausgesprochen habe oder aussprechen werde! Diese Frage werden nur jene wenigen beantworten können, die sich, siehe oben, im Ränkespiel der Parteiapparate auskennen und daher auch wissen, wie so mancher Volksvertreter in einem Wahlkreis kandidiert hat, den er doch nur vom Durchfahren mit dem Dienstwagen näher kennt.

Frau Feldgrill-Zankel liegt also richtig, wenn sie den Entscheid ihres Parteipräsidiums höher wertet als den Entscheid des Wählers. Das Spiel kann allerdings nur so lang weitergespielt werden, als nicht auch die Parteipräsidien und sonstigen Gremien vom Votum einer immer weniger gehorsam und immer aufmüpfiger werdenden Wählerschaft dahingerafft werden.

Bis dahin aber werden sich viele Würdenträger weiterhin nur um das Vertrauen ihrer Präsidien bemühen, während ihnen das Vertrauen der Wähler längst schon abhanden gekommen ist.

Erschienen am 14. Februar 1993

Versicherung zahlt bei verpatzter Hochzeitsfeier

Egal ob der Pfarrer die Hochzeit verschläft oder der Bräutigam sich am Tag vor dem Jawort das Bein bricht: In Amerika kommt eine Versicherung für die verpatzte oder ausgefallene Trauung auf. Scott Poepping, Chef der „Fireman's Fund" Versicherung: „Wir übernehmen die Kosten für jeden Schaden." Bricht das kostbare Kristall aus Omas Erbe – die Versicherung zahlt. Sind die Hochzeitsbilder verwackelt – die Versicherung arrangiert einen neuen Fototermin samt Blumen, Hochzeitstorte und Anfahrt der Gäste. Nur für zwei Dinge kommt die Versicherung nicht auf: Wenn die Trauung ins Wasser fällt, weil es sich Braut oder Bräutigam in letzter Minute anders überlegt haben, oder bei Hochzeitsausfall durch einen Atomkrieg . . .

Gefährliche Panne in Atomkraftwerk

Atom-Panne in Deutschland: Weil im Leitungssystem des Reaktors Brunsbüttel bei Hamburg Risse entdeckt werden, muß das Kraftwerk abgeschaltet werden. Der Wasserdampf in den Rohren ist zwar nicht radioaktiv, ein Bruch könnte dennoch zur Katastrophe führen. Alle baugleichen Kraftwerke werden auf ähnliche Schäden überprüft.

Frau vor Augen der Kinder ermordet

Vor den Augen seiner vier Kinder ermordet ein 40jähriger Familienvater in einem Hotel in Wien-Favoriten seine um elf Jahre jüngere Ehefrau mit 25 Messerstichen. Das Motiv für die schreckliche Bluttat ist Eifersucht. Der heißblütige Albaner drehte durch, nachdem er im Kasten seiner hübschen Frau Fotos von zwei jüngeren Männern entdeckt hatte.

***Andy-Warhol-Fieber** in Wien: Nach dem Kunsthaus zeigt die Wiener Galerie Würthle mehr als 30 Arbeiten des Pop-art-Superstars. Es ist die größte Warhol-Verkaufsausstellung, die es je in Wien gegeben hat. Vom Vier-Millionen-Bild „Marilyn Monroe" bis zu den legendären Campbell's Suppendosen des Megastars.*

Krone-Chronik Februar '93

- Erstmals wird eine Burgenländerin österreichische Skimeisterin bei den Alpinen. Christina Riegel holt sich den Titel im Damenslalom.
- Ungewohnt viel Schnee – auf den Golanhöhen bis zu zwei Meter – fällt Anfang Februar in Israel. Die Autobahn Jerusalem-Tel Aviv muß sogar gesperrt werden.
- Thomas Muster feiert in Mexico City seinen 14. Turniersieg. Er schlägt im Finale den Spanier Carlos Costa 6:2, 6:4.
- US-Filmstar Gregory Peck und Regisseur Billy Wilder werden bei den 43. Internationalen Filmfestspielen in Berlin mit dem „Goldenen Bären" ausgezeichnet.

***Pointen-Salven** beim ersten Auftritt des Kabarettisten Hans Peter Heinzl nach seiner Krebserkrankung. Dicht fliegen die spitzen Pfeile und Pointen im Wiener Konzerthaus Richtung Publikum. Regierungs- und Oppositionsmitglieder sind vertreten und „genießen" es, durch den Kakao gezogen zu werden. Bevor Heinzl in Geburtstagslaune die „Munition" ausgeht, endet der Abend mit einer standing ovation.*

Lastwagen-Chauffeur löst den Unfall aus

Tramway prallt gegen Müllauto: 7 Verletzte

Sieben Verletzte fordert ein spektakulärer Tramway-Unfall in Wien-Floridsdorf: Eine Garnitur der Linie 31 kracht mit voller Wucht in einen Müllwagen, dessen Fahrer in der Brünner Straße umdrehen will. Der Straßenbahnfahrer: „Ich hatte keine Chance, den Zug zu stoppen. Ich hab mich nur noch festgehalten."

Die Fahrgäste sehen noch, wie ein mit Tonnen Altpapier beladener Müllwagen einer niederösterreichischen Firma an der Straßenbahn vorbeifährt. Plötzlich bremst der Chauffeur ab, schert nach links aus und will umdrehen – trotz Umkehrverbots.

„Der hat wohl geglaubt, er sitzt am Steuer eines Rallyewagens", meint später ein fassungsloser Polizist.

Auch eine Notbremsung des Tramwayfahrers kann den Unfall nicht verhindern. Die 40 Tonnen schwere Zuggarnitur rammt den Lastwagen und wirft ihn um. Sieben Menschen erleiden teils schwere Verletzungen.

Die Brünner Straße muß während der Bergung stundenlang gesperrt werden.

100.000 Schüler in den USA sind immer bewaffnet

Die zunehmende Gewalttätigkeit an amerikanischen Schulen hat schreckliche Folgen: Angaben der nationalen Gesellschaft für Erziehung in Washington zufolge gehen 100.000 Schüler nur noch mit einer Schuß- oder Stichwaffe zum Unterricht. 160.000 Mädchen und Burschen bleiben aus Angst vor Gewaltverbrechen überhaupt den gefährlichen US-Schulen fern – mit Einverständnis besorgter Eltern und sogar Lehrer.

Nackt arbeitet sie am liebsten: Nach dem freizügigen Buch „Sex" und der LP „Erotica" versucht sich Skandalnudel Madonna als Kinostar. In „Body of Evidence", einem mäßigen Sexfilmchen.

Heftige Diskussion um die Wehrpflicht

Die überraschende Ankündigung der Deutschen, in Anbetracht der Abrüstungsverträge und der leeren Staatskassen eventuell von der Wehrpflicht abzurücken, löst auch bei uns heftige Diskussionen aus. Verteidigungsminister Werner Fasslabend schließt die Gründung einer Berufsarmee nicht mehr aus.

300.000 Österreicher sind alkoholabhängig

Der Obmann der Anonymen Alkoholiker schlägt Alarm: Nach Schätzungen – fundierte wissenschaftliche Untersuchungen gibt es nicht – sind in Österreich mindestens 300.000 Menschen von geistigen Getränken abhängig und weitere 650.000 wegen Mißbrauchs akut gefährdet. Es fehle an mobilen Beratungsstellen und an Informationsmaterial, so die Kritik. In Sachen Vorbeugung werde von offiziellen Stellen fast gar nichts unternommen.

Krone-Chronik Februar '93

- Der Österreicher Markus Prock sichert sich in Lillehammer zum vierten Mal den Weltcup im Rennrodeln.
- Eine 82jährige Krebspatientin stirbt qualvoll in einem US-Spital, weil ein Arzt nach der Behandlung ein Stück radioaktiven Draht in ihrem Körper vergessen hat.
- Beim Skifahren in der Tiroler Axamer Lizum stürzt Außenminister Alois Mock, verletzt sich schwer und wird mit dem Notarzthubschrauber geborgen. Die Ärzte müssen ihn sogar in einen Heilschlaf versetzen.
- In der Steiermark, im Burgenland und in Oberösterreich werden 19 Mitglieder einer iranischen Schlepperbande verhaftet, die 2000 Flüchtlinge illegal durch Österreich nach Deutschland geschleust haben.
- Arthur Ashe (USA), Wimbledon-Sieger 1975, stirbt in New York an den Folgen seiner AIDS-Erkrankung.

Kidnapper entführt Airbus der Lufthansa über Österreich

Über Österreich stürmt ein 31jähriger bewaffneter Somalier das Cockpit eines Airbus der Lufthansa und nimmt die zehnköpfige Besatzung sowie deren 94 Passagiere als Geiseln. Der Horrorflug führt über Hannover, wo die Maschine aufgetankt wird, nach New York. Dort wird der Kidnapper von Spezialeinheiten der Armee und der Polizei empfangen. Das Geiseldrama endet zum Glück unblutig. Der Luftpirat, der um Asyl ansuchen wollte, ergibt sich.

Wie zwei Geschosse krachten die Lok des Regionalzuges und die

Ein Bild der Zerstörung bietet sich den Hilfsmannschaften auf der Westbahn bei Melk (NÖ). Bergepanzer müssen eingesetzt werden.

Innerhalb von fünf Tagen fordern zwei Zugunglücke 6 Todesopfer und 60 Verletzte

Unheimliche Todesserie der ÖBB

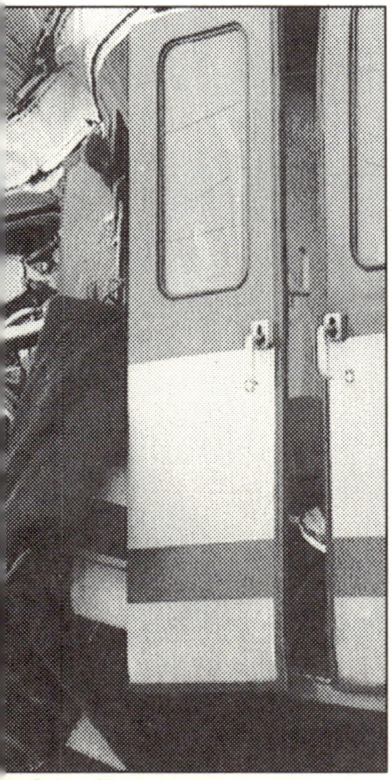

Schnellbahngarnitur zusammen.

„Menschliches Versagen." Zweimal innerhalb von fünf Tagen führt das Fehlverhalten zweier Lokführer zu den Zugunglücken von Melk und Hütteldorf. Der eine dachte an seine Freundin und vergaß zu bremsen, der andere hatte ein Blackout und überfuhr ein Haltesignal. Die Schreckensbilanz: 6 Tote und 60 Verletzte.

Am 13. Februar prallt in Melk (NÖ) ein Güterzug gegen einen aus Salzburg kommenden Eilzug. Mit ungeheurer Wucht krachen die beiden Lokomotiven ineinander. Sekunden später gleicht der Bahnhof Melk einem Schlachtfeld: Zerfetzter Stahl, verbogene Gleise und markerschütternde Schreie von Menschen. Drei Eisenbahner sterben eingekeilt in den Trümmern und 21 verletzte Passagiere werden in Spitäler eingeliefert.

Der schuldtragende Lokführer, der das Zugunglück mit leichten Verletzungen überlebt, gibt im Verhör an, in Gedanken versunken gewesen zu sein und an seine Freundin gedacht zu haben. Obwohl der 24jährige ein rotes Haltesignal sah, bremste er den Güterzug nicht und rollte so in die Katastrophe.

Inmitten der Diskussion um Ausbildung und Arbeitsbedingungen der Lokführer sowie der technischen Sicherheitseinrichtungen erschüttert ein weiteres Unglück unser Land. Diesmal kracht in Wien-Hütteldorf ein Regionalzug frontal gegen eine Schnellbahngarnitur. Und wieder sterben drei Menschen in den Trümmern, 39 Fahrgäste erleiden zum Teil schwere Verletzungen.

Wie in Melk ist auch in Hütteldorf ein junger Lokführer schuld an der Katastrophe. Der 22jährige ÖBB-Bedienstete erklärt den Kriminalisten: „Ich hatte ein Blackout, war geistig einfach abwesend." Der unerfahrene Eisenbahner hatte nach einem Haltesignal anstatt den Zug zu bremsen auf 100 km/h beschleunigt.

Da es angesichts des Alters und der Unerfahrenheit der beiden Lokführer schwer fällt, so wie ÖBB-General Übleis an das „tragische Gesetz der Serie zu glauben", fordert die „Krone", die Todesserie der ÖBB zu stoppen. Und zwar mit tatsächlich lebensrettenden Sicherheitssystemen und psychologischer Betreuung der Eisenbahner.

Sensationelle *Operation im Mutterleib einer Engländerin: Britische Mediziner retten das Leben dieser Zwillinge. Gary und James haben einen gemeinsamen Blutkreislauf, der mit Hilfe der Laser-Chirurgie sorgsam getrennt wird. Die beiden Babys kommen kerngesund zur Welt, ohne Eingriff wären sie gestorben.*

Rekordergebnis für die „Krone"

Neues Rekordergebnis für die „Krone": Laut der Optima-Analyse lesen mehr Österreicher als je zuvor die „Kronen Zeitung", nämlich 2,773.000! Damit ist die Zahl der „Krone"-Familie um fast 50.000 größer als vor einem Jahr. Die „Kronen Zeitung" hat mehr Leser als die nächsten drei Zeitungen gemeinsam.

Liebestöter Geld und Schönheit

„Den meisten Männern ist bei einer Frau Schönheit, den meisten Frauen bei einem Mann Geld das Wichtigste." Doch genau diese Klischees stehen einer glücklichen, romantischen Liebe im Weg. Das ergeben Untersuchungen von US-Psychologen, die an mehreren Universitäten durchgeführt wurden.

Dramatischer Anstieg der Kriminalität:

Mehr als 500.000 (!) Delikte in einem Jahr

Für Alarmstimmung sorgt der Sicherheitsbericht des Innenministeriums, da jetzt pro Jahr schon mehr als 500.000 Straftaten verübt werden. Die Kriminalität nimmt in Österreich drastisch zu: Immer mehr Diebstähle, Einbrüche, Suchtgiftdelikte und Betrügereien. Die Aufklärungsquote beträgt im Schnitt 45 Prozent.

Die rapide Steigerung der Straftaten innerhalb eines Jahres von 7,2 Prozent beruht in erster Linie auf der Öffnung der Ostgrenzen und der Vollmotorisierung in Europa. Laut der Kriminal-Statistik wird bereits jedes fünfte Verbrechen von einem Ausländer verübt, wobei der Großteil der Delikte auf das Konto von Kriminaltouristen geht. Innenminister Löschnak startet eine neue Sicherheitsoffensive. Mit mehr Polizisten auf der Straße, verstärkten Streifendiensteinsätzen, besserer Ausrüstung und 300 neuen Exekutiv-Beamten will er die zunehmende Kriminalität in den Griff bekommen.

Krone-Chronik Februar '93

- Silbermedaille für Bob Österreich I mit Steuermann Hubert Schösser bei der Viererbob-Weltmeisterschaft in Igls.
- Nach dem Nikotin wird in den USA nun auch dem Parfum der Kampf angesagt. Gegner künstlicher Duftstoffe fordern ein Gesetz zur Errichtung „duftfreier Zonen" in öffentlichen Gebäuden.
- Die SP-Bezirksvorsitzenden in Wien beschließen einstimmig, daß Umweltstadtrat Michael Häupl die Nachfolge von Vizebürgermeister Hans Mayr als Landesparteiobmann der Sozialdemokraten antritt.
- Die Zahl der in Deutschland lebenden Ausländer hat sich um zehn Prozent erhöht. 6,5 Millionen Ausländer leben in der Bundesrepublik, womit ihr Anteil an der Gesamtbevölkerung bei acht Prozent liegt.

Auszeichnung für Stardirigent Solti

Da strahlt Stardirigent Sir Georg Solti: Die Wiener Philharmoniker überreichen ihm ihre neugeschaffene Hans-Richter-Medaille. Und Eleonore Richter, Enkelin des weltberühmten Dirigenten der Philharmoniker, gratuliert aus vollem Herzen.

Sir Georg gastiert mit den „Wienern" im Februar in London und in der restlos ausverkauften New Yorker Carnegie Hall.

Konzerte im Wiener Musikverein sind die Generalprobe für diese Tournee. Sie werden zu einem vielbejubelten Triumph. Publikum und auch Musikkritiker sind begeistert.

Sir Georg Solti und Enkelin Eleonore Richter

Nicht gestohlen, wie es in dem Kinderlied heißt, hat dieser Fuchs die Gans. Die beiden sind Partner in einem kleinen Wanderzirkus und proben ihren Auftritt. Das Duo kommt prächtig miteinander aus, der Fuchs hat absolut keinen Appetit auf seine Freundin.

In der Bundeshauptstadt fliegt neuer Korruptions-Skandal auf

Beamter treibt schwungvollen Handel mit Arbeitsbewilligungen

In Wien fliegt ein neuer Korruptionsskandal auf: Ein hoher Beamter des Arbeitsamtes in der Herbststraße in Wien-Ottakring treibt schwungvollen Handel mit Arbeitsbewilligungen. Er verkauft die begehrten Papiere mit Hilfe von Komplicen an Ausländer, die für diese Sonderdienste natürlich kräftig zahlen müssen.

Die 38jährige Frau eines Geschäftsmannes, ein türkischer Marktstandler und der leitende Beamte des Arbeitsamtes sind die Hauptpersonen in der Bestechungsaffäre. Reine Geldgier bewegt das Trio dazu, mit der Not arbeitswilliger Ausländer kriminelle Geschäfte zu machen. 50.000 Schilling müssen ihre „Kunden" hinblättern, um rasch, unbürokratisch und in vielen Fällen überhaupt zu einer Arbeitsbewilligung in Österreich zu kommen. Eingefädelt werden die Geschäfte am Marktstandel, das als „heiße" Adresse gilt. Den Kontakt vermittelte die „hilfreiche" Frau. Und um die Ausstellung der Papiere kümmert sich der „entgegenkommende" Staatsdiener.

Mehr als 50 Fälle fliegen auf, der Schaden geht in die Millionen.

Die unstillbare Geldgier ist es auch, die Kriminalisten auf die Spur des korrupten Beamten und seiner Helfer führt. Denn der Mann verliert sozusagen den Überblick. Hält auch bei Ausländern, die ganz offiziell zu einer Bewilligung kämen, die Hand auf. Einer merkt's und ruft bei der Polizei an.

Betrügereien auch im Verkehrsamt

Gleichzeitig mit der Verhaftung des Trios fliegt ein weiterer Bestechungsskandal, diesmal im Verkehrsamt, auf: Ein korrupter Beamter und ein Versicherungskaufmann handeln mit Führerscheinen – und zwar mit eingezogenen. Sie verkaufen die „rosa Papiere" an ertappte Alko-Lenker zurück. Der Preis: 30.000 Schilling . . .

Menschlich betrachtet

VON OMBUDSMAN REINALD HÜBL

Beamte, die sich bestechen lassen

„GUTER BRAUCH" soll es längere Zeit gewesen sein im Verkehrsamt der Wiener Polizei, den Papieren für die Anmeldung eines Fahrzeuges einen Zwanziger beizulegen. Das ist jetzt abgestellt. Strafprozesse laufen, und eine Änderung des Amtsweges hat die Verteilung der Anträge dem Zufall unterworfen.

Kaum war das erledigt, schlug die Bombe Bestechlichkeit beim Wiener Magistrat ein. Bei Lenkerprüfungen eingesetzte Beamte sollen die Hand aufgehalten haben.

Nächster Streich: der Leiter eines Arbeitsamtes „sitzt". Soll Arbeitsbewilligungen zum Weiterverkauf verkauft haben.

Zurück zum Verkehrsamt: Jetzt kam an den Tag, daß man dort Führerscheine, die wegen Alkoholisierung am Steuer eingezogen worden waren, „privat" zurückkaufen konnte.

„Wissen Sie, Herr Redakteur", sagte vorgestern ein Obersenatsrat im Wiener Rathaus zu mir: „Ich bin jetzt 40 Jahre Beamter, ich versteh' die Welt nicht mehr."

Ja wirklich. Die Optik ist scheußlich. Schon macht das Schlagwort „Der Balkan beginnt in Wien" wieder die Runde, schon müssen sich Beamte gefallen lassen, daß man sie hinter ihrem Rücken alle in einen Topf schmeißt oder ihnen ins Gesicht „Bemerkungen macht".

Das haben sich 999 von tausenden Menschen, die im öffentlichen Dienst ihre Arbeit tun und ihre Pflicht erfüllen, nicht verdient! Aber in ihrem eigenen Interesse: Mehr Kontrolle schiene angebracht.

Erschienen am 13. Februar

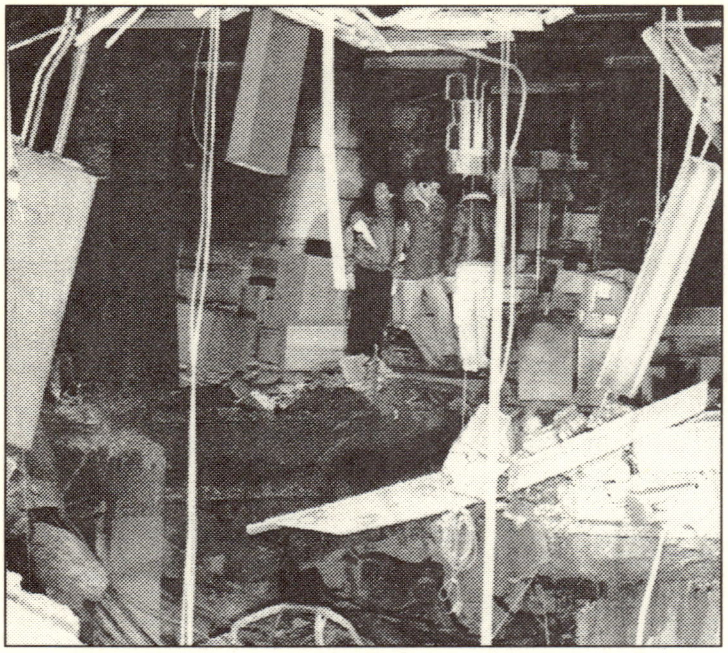

Ein Bild der Verwüstung: In der Tiefgarage detoniert die Bombe

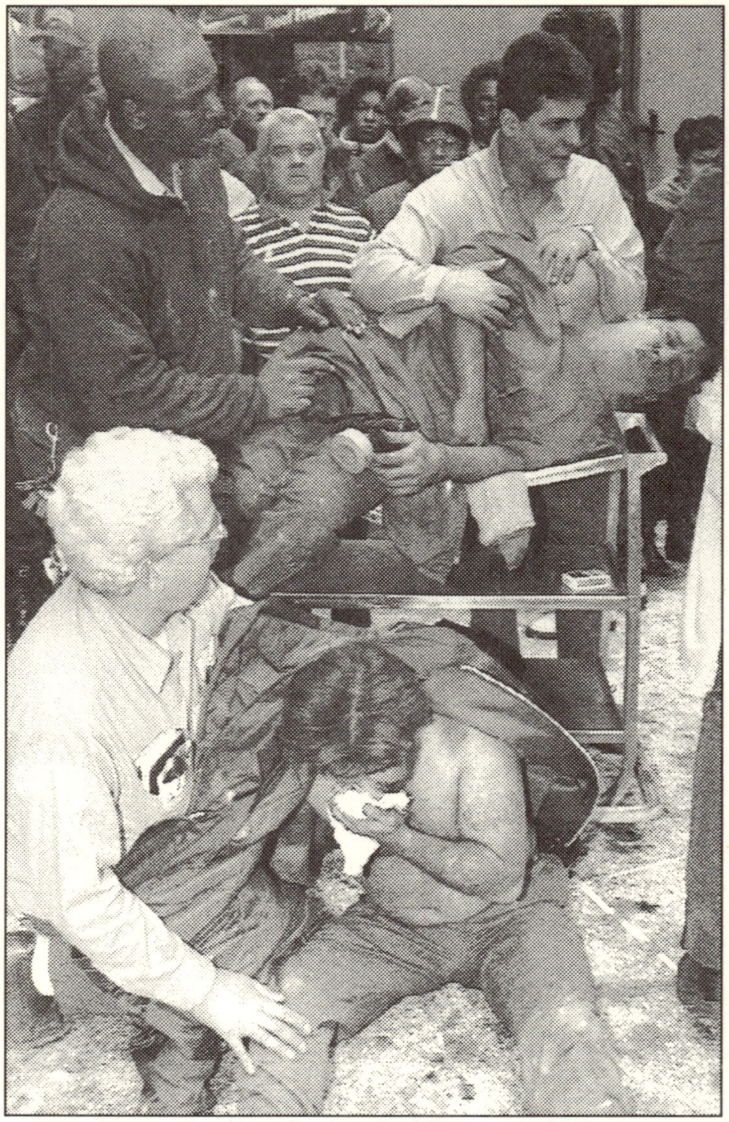

Der Terror-Anschlag fordert fünf Tote und 700 Verletzte

Islamische Terroristen schockieren USA

Bomben-Attentat im World Trade Center

Fünf Tote und 700 Verletzte fordert ein Terroranschlag islamischer Fundamentalisten im New Yorker World Trade Center. Die Fanatiker deponieren eine 200-Kilo-Bombe in einem gemieteten Lieferwagen und lassen sie mitten zur Geschäftszeit in der Tiefgarage des vollbesetzten Wolkenkratzers explodieren.

Freitag, 26. Februar, 12.18 Uhr Ortszeit: Ganz Manhattan erzittert unter der gewaltigen Detonation. Der Strom im World Trade Center fällt aus, Tausende Menschen stecken in den 250 Aufzügen. Die U-Bahn-Decke unter der Garage stürzt ein, Fahrgäste sind eingeschlossen. In den 110 Stockwerken des 411 Meter hohen Wolkenkratzers bricht Panik aus. Sogar der Flugverkehr über New York muß eingestellt werden, da die Warnlichter auf dem Dach des World Trade Centers ausgefallen sind.

Tage später werden die Terroristen verhaftet. Der gemietete Lieferwagen ist der Schlüssel zu ihrer Ausforschung. Der Anschlag versetzt die USA in einen Terror-Schock, alle zittern vor weiteren Attentaten.

„Unfallopfer" hinter Gittern

Auf grauenhafte Weise will ein 38jähriger Türke in Wien seine Unfallversicherung betrügen: Er läßt sich absichtlich von einer Straßenbahngarnitur überrollen und den linken Arm abtrennen – weil er hofft, dadurch sechs Millionen Schilling zu kassieren. Doch anstatt als reicher Mann in seine Heimat zurückzukehren, landet er hinter Gittern. Ein Lokalaugenschein mit Kriminalisten und Untersuchungen der Gerichtsmediziner beweisen nämlich, daß das angebliche Unfallopfer gar keines ist.

3 Medaillen für „Goldi"

Österreichs neues „Wunderkind" im Skispringen, Andreas Goldberger aus Waldzell (OÖ), bleibt in der nordischen Ski-Weltmeisterschaft in Falun (Schweden) unsere Trumpfkarte. „Goldi" erkämpft drei Medaillen, diesmal aber kein Gold: Silber auf der Normalschanze, Bronze auf der Großschanze und gemeinsam mit Vettori, Kuttin und Horngacher im Mannschaftsbewerb. Norwegen schießt bei der nordischen WM in Falun mit 14 Medaillen den Vogel ab, ist die erfolgreichste Nation.

131 Tote bei Jet-Absturz

Schweres Flugzeug-Unglück im Iran: 50 Kilometer westlich der Hauptstadt Teheran stoßen ein Militärflugzeug und eine Chartermaschine der „Iran Air Tours" in der Luft zusammen, explodieren und stürzen ab. Dem Piloten des Armee-Bombers gelingt es, sich mit Schleudersitz und Fallschirm zu retten. Die 119 Passagiere und zwölf Besatzungsmitglieder des Ziviljets, einer russischen Tupolev, haben hingegen keine Überlebenschance. Sie werden noch in der Luft aus der Maschine geschleudert.

Sterbearzt wegen Mordes angeklagt

„Doktor Tod", ein amerikanischer Arzt, der 15 Menschen Sterbehilfe geleistet hat, wird wegen Mordes angeklagt. Im Müll seiner Assistentin wird belastendes Material gefunden, wonach er einen 70jährigen Patienten gegen dessen Willen umgebracht hat.

__Reizende Dessous__ präsentieren Topmodels unter hängenden Efeugirlanden am Laufsteg bei der „Zehnten Internationalen Unterwäsche-Modenshow" in einem Pariser Nobelhotel. Die aktuelle Kollektion des Frühjahres 1993 zeigt hochgeschnittene Höschen zu Halbschalen-BHs mit zarten Rüschenreifen.

Polizeieinsatz gegen Raucher abgelehnt

Nachdem Gesundheitsminister Ausserwinkler den zwei Millionen Rauchern den Kampf angesagt hat, lehnt Innenminister Löschnak eine Vollstreckung der strengen Anti-Raucher-Gesetze durch die Exekutive strikt ab. Polizei und Gendarmerie hätten, so Löschnak sinngemäß, anderes zu tun, als Raucher zu jagen.

Mit rigorosen Rauchverbotsgesetzen (in Restaurants, Betrieben, Ministerien, etc.) versucht der Gesundheitsminister, den Freunden des blauen Dunstes das Qualmen abzugewöhnen. Neben einem geplanten Werbeverbot für Tabakwaren fordert Ausserwinkler auch die Bestrafung von unverbesserlichen Nikotinsüchtigen, die sich in Verbotszonen einen Glimmstengel anzünden.

Die angekündigte Anti-Raucher-Kampagne bleibt aber eine zahnlose Angelegenheit, da sich Ausserwinklers Ministerkollegen wohl nicht mit den Millionen Rauchern anlegen möchten.

Sichtweite Null auf Ostautobahn

Ein defektes Feuerwehrauto verliert auf der Ostautobahn bei Schwechat 800 Kilo Löschpulver. Der Wind verweht die federleichten Chemikalien und nebelt die Autofahrer völlig ein. In beiden Fahrtrichtungen krachen 80 Wagen ineinander. Dreißig Menschen werden bei der Massenkarambolage verletzt.

Grausamer Mord in Hochzeitsnacht

Mit Tränen in den Augen schwört ein Liebespaar einander in der Baptistenkirche von Kansas City (USA) ewige Treue – „bis daß der Tod uns scheide". Nur acht Stunden später jagt die Braut ihrem Bräutigam in der Hochzeitsnacht fünf Kugeln in die Brust, da sie ihr Ehemann angeblich vergewaltigen wollte.

__Ganz allein__ ist Teddybär „Homer" auf Weltreise unterwegs. Eine Schulklasse aus Kalifornien (USA) schickt ihn für den Geographie-Unterricht rund um den Globus. Während seiner abenteuerlichen Reise macht der putzig-pelzige Weltenbummler auch in Wien kurz Zwischenstation.

__Panik__ führt auf einer Fähre vor Haiti zu einer der ärgsten Schiffahrtskatastrophen der Geschichte. Bei einem tropischen Gewitter drängen Hunderte Passagiere auf eine Deckseite, um sich vor Sturm und prasselndem Regen zu retten. Durch die einseitige Belastung kentert das Schiff und sinkt binnen weniger Minuten. Die genaue Zahl der Todesopfer wird für immer unbekannt bleiben: An Bord der 45 Meter langen Fähre „Neptuno" waren wahrscheinlich mehr als 2000 Menschen wie Sardinen gedrängt.

__Großer weißer Vater,__ wie Papst Paul Johannes II. am Schwarzen Kontinent genannt wird, segnet ein aidskrankes Kind im Msamby Krankenhaus in Kampala. Am neunten Februar beendet er seinen riskanten und tumultösen Besuch im Bürgerkriegsland Uganda. Tief im Dschungel rief das Oberhaupt der Katholischen Kirche zur Beendigung der Stammeskriege in Afrika auf. Von Uganda aus reist der Heilige Vater direkt in die nächste Hölle auf Erden: zu den fanatischen islamischen Fundamentalisten im Sudan.

Denver Star ein Mörder?

Fernsehstar James Patrick Healey, der in der TV–Serie „Denver Clan" den Ehemann von „Alexis" Joan Collins spielte, wird in Los Angeles wegen Mordversuchs an seinem Schwager angeklagt. Bei einem Streit im Haus des Ehemannes seiner Schwester, Jacob Rivera, war es zu einem wilden Kampf gekommen. Nachdem Rivera eine Scheibe zerschossen hatte, ergriff der TV-Ehemann des „Denver-Biestes" eine Scherbe und schnitt seinem Schwager die Kehle durch.

Bei „Chaos-WM" in Japan erringen Österreichs Alpine acht Medaillen

Ein Triumph der Damen!

8 Medaillen in 9 Bewerben – das ist die Bilanz des österreichischen Skiteams bei der Weltmeisterschaft in Morioka (Japan). Das „starke Geschlecht" sind wieder einmal die Damen, die trotz des Rücktritts von Petra Kronberger und des verletzungsbedingten Ausfalls von Sabine Ginther sechsmal am Stockerl stehen.

In einer WM, die durch Schneefall, Regen, Wind und Verschiebungen in ein Chaos schlittert, das Petra Kronberger allerdings erspart bleibt. Österreichs Siegläuferin Nummer eins erklärt bereits am 28. Dezember ihren Rücktritt.

Österreichs Damen beweisen aber auch ohne die 23jährige absolute Stärke. Karin Buder holt im Damenslalom Österreichs einzige „Goldene". Das Badgasteiner Geschwisterpaar Sylvia (Silber im Super-G) und Elfi Eder (Bronze im Slalom) gewinnt gleich zwei Medaillen. Das Ski-Liebespaar Rainer Salzgeber und Anita Wachter sorgt für Österreich-Schlagzeilen: Am gleichen Tag holen beide „Silber", jeweils im Riesentorlauf.

Die „Wikinger" liefern die WM-Überraschung. Norwegens Alpinläufer unter ihrem österreichischen Trainer Dieter Bartsch räumen groß ab und schreiben Ski-Geschichte. Der 21jährige Kjetil-Andre Aamodt wird mit drei Medaillen (jeweils Gold im Riesentorlauf und Slalom sowie Silber in der Kombination) erfolgreichster WM-Teilnehmer.

Mit drei Goldmedaillen, drei Silber- und einer Bronzemedaille ist Norwegen erstmals siegreichste Alpin-Nation der WM. Österreich belegt hinter Deutschland nur Rang drei, bleibt aber in der Gesamtwertung aller Weltmeisterschaften weiterhin die Nummer eins.

Österreichs WM-Medaillengewinner:

Damen: Gold Karin Buder (Slalom), Silber Anita Wachter (Riesentorlauf) und Sylvia Eder (Super-G), Bronze Anita Wachter (Kombination), Elfi Eder (Slalom) und Anja Haas (Abfahrt).

Herren: Silber Rainer Salzgeber (Riesentorlauf), Bronze Thomas Stangassinger (Slalom).

Strahlende Eder-Schwestern: Medaillen im Slalom und Super-G

Geisterfahrer auf dem Wiener Gürtel

Nach durchzechter Nacht wird ein 35jähriger Mann am Faschingsmontag auf dem Gürtel zum Geisterfahrer und stößt frontal gegen ein Auto. Ein Familienvater, dessen Tochter und der Betrunkene werden verletzt.

Mafia erpreßte FBI-Boß Hoover

Der berüchtigte amerikanische FBI-Boß J. Edgar Hoover wurde jahrelang von der Mafia erpreßt, weil er homosexuell veranlagt war. Diese Sensation enthüllt US-Autor Anthony Summers in einer Biographie.

Traumpaar der Ski-WM: Anita Wachter und Rainer Salzgeber

Krone-Chronik Februar '93

- „King-Kong", der berühmteste Affe der Filmgeschichte, wird anläßlich seines 60. Geburtstages in den Münchner Bavaria-Studios fürchterliche 5,20 Meter groß nachgebaut.
- Der Chef-Leibgardist des russischen Präsidenten packt aus: Seit dessen Amtsantritt konnten neun Attentate gegen Boris Jelzin vereitelt werden.
- Der junge Österreicher Harald Geier wird in Wr. Neustadt durch einen Punktesieg über den englischen Box-Profi Pete Buckley Weltmeister nach Version Penta-Continental-Union im Superbantam-Gewicht.
- Die „Krone"-Leser wählen ihr Zeit im Bild-Lieblingsduo. Das Ergebnis: Das „ZiB"-Traumpaar der Österreicher sind Gertrude Aubauer und Hans Georg Heinke – wegen ihrer sympathischen Erscheinung, deutlichen Aussprache und seriösen Berichterstattung.
- Hans Krankl, Goleador und Trainer von Mödling, feiert im Februar den „Vierziger".

Liz Taylor wieder tablettensüchtig

Die Augen glasig, die Stimme schleppend – so sehen Millionen TV-Zuseher Liz Taylor bei den „American Music Awards". Die 60jährige ist wieder tablettensüchtig. Wegen chronischer Rücken- und Hüftschmerzen schluckt Liz 23 Pillen pro Tag. Allein seit Jahreswechsel soll sie mehr als 2500 Tabletten eingenommen haben.

Patient dreht in US-Spital durch

„Zwölf Jahre bin ich hier behandelt worden, und nichts hat es geholfen." Daher sieht ein 40jähriger in der Universitätsklinik in Los Angeles (Kalifornien) rot. Der Mann taucht mit einem Revolver und einem Gewehr auf, schießt drei Ärzte nieder und nimmt zwei Frauen als Geiseln. Erst nach Stunden kann der Irre zur Aufgabe bewegt werden.

Mafia handelt mit Atomwaffen

Internationale Mafia-Banden handeln mit nuklearem Material, das vornehmlich für Atomwaffen benötigt wird. Das behauptet der italienische Staatsanwalt und Mafia-Experte Piero Luigi Vigna bei einer Tagung in Brescia. Hauptbezugsquelle sei die einstige Sowjetunion, die über gigantische Atomlager verfügt.

Ex-Miß-Austria Stermitz (34)

Mercedes Stermitz verursacht Unfall:

Ex-Miß-Austria in akuter Lebensgefahr

Wie auf der Rundstrecke ist die 34jährige Ex-Miß-Austria und Rennfahrerin Mercedes Stermitz mit ihrem 130 PS-Boliden auf der Felbertauernstraße in Salzburg unterwegs. Und kracht bei einem Überholmanöver frontal gegen ein Auto. Stermitz und der Fahrer des anderen Wagens werden lebensgefährlich verletzt.

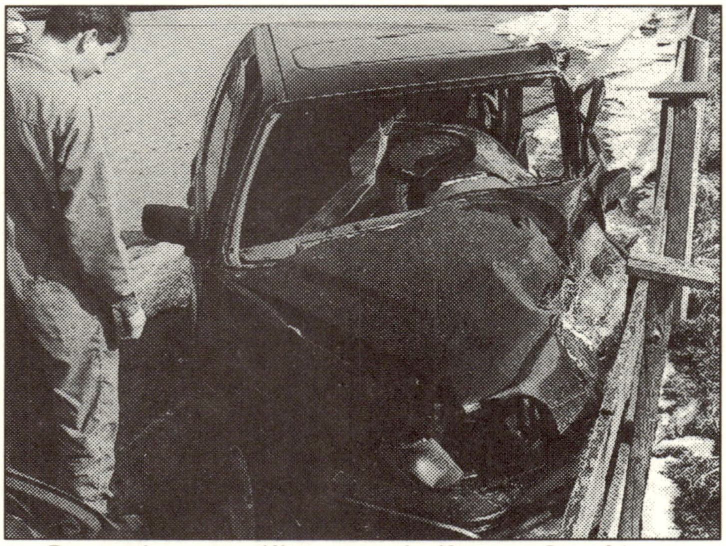

Der total zerstörte Kleinwagen der Kärntner Rennfahrerin

Stermitz überholt mit ihrem sportlichen Kleinwagen in einer Linkskurve trotz Verbotstafeln einen Lastwagenzug und prallt frontal gegen das Auto eines 25jährigen Bauarbeiters, der an dem Unfall keine Schuld hat. Das einstige Model und der Mann müssen von der Feuerwehr mit Blechscheren aus den Wracks geschnitten und per Notarzthubschrauber abtransportiert werden.

Mercedes Stermitz ringt wegen eines Blutgerinnsels im Kopf wochenlang mit dem Tod. Ihr ebenfalls schwer verletzter Unfallgegner hingegen ist relativ bald außer Lebensgefahr.

„Chaplin", ein biographischer Film über den größten Komiker aller Zeiten, Charlie Chaplin, hat in Nizza Premiere. Regisseur Sir Richard Attenborough und die Schauspielerin Geraldine Chaplin, Tochter des unvergessenen Stars, sind bei der Gala-Uraufführung anwesend.

Krone-Chronik Februar '93

- Nach 1990 und 1991 sichert sich der österreichische Ski-Profi Bernhard Knauss im amerikanischen Aspen zum dritten Mal den Weltmeistertitel.
- In der Kaukasusrepublik Nord-Ossetien fordert der Abgang von etwa 80 Lawinen entlang einer Paßstraße 50 Todesopfer.
- 170 Milliarden Schilling Schaden verursacht pro Jahr in Österreich die Kriminalität der „Braven". Pfusch, Versicherungsbetrug und Steuerhinterziehung gelten nach wie vor als Kavaliersdelikte.
- Durch einen Ausbruch des Vulkans Mayon auf den Philippinen kommen zwölf Menschen im Aschenregen ums Leben.
- Gleich 617 (!) Ladendiebstähle gestehen sechs Jugendliche den Gendarmen in Aschach (OÖ). Die Burschen zwischen 14 und 16 Jahren stellen damit einen unrühmlichen Kriminalrekord auf.
- Bei einer wilden Schießerei zweier rivalisierender Drogenbanden kommen in Mexiko City 24 Menschen ums Leben.
- Nach dem Überfall auf ein Sportgeschäft und anschließender Verfolgungsjagd durch den Verkäufer ist ein Dieb in Singen (BRD) so erschöpft, daß man ihn zum Polizeiauto tragen muß.
- Abseits der gesicherten Skipiste am Neunerkopf (Tirol) tritt ein 13jähriger Schüler, der Sohn des Bürgermeisters von Tannheim, eine Lawine los, wird 200 Meter weit mitgerissen und getötet.

Probleme mit den Zähnen hat der arme Killerwal „Tanouk" aus dem südfranzösischen Freizeitpark Marineland bei Antibes. Er bekommt eine Plombe, weil einer seiner 46 mächtigen Eckzähne von Karies befallen ist. Behandelt wird der Wal von einem britischen Spezialisten, der bereits Elefanten und Tiger von Schmerzen erlöst hat.

Schmerzensgeld für TV-Verzicht

Wer aufs Fernsehen verzichten muß, dem steht Schmerzensgeld zu, entscheidet ein Gericht in Frankfurt. Ein Mann gab sein TV-Gerät in eine Werkstatt, wo es ein Mechaniker fallenließ. Der Mann klagte, bekam einen neuen Apparat und 80 Groschen Entschädigung für jeden seiner insgesamt 60 TV-freien Tage.

Großangriff auf die Giftlerszene

Die extreme Zunahme an Suchtgiftopfern, die Überschwemmung Wiens mit Billig-Heroin und die Ausuferung der Drogenszene lassen spät aber doch bei den Politikern die Alarmglocken schrillen. Sogar 12jährige hängen an der Nadel! Für einen Großangriff gegen Dealer wird endlich mehr Geld zur Verfügung gestellt.

Mörder gesteht im Krankenbett

„Brachte sie um, weil sie die Tür laut zuschlug"

Am Morgen frühstückt ein 57jähriger Automechaniker aus Wien-Donaustadt noch gemütlich mit seiner Frau. Mittags kommt es zum Streit. Der Mann drischt ihr eine Sektflasche an den Kopf und sticht mit einem Messer elfmal zu. Danach verläßt er die Wohnung, fährt mit dem Auto fort und verletzt sich bei einem Unfall lebensgefährlich. Der Mann wird ausgeforscht. In der Intensivstation legt er ein Geständnis ab: „Ich hab' sie umgebracht, weil sie die Tür laut zugeschlagen hat."

Ein wahres Kunstwerk aus Schnee und Eis gelingt einem Teilnehmer eines Eis-Skulpturen-Wettbewerbes im Moskauer Gorki-Park. Mit viel Geduld baute er eine orthodoxe Kirche nach. Jetzt hofft der Künstler, daß die herrschenden Minusgrade und damit sein Werk noch einige Zeit anhalten.

Ärger macht das Herz kaputt

Ärzte: Schwarze Gedanken führen zum Infarkt

Ärzte der Duke-Universität im US-Staat North Carolina beweisen anhand von Langzeitstudien an Patienten, daß Menschen sich tatsächlich „zu Tode ärgern" können.

Feindselige Gedanken und Ärger gehören nämlich zu den Streßfaktoren, die Blutdruck, Alkohol- sowie Zigarettenkonsum ansteigen lassen. Und damit das Herz kaputt machen.

Menschen, die nicht fähig sind, positiv zu denken, gehören also zu den Infarkt-Kandidaten Nummer eins.

Voller Elan: Ingrid Wendl

Seniorenclub hat charmante Chefin

Der Seniorenclub hat eine neue Präsentatorin: Ingrid Wendl tritt die Nachfolge von Dr. Dolf Lindner an und moderiert ihre erste Sendung am 7. März. Die charmante TV-Lady empfängt gleich einen prominenten Gast: Ihr Gesprächspartner ist kein geringerer als „Landarzt"-Pastor Heinz Reincke.

Wieder Störfall im AKW Tschernobyl

Wieder Aufregung um Tschernobyl: Der dritte Reaktorblock des ukrainischen Katastrophen-Kernkraftwerks wird wegen eines angeblich „harmlosen" Störfalls vorübergehend abgeschaltet. Das Sicherheitssystem hat, wie Experten erklären, funktioniert. Es seien keine radioaktiven Substanzen entwichen.

Pech für Lauda: Auto gestohlen!

„Zuerst war ich sprachlos, dann stinksauer!" Ausgerechnet Niki Lauda, dreifacher Formel-1-Weltmeister, wird Opfer von Autodieben. Sein funkelnagelneuer Mercedes 500 E – Listenpreis 1,5 Millionen Schilling, Kilometerstand 1600 – wird vor dem Hotel Sacher in Wien gestohlen.

Tausende Mediziner fehlen, Schwestern sind total überlastet

Ärzte schlagen Alarm: Tödliche Mißstände in unseren Spitälern

Ein Innsbrucker Mediziner schockt Anfang März die Bevölkerung, indem er tödliche Mißstände im österreichischen Gesundheitswesen aufdeckt: Die Krankenschwestern sind mit durchschnittlich 80 Arbeitsstunden pro Woche total überlastet, in den Spitälern und in ländlichen Regionen fehlen 5500 Ärzte!

Diese unhaltbaren Zustände führten beispielsweise dazu, daß ein Chirurg fünf Tage praktisch nonstop operieren mußte. Nach anfänglichen Versuchen, die alarmierenden Aussagen des Innsbrucker Oberarztes abzuschwächen, beruft Gesundheitsminister Ausserwinkler einen Krisengipfel mit Experten und Betroffenen der Spitalsmisere ein. Zu den Leidtragenden gehören vor allem auch die Patienten. So stehen Anfang März auf der Warteliste des Wiener AKH nicht weniger als 1000 Herzpatienten, die sofort operiert werden müßten – was aber wegen akutem Schwesternmangel und schlechter Organisation nicht geschieht.

Schwere Zeiten für Ausserwinkler: In einer Umfrage des IMAS-Meinungsforschungsinstitutes hält die Mehrheit der Österreicher die Kritikpunkte am Spitalswesen für zutreffend. Und 60 Prozent der Befragten machen die Politiker für die unhaltbaren Zustände verantwortlich.

Die Hauptkritik am kranken Gesundheitswesen:

- Obwohl Tausende Ärzte fehlen, müssen 3000 Jungärzte fast drei Jahre hindurch auf Ausbildungsplätze warten.
- Zeit- und Ärztemangel wiederum führen dazu, daß die praktische Ausbildung junger Turnusärzte qualitativ immer schlechter wird.
- An allen Ecken und Enden fehlt aber das Geld, mehr Mediziner einzustellen und bessere Gehälter zu zahlen. Die niedrigen Anfangsgagen treiben Jungärzte nämlich geradezu in extra bezahlte Überstunden und Wochenend-Dienste.

Herr Strudl

„Vor lauter Tschicker und Tschecheranten sieht der Ausserwinkler die Spitalsmisere net."

Krone-Chronik März '93

- Professor Dr. Branko Elsner, Trainer des Fußballclubs Wacker-Innsbruck, muß vor Beginn der Saison aus Gesundheitsgründen seinen Posten zurücklegen. Nachfolger ist sein bisheriger „Co" Walter Skocik.
- Erst vor fünf Jahren um 360 Millionen Schilling gekauft, verscherbelt die DDSG das verlustbringende Luxusschiff „Mozart" um 123 Millionen an einen deutschen Reeder.
- „Pfiat euch!" Das sind die – vermeintlich – letzten Worte eines angeheiterten 28jährigen Salzburgers, ehe er während einer Party aus dem Fenster seiner Wohnung im sechsten Stock springt. Der Mann überlebt den 18-Meter-Sturz nahezu unverletzt.
- Der deutsche Schauspieler Hans-Christian Blech, berühmt durch Kinofilme wie „08/15", „Ansichten eines Clowns" oder „Oberst Redl", stirbt 78jährig in München.
- 13 Verletzte fordert eine Massenkarambolage auf der Westautobahn bei Steinhäusl (NÖ), in die 100 Fahrzeuge verwickelt sind.

Eifersüchtiger schießt zwei Frauen nieder

Ein Mann sieht rot: Doppelmord in Trafik

„Wenn ich sage, es ist Schluß, dann ist Schluß", schreit ein eifersüchtiger Ehemann in einer Wiener Trafik. Zückt eine Pistole und schießt seine Gattin und die Geschäftsbesitzerin nieder. Nach siebenstündiger Jagd wird der Doppelmörder verhaftet. Er drohte auch, seine Kinder und seine Schwägerin umzubringen!

Der Tatort: Eine Trafik in der Praterstraße in Wien-Leopoldstadt. Um 7.10 Uhr unterhält sich die 50jährige Geschäftsführerin mit ihrer gleichaltrigen Freundin aus Wien-Favoriten – die von den Problemen mit ihrem Ehemann erzählt. Und daß sie ihm per Telefax mitgeteilt hat, daß sie sich wegen der ständigen Streitereien scheiden lassen wird – obwohl er immer gedroht hat, in diesem Fall Schluß zu machen. Mit seinen zwei Kindern, seiner Frau, der Schwägerin . . .

Sekunden später: Plötzlich stürmt der rasende Gatte die Trafik. Nach einer kurzen, heftigen Debatte zieht der 47jährige seinen Revolver und feuert fünfmal auf die beiden Frauen, die vergeblich versuchen, hinter dem Pult Deckung zu finden. Die Ehefrau wird am Kopf getroffen und stirbt sofort. Ihre Freundin erliegt im Spital den Folgen eines Bauchschusses.

Nach der Tat flüchtet er zu seiner Geliebten

Nach siebenstündiger Fahndung entdecken Polizisten den Fluchtwagen des Doppelmörders vor einem Haus in Wien-Landstraße, stürmen es und verhaften den Schützen.

Er hielt sich bei seiner Geliebten auf, mit der er seine Frau seit 15 Jahren betrogen hatte . . .

__Eine rassige__ Kärntnerin ist die Schönste Österreichs: Die Klagenfurterin Jutta Mirnig (19) holt sich in der Kitzbüheler „Tenne" den Titel der „Miß Austria". Und hat auch sonst einiges auf dem Kasten – sie ist nämlich Kärntens einziger weiblicher Fernsehmechaniker.

__Ein Jahrhundertsturm__ mit Spitzen bis zu 160 Stundenkilometern richtet an der gesamten Ostküste Amerikas verheerende Schäden an. Die Tornados und die folgenden Flutwellen fordern Hunderte Menschenleben. Am ärgsten betroffen ist der US-Bundesstaat Florida.

***Den 65. Geburtstag** feiert der Schauspieler und Gründer der humanitären Stiftung „Menschen für Menschen" im ostafrikanischen Äthiopien, Karl-Heinz Böhm, am zehnten März. In den fünfziger Jahren wurde er gemeinsam mit der unvergeßlichen Romy Schneider (Bild) durch die drei „Sissi"-Filme als Leinwandstar weltberühmt.*

Irrer WU-Student quält Frau zu Tode:

Die eigene Mutter mit Jagdmesser geköpft!

Auf bestialische Art ermordet ein Wiener Student seine 59jährige Mutter: Im Blutrausch tötet der adelige Reserve-Offizier die Frau mit einem Jagdmesser, verstümmelt sie und trennt ihr den Kopf ab. Mit dem Schädel der Mutter unter dem Arm geht er in deren Geschäft und verwüstet es. Der Irre wird verhaftet.

Horrorszenen in Wien-Währing: Ein offensichtlich Geistesgestörter foltert seine Mutter und schlachtet sie regelrecht ab. Einem Nachbarn, der zur Hilfe kommen will, zeigt der Muttermörder den abgetrennten Kopf und sagt: „Ich mußte sie töten, um die Welt von ihr zu befreien." Dann geht der 26jährige in die Boutique seiner Mutter, legt die grauenhafte Trophäe auf das Pult und zertrümmert das Geschäft. Als die Kriminalisten eintreffen, läßt er sich widerstandslos festnehmen.

Im Verhör gibt er an, daß er seine Mutter abgrundtief haßte, weil sie ihm seine Erfolglosigkeit vorgeworfen habe. Außerdem habe sie als Gräfin das blaue Blut der Familie besudelt, da sie in der Boutique „Fetzen" verkaufte. Die Liebe zu ihrem einzigen Sohn dürfte der Ingenieurin zum Verhängnis geworden sein. Sie verwöhnte „ihren Prinz", wie sie ihn liebevoll nannte und erfüllte ihm jeden Wunsch. Dadurch verlor dieser jeden Bezug zur Realität, wurde zum Versager und rächte sich an ihr.

Der „Tennis-Krieg" endet mit doppelter Pleite im Davis-Cup

Weil der „Tennis–Krieg" zwischen Österreichs Nummer eins, Thomas Muster, und dem Tennisverband weitergeht, muß das rot-weiß-rote Team im Davis-Cup-Erstrundenspiel gegen Frankreich auf den Steirer verzichten. Die Franzosen, die mit Guy Forget und Henri Leconte zwei Daviscupsieger und absolute Weltklassespieler aufbieten können, schießen Skoff und Antonitsch im halbvollen Dusika-Stadion 4:1 vom Platz. Das sportliche Debakel – Abstieg aus der Weltgruppe – zieht eine finanzielle Pleite mit sich.

Zum ersten Mal ist Horst Skoff die Nummer 1 im österreichischen Daviscupteam. ▶

***Entzückt** von menschlichen Besuchern scheinen diese Pinguine in der Antarktis nicht gerade zu sein: Statt brav ein Empfangskomitee zu bilden, drehen die Vögel dem Kreuzfahrtschiff fast demonstrativ ihre Rücken zu. Zu viele lärmende Ozeanriesen stören die Ruhe der tolpatschigen Südpolbewohner. Die Umweltverschmutzung macht auch vor dem „Kontinent des ewigen Eises" nicht halt.*

Krone-Chronik März '93

- Weil ein Rauchfang verlegt ist, ersticken in einem Gemeindebau in Wien-Simmering drei Menschen an einer Kohlen-Monoxydvergiftung. Am Tag, an dem die Toten gefunden werden, hätte der Kamin kontrolliert werden sollen.
- In Casablanca wird der Geheimdienstchef der marokkanischen Polizei wegen Vergewaltigung und Mißhandlung von 571 (!) Frauen zum Tode verurteilt. Der 53jährige hat alle seine Opfer im Büro mißbraucht.
- Der ehemalige FPÖ-Parteichef und Vizekanzler der rot-blauen Koalition, Dr. Norbert Steger, verläßt die Freiheitliche Partei, da es in der FPÖ keinen Lebensraum für Liberale mehr gebe.

Unzufriedenheit der Österreicher mit ORF-Programm explodiert

Am 12. März hat es der ORF schwarz auf weiß: Laut einer aktuellen, vom parteiunabhängigen und angesehenen Meinungsforschungsinstitut IMAS durchgeführten Umfrage ist die Unzufriedenheit der Österreicher mit dem Fernsehprogramm des ORF in den letzten Jahren geradezu explodiert.

Die für den ORF niederschmetternde Studie ergibt, daß jeder zweite Österreicher an der Programmgestaltung etwas auszusetzen hat: 48 Prozent sind nicht besonders, beziehungsweise gar nicht zufrieden.

Außerdem wird auch der Wunsch nach privatem Fernsehen in Österreich stärker: Bereits 63 Prozent der Bevölkerung wollen neben dem ORF Privat-TV, wobei 55 Prozent der Meinung sind, daß eine private Fernsehstation ein besseres Programm als der ORF bieten würde.

Mehrheitlich herrscht die Ansicht vor, Privat-TV würde objektiver über politische Vorgänge berichten als der Österreichische Rundfunk, der zu 35 Prozent als SPÖ-nahe bezeichnet wird.

Ratten in Ausländer-Lokalen: „Gift-Küchen" geschlossen

„G'schmackige" Ergebnisse bringt eine Lebensmitteluntersuchung in ausländischen Restaurants in Wien. Der Zustand von 75 Prozent der Küchengeräte wird vom Marktamt als gesundheitsschädlich klassifiziert. Mehr als die Hälfte der knapp tausend gezogenen Speisenproben wird beanstandet.

Zwei der insgesamt 311 kontrollierten Lokale werden aufgrund katastrophaler hygienischer Zustände auf der Stelle geschlossen: Ratten trieben sich in den Küchen herum, das Besteck war in einer faulig riechenden Brühe eingeweicht und über Dunstabzügen haben sich „Fett-Stalaktiten" gebildet.

Anders gesehen

VON GÜNTHER NENNING

Ein falsches Geständnis: Der Lok-Führer nimmt die Schuld auf sich ; bedingte Strafe; ein kuscheliger Schreibtischposten als Belohnung. So war's 1991 beim Zugsunglück in Süßenbrunn, so wird's jetzt bei den Zugsunglücken in Melk und Hütteldorf. Nein, in allen drei Fällen kann es so nicht sein; das sind lebenskluge, aber haltlose Vermutungen. So was kommt nicht vor in Österreich; die Bundesbahn ist doch keine Mafia.

Nach dem Unglück kommt die Verurteilung wie nuten. Um winzige Zeitspannen herauszuschinden, wird den Lok-Führern ein abenteuerlicher Streß aufgezwungen.

Damit jeweils auf ein paar Kilometern Höchstgeschwindigkeit gefahren werden kann, müssen sie, streng gemäß sogenanntem „Buchfahrplan", ständig abwechselnd beschleunigen, herunterbremsen, beschleunigen, herunterbremsen . . .

Und dann gibt es das große Wundern, wenn es zu einer Unfall-Serie kommt. Mich wundert viel eher, daß

Tunnel statt Sicherheit

bisher, dann wird weitergefahren wie bisher, dann kommt das nächste Unglück wie bisher.

Ein guter Journalist hat überall seine Leute; die besuchen ihn dann mit einem Aktenkoffer voll Unterlagen, vertraulicher, aus dem Herzen der ÖBB-Generaldirektion. Da steigen einem die Grausbirn auf über den Zustand der ganzen Westbahnstrecke: „schadhafter Unterbau"; „schadhafter Oberbau"; „Ankündigungssignal nicht aufgestellt"; „schadhaftes Tragwerk"; „schadhafte Weichen"; „schadhafte Schienen"!

Trotzdem wird immer schneller gefahren. Ab diesem Sommer gibt's erstmals 200 Stundenkilometer auf der Bundesbahn. Das klingt doch gut!

Die 200 km/h sind möglich auf der geraden Strecke zwischen Linz und Wels, und zwar auf einer Länge von ganzen 18 Kilometern. Das ist's. Das bringt ganze 0,9 Minuten. es so selten zu Unfällen kommt. Gott sei Dank.

Aber der Stoßseufzer reicht doch nicht. Ständig läuft die Gebetsmühle: Alles in Ordnung, alles in Ordnung. Statt daß die vorhandenen Strecken endlich saniert werden! Statt daß ein Signal- und Sicherungssystem angeschafft wird, das den immer höheren Geschwindigkeiten wirklich technisch gewachsen ist!

Die mit Steuergeld gefütterte HLAG („Hochleistungs AG") zum Ausbau von Bahn und Straßen hat gerade noch vier Milliarden Schilling im Ladel; ob weitere Milliarden kommen, ist fraglich, bei fortdauernder Krise. Dieses Geld gehört blitzschnell in die Sicherheit investiert.

Statt dessen träumt die HLAG immer noch von dem unsinnigen „Semmeringer-Basistunnel", einem Größenwahn, der acht Milliarden Schilling verschlingen würde.

Semmeringtunnel statt Sicherheit!?

Erschienen am 11. 6. 1992

Starkes Herz für Behinderte

Ein starkes Herz für den Behindertensport hat Weltstar Arnold Schwarzenegger, der mit seiner schönen Frau Maria nach Österreich kommt. Die steirische Eiche eröffnet als Symbolfigur die „Special Olympics", die diesmal im Raum Schladming stattfinden. Mehr als 1600 Behinderte aus 63 Nationen gehen bei dem großartigen Sportfest an den Start. Die österreichische Mannschaft ist äußerst erfolgreich und holt sich 28 Gold-, 31 Silber- und 28 Bronzemedaillen. Arnold fliegt zwar nicht mit einer Medaille, dafür aber mit einem Orden nach Hollywood zurück. Bundespräsident Thomas Klestil überreicht ihm in der Wiener Hofburg das Große Goldene Ehrenzeichen, die höchste Auszeichnung für Verdienste um die Republik.

Mit Tempo 200 über die Westbahnstrecke

Erstmals in der österreichischen Eisenbahngeschichte können Reisezüge auf der Westbahnstrecke zwischen Linz und Wels mit Tempo 200 über die Schienen donnern. Möglich wird dies durch ein neues, computergesteuertes Leitsystem. Das Zugkatastrophen wie in Melk und Hütteldorf künftig verhindern soll.

In die hochmoderne Technik wurden 200 Millionen Schilling investiert. Bei der ersten Hochgeschwindigkeitsfahrt am 1. März legt der Reisezug die Strecke Linz-Wels in nur zehn Minuten zurück.

Mit dabei: Verkehrsminister Viktor Klima. Er verspricht, bis zur Jahrtausendwende die gesamte Westbahnstrecke mit dem vollelektronischen System nachzurüsten. Geld spiele dabei keine Rolle, die finanziellen Mittel seien vorhanden. Die nächste Ausbaustufe ist der Abschnitt zwischen Wels und Attnang-Puchheim. Die bereits Schlagzeilen machte: Um die Strecke zu begradigen, wurde bei Lambach ein 1300 Meter langer Tunnel geschlagen. Auf halber Strecke stürzte plötzlich die Röhre ein, fünf Bauarbeiter waren 22 Stunden lang lebendig begraben, ehe sie in einer dramatischen Rettungsaktion geborgen werden konnten.

81 Todesopfer bei Flugzeugabsturz

Eine von der Pal Air gecharterte zweimotorige Fokker 100 mit 91 Passagieren und sechs Besatzungsmitgliedern an Bord stürzt eine Minute nach dem Start aus 500 Meter Höhe in der mazedonischen Hauptstadt Skopje ab und fängt Feuer. Nur 16 Personen überleben das Unglück mit teils schweren Verletzungen.

10.000 italienische Kirchen zum Verkauf

Um den Verfall nicht mehr genutzter Kirchen in Italien zu verhindern, sollen diese an Privatleute verkauft werden. Der Erwerb der Gotteshäuser ist aber an strenge Bedingungen für deren Nutzung zu „rein kulturellen Zwecken" geknüpft. Insgesamt sollen etwa 10.000 Kapellen und Kathedralen verkauft werden.

Ein Eisbär geht baden. - *Eher wie eine gebadete Maus, denn ein starker, kräftiger Eisbär wirkt Sven, der weiße Riese im Wiener Tiergarten Schönbrunn. Dem Bewohner des hohen Nordens scheinen Temperaturen um den Gefrierpunkt schlicht und einfach zu hoch zu sein.*

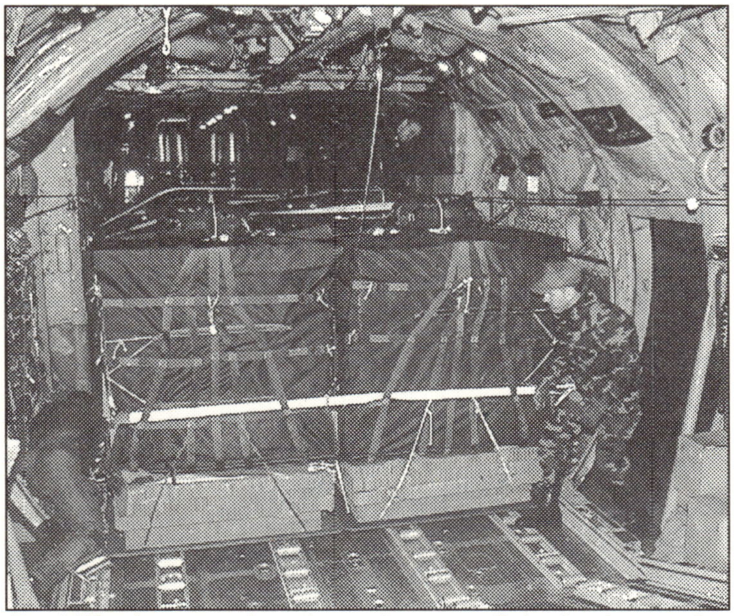

Die Hilfspakete werden über gebirgigem Gelände abgeworfen

Krieg in Bosnien: Grauen ohne Ende

Mord und Totschlag um US-Hilfspakete!

Grauen ohne Ende: Wie befürchtet, kommt es nach den Abwürfen von Hilfsgütern aus US-Transportflugzeugen über Bosnien zu immer neuen, immer furchtbareren Szenen: Beim verzweifelten und oft stundenlangen Wettlauf zu den wenigen Lebensmittelpaketen bringen die hungernden Moslems sich gegenseitig um.

„Sie gehen mit Messern und Schußwaffen aufeinander los", berichtet ein Augenzeuge der UNO über die grauenhaften Ereignisse in der umkämpften und eingekreisten ostbosnischen Stadt Srebrenica. Vor allem Kinder, Mütter und ältere Menschen – die Hilfsbedürftigsten also – haben bei der mörderischen Jagd nach Hilfsgütern keine Chance.

Gattin wollte Walter Matthau wegen Spielsucht erschießen

Seine Spielsucht kostet dem „Oscar"-Preisträger Walter Matthau (73) beinahe das Leben. Als seine Ehefrau Carol erfährt, daß der Hollywoodstar innerhalb von nur drei Wochen in Las Vegas eine Million Dollar in Casinos verjubelt hat, hält sie ihm eine Pistole an den Kopf und droht ihn zu erschießen .

Freche Diebe stehlen mit Kran einen Würstelstand

Ungewöhnlicher Diebstahl in Wien-Floridsdorf: In der Pragerstraße wird in der Nacht ein Würstelstand gestohlen. Als der 34jährige Besitzer Anzeige erstattet, wollen ihm die Kriminalisten zunächst nicht glauben. Doch seine Angaben sind wahr. Die frechen Diebe müssen einen Kranwagen verwendet haben.

Krone-Chronik März '93

- Zum zweiten Mal in seiner Karriere wird Kanadas schwarzer Sprinter Ben Johnson (31) bei einem Dopingfall erwischt und lebenslänglich gesperrt – endgültig.
- Skandal um die Wiener Grünen: Während die Suchtgift-Szene ausufert, liegen bei Veranstaltungen der Grünen Broschüren mit Tips für den Umgang mit Drogen auf.
- Der Villacher SV wird zum drittenmal österreichischer Eishockeymeister durch drei Final-Siege gegen den EC Graz.
- Während eines Schulskikurses bekommt eine 15jährige plötzlich Geburtswehen und muß von der Rettung ins Spital gebracht werden. Die junge Mutter bringt einen gesunden Buben zur Welt.
- In Key Biscayne (Florida) besiegt Judith Wiesner die hocheingeschätzte US-Tennisspielerin Jennifer Capriati mit 3:6, 7:5 und 6:4.

Der Hubschrauber, in dem zwei Menschen starben, muß aus zehn Meter Tiefe geborgen werden

Hubschrauber-Unglück bei Graz fordert zwei Todesopfer

Zusammenstoß in der Luft: Zwei Helikopter stürzen in Badesee

Der Lebensretter: „Schön, daß ich zwei Menschen helfen konnte."

Hubschrauber-Unglück in der Steiermark: Knapp 100 Meter über einem Badesee bei Graz-Thalerhof stoßen zwei Helikopter in der Luft zusammen und stürzen in das Wasser. Ein Pilot und ein Kameramann kommen ums Leben, zwei Männer werden von einem mutigen und geistesgegenwärtigen Studenten gerettet.

Unaufmerksamkeit ist der Auslöser des spektakulären Absturzes. „Gegen 16.45 Uhr sah ich plötzlich die beiden Hubschrauber auftauchen", erzählt Andreas Straschil aus Weyr in Oberösterreich. Der 24jährige studiert in Graz und frönt an diesem Tag an den Schwarzl-Badeseen seinem Hobby – dem Surfen. „Ich hab mir noch gedacht: Na, die fliegen aber knapp hintereinander."

Sekunden später kracht es: Der Hauptrotor eines Hubschraubers verfängt sich in der anderen Maschine und zerbricht. Wie ein Stein fällt der Helikopter in die zehn Grad kalten Fluten. Der Pilot und ein Kameramann aus der Steiermark, der Aufnahmen für einen Film machte, sterben sofort.

Der zweite Helikopter fängt Feuer, schlägt aber mit Hilfe der Rotorwirkung gebremst auf dem Wasser auf. Der 24jährige Pilot aus Vorarlberg und sein 42jähriger Passagier aus Leoben treiben verletzt im See.

Der mutige Student zögert keine Sekunde, schnappt sein Surfbrett und rettet die beiden. Sein bescheidener Kommentar: „Schön, daß ich zwei Menschen helfen konnte, aber ein Held bin ich deswegen noch lange nicht."

Ehefrau besuchte den Patienten täglich:

Mann erwacht nach 6 Jahren aus Koma

Das „Wunder von Schärding": Sechs Jahre lag ein 37jähriger Innviertler nach einem Arbeitsunfall im „Wach-Koma": Einen Tag vor seinem Geburtstag erwacht er aus der Bewußtlosigkeit. Die Liebe seiner Frau, die ihn all die Jahre aufopfernd pflegte und täglich besuchte, hat ihn wieder ins Leben zurückgerufen.

Nach seinem Sturz von einem sieben Meter hohen Heuboden lag ein oberösterreichischer Landwirt seit 1987 im sogenannten „Wach-Koma": Spastisch gelähmt und blind.

Seine Gattin gab die Hoffnung nicht auf und besuchte den von vielen Ärzten aufgegebenen täglich mit den drei Kindern. Am neunten März, erwacht der Mann plötzlich aus seiner Bewußtlosigkeit.

Er kann wieder sprechen, sich mit seiner Familie unterhalten und seine Lieben in die Arme schließen. Außerdem muß er nicht mehr künstlich ernährt werden und kann wieder essen und trinken. Von Tag zu Tag geht es dem Patienten besser. Er kann sich erinnern und erkennt Verwandte an der Stimme. Sein Gedächtnis reicht in das Dasein vor dem Unglück zurück.

Jahrelang moderierten sie gemeinsam die Zeit im Bild, doch im Vorjahr verschwand das bei den TV-Zusehern beliebte Paar Ricarda Reinisch - Horst Friedrich Mayer vom „ZiB"-Schirm. Die Österreicher trauern den beiden nach – denn in einer im März durchgeführten Umfrage der „Krone"-TV-Redaktion spricht sich eine überwältigende Mehrheit für ein Comeback aus.

Heiratsschwindler betrügt 60 Frauen

Ein 73jähriger Düsseldorfer, der älteren Damen aus guten Verhältnissen in Inseraten einen glücklichen Lebensabend versprach und dann deren Sparbücher plünderte, geht als „aktivster" Heiratsschwindler Deutschlands in die Kriminalgeschichte ein. Er ergaunerte 20 Millionen Schilling und betrog 60 Frauen.

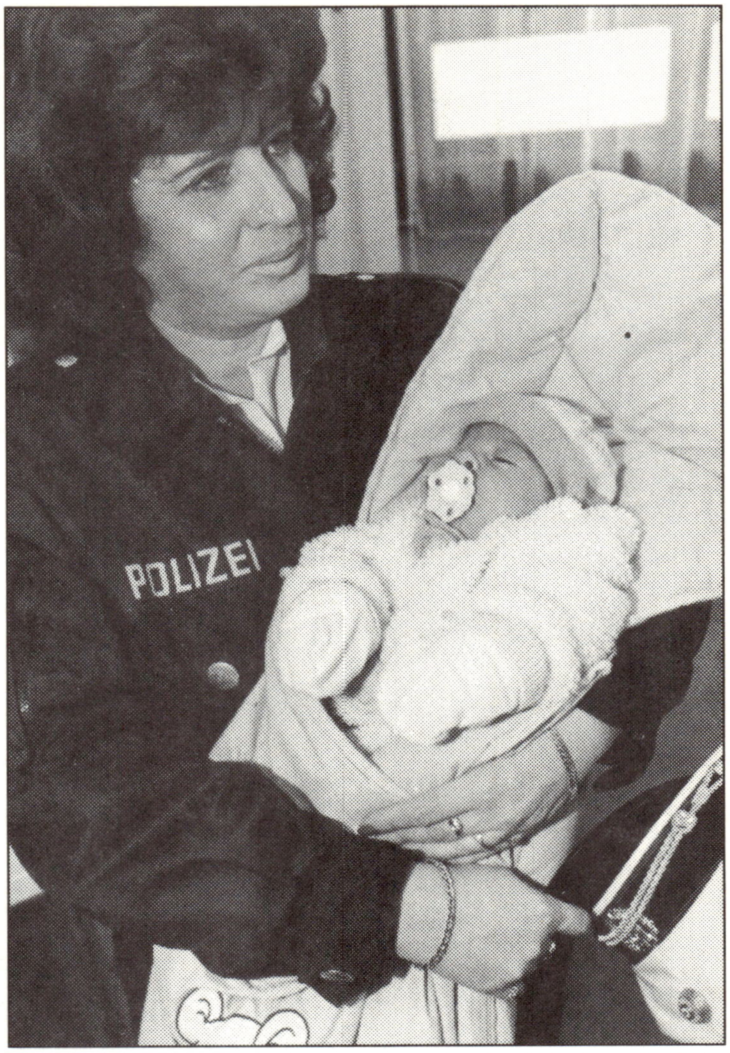

Eine Linzer Polizistin kümmert sich um das drei Wochen alte Baby

Mutter eines Babys in Haft: Polizei holt Kleinkind ab

Liebevoll kümmert sich eine Linzer Polizistin um ein erst drei Wochen altes Baby. Die Mutter des Kindes, eine 26jährige Hausfrau, ist in einem Cafe mit ihrem 37jährigen Lebensgefährten in Streit geraten und wirft ihm ein 30 Zentimeter langes Küchenmesser gegen den Kopf. Polizeibeamte des mobilen Einsatzkommandos können die tobende Frau festnehmen. Sie landet im Polizeiarrest. Das Baby wird von weiblichen Beamten fürsorglich versorgt und dann in das Spital gebracht.

Das zweite, fünfjährige Kind der rabiaten Frau wird dem Jugendamt übergeben. – Wer jedoch glaubt, daß Frauen im Polizeidienst nur zur Betreuung von Kleinkindern herangezogen werden, irrt: Im täglichen Einsatz stellen die Polizistinnen wohl „ihren Mann".

Frankreich: Krise der Sozialisten

Die Parlamentswahlen in Frankreich bescheren der Partei des Staatspräsidenten Francois Mitterand ein historisches Debakel: Sie verliert jede zweite Stimme. Hauptgewinner ist die Bürgerliche Union, während die rechtsradikale Le Pen-Partei und die Grünen weit unter den eigenen Erwartungen bleiben.

***Elefantenparade** im Zoo von Los Angeles. An den Aufmarsch der Dickhäuter im Walt-Disney-Klassiker „Das Dschungelbuch" erinnert diese Aufnahme. Und wenn die grauen Kolosse auch nicht gerade ihre Schokoladenseite präsentieren, bieten sie dennoch einen vergnüglichen Anblick.*

Liebe zum Vierbeiner ist stärker als die Angst vor dem Tod

Paar will Hund aus Fluß retten und ertrinkt in reißenden Fluten

Tragisches Unglück aus Liebe zu einem Vierbeiner: Beim Versuch, einen Hund aus dem Traisenfluß zu retten, ertrinken ein 38jähriger Niederösterreicher und seine Lebensgefährtin in der reißenden Strömung. Der Sohn der Frau wird in letzter Minute gerettet.

Bei einem Sonntagsspaziergang einer Familie aus Herzogenburg (NÖ), stürzt deren Rauhaardackel „Teddy" in die eisigen Fluten der Traisen. Die Liebe zu dem Vierbeiner, der jaulend in den Wassermassen zu ertrinken droht, ist stärker als die Angst vor dem Tod: Jakob Fischer und seine Lebensgefährtin Rosa Plam (39) springen dem Hund nach, um ihn zu retten. Doch in den Strudeln des hochwasserführenden Flusses werden sie in die Tiefe gezogen.

Der 21jährige Sohn der Frau hechtet den Ertrinkenden nach, ohne ihnen freilich helfen zu können. Er wird abgetrieben und droht selbst unterzugehen. Eine Hubschrauberbesatzung entdeckt den im Wasser Liegenden und birgt ihn. Der Dackel erreicht das Ufer.

Schon vor zwei Jahren ertrank ein junger Gendarm an der gleichen Stelle, als er seinen Hund aus der Traisen retten wollte.

***Donaublockade** - Ein 130 Meter langes Schubschiff mit 40 Lastautos an Bord bleibt an der Behelfsbrücke Freudenau hängen und blockiert dadurch die Donau für fünfzehn Stunden. Drei Schleppern gelingt es, das bulgarische Boot wieder flottzubekommen.*

Scholten und Peymann im Kreuzfeuer

Riesenkrach um das Wiener Burgtheater

Die Nachricht, wonach Stars wie Gerd Voss und Co. dem Burgtheater den Rücken kehren, erschüttert die Theaterszene. Die Schuld wird Direktor Klaus Peymann gegeben, weil er die Schauspieler zuwenig einsetzt. Dessen politischer Chef und „Mäzen“, Minister Rudolf Scholten, beschwichtigt.

Sechs Ensemblestars proben den Aufstand und verlassen die Burg: Wegen des miserablen Arbeitsklimas und der Tatsache, daß ihnen Peymann zu wenig Engagements verschafft. Eine neue Burgtheater-Pleite kündigt sich an. Scholten beschwichtigt: „Er wird das sicher schaffen.“ Sein Schützling gibt sich locker: „Wir haben genügend Personalreserven.“

Doch Scholten muß in diesen Tagen noch eine weitere peinliche Affäre ausstehen: „Krone“-Redakteur Erwin Melchart deckt auf, daß ein vom Minister eingesetzter Kurator zur Kunstförderung Steuermillionen verpulvert hat. Anstatt junge Künstler zu fördern, hat der „Experte“ horrende Spesenabrechnungen geliefert und Ausstellungen in Deutschland (!) mitfinanziert. Wofür die österreichischen Steuerzahler natürlich wenig Verständnis haben . . .

Scholten und sein Schützling Peymann: Wieder eine Burg-Pleite

2 Weltcupsiege für Österreich

Zwei Weltcupsiege für Österreichs Wintersportler: Bei den Skispringern gewinnt Aufsteiger des Jahres Andreas Goldberger. Auf der Piste holt sich Anita Wachter den Gesamtweltcup der Damen, der für Luxemburg startende Marc Girardelli siegt bei den Herren. In den Mannschaftswertungen liegt Österreich überall deutlich voran.

Der Duft der Frauen *wird Hollywood-Star Al Pacino – hier in der berühmten Tangoszene – keineswegs zum Verhängnis, sondern beschert ihm einen Oscar. Der Superstar mimt in dem gleichnamigen Film einen erblindeten Offizier, der noch einmal in einem New Yorker Luxushotel eine berauschende Nacht mit dem heißesten Callgirl genießt. Und danach bereit ist zu sterben . . .*

Nur bei 300 Verbrechen an Mädchen und Buben kommt es in Österreich zu einer

Jährlich werden 25.000 Kinder

So unfaßbar es klingen mag: Jedes Jahr werden in Österreich nach offiziellen Schätzungen 25.000 Kinder sexuell mißhandelt. Zu einer gerichtlichen Verfolgung der Triebtäter kommt es aber in kaum mehr als 30 Fällen. Und selbst da geht jeder zweite Beschuldigte frei! Der beliebteste Tatort ist – das Kinderzimmer.

Denn ein Großteil der Sexualverbrechen an wehrlosen Kindern wird im engsten Familien- oder Freundeskreis verübt. Tragischerweise verzichten die Opfer und auch deren Verwandte oft auf eine Anzeige. Die Kinder, weil sie meist unter psychischen Druck gesetzt werden: „Wehe, wenn du etwas sagst . . .“ Die Eltern wiederum sehen häufig aus falsch verstandenem Schamgefühl von einer Meldung ab. Mit dem Erfolg, daß Hunderttausende Triebtäter unbehelligt bleiben, frei umherlaufen und ein Leben als angesehene Gesellschaftsmitglieder weiterführen.

Am grausamsten, aber auch am leichtesten zu vertuschen, sind also Sexverbrechen im Familienkreis.

In anderen Fällen rät die Jugendpolizei, Kinder rechtzeitig und behutsam auf mögliche Ernstfälle vorzubereiten. Zu den wichtigsten

Sauer über das Urteil: Kim Basinger mit Freund Alec Baldwin

107 Millionen Schilling Strafe für Kim Basinger

Da sie wegen zu gewagter Nacktszenen nicht zu den Dreharbeiten von „Boxing Helena“ erscheint, wird US-Filmstar Kim Basinger (9 1/2 Wochen) zu einer Schadensersatzzahlung verdonnert: Sie muß dem Produzenten Carl Mazzocone 107 Millionen Schilling wegen des Vertragsbruches zahlen.

Mit Kim als Zugpferd war der Film schon vor Beginn der Dreharbeiten für 127 Millionen verkauft worden. Als sie ausstieg, wurde er zum Flop. Nach dem Urteilsspruch stürmt Basinger mit Freund Alec Baldwin aus dem Saal, schwingt sich in ihren Sportwagen und rast davon. In ihrer Wut übersieht sie, daß die Ampel auf Rot zeigt. – Doch was ist schon ein Strafmandat angesichts einer Millionenstrafe.

__Der Wunschtraum jedes Fischers__ wird für einen 43jährigen Hobbyangler aus Wien-Floridsdorf wahr. Während eines Urlaubs auf der Insel Mauritius im Indischen Ozean fängt der Hochseefischer einen dreieinhalb Meter langen und 75 Kilogramm schweren Schwertfisch. Selbst für die Inselbewohner ist der Superfang des Bauunternehmers Hans Steinbrecher (43) eine Sensation, die sich in Windeseile in dem Urlaubsparadies herumspricht. Es ist dies erst der dritte Schwertfisch, der in Mauritius gefangen wurde und der erste, der von einem Österreicher aus dem Meer geholt wird.

Guido Wieland wird zu Grabe getragen

Bei Frühlingstemperaturen wird der Schauspieler Guido Wieland (86) auf dem Stadtfriedhof von Deutsch-Wagram beigesetzt. Wieland war eine einmalige Erscheinung in der Wiener Theater- und Fernsehlandschaft. Er spielte nicht nur den „lieben Onkel Guido“, den er im Radio, in der „Familie Leitner“ und 13 Jahre live in der „Lieben Familie“ darstellte, er war es auch.

Chemieunfälle bei Hoechst-Konzern

Riesenwirbel in Deutschland: Eine Serie gefährlicher Chemieunfälle – insgesamt neun innerhalb weniger Wochen – ruft Umweltschützer auf den Plan. Nach Angaben von Greenpeace wurden bei den Pannen giftiges Methanol, krebserregendes Vinylazetat und auch Dioxin frei. Der Chemiegigant dementiert nur halbherzig und verspricht eine Verbesserung der Sicherheitssysteme.

Anklage der Täter!

Sexopfer

Vorsichtsmaßnahmen gehören ein gesundes Mißtrauen im Umgang mit Fremden, das Meiden einsamer Spielplätze und Parks und der Hilferuf, sollte ein Kind sich verfolgt fühlen.

Endlich ein hartes Gerichtsurteil

Jedenfalls scheinen endlich auch Richter auf die erschreckende Entwicklung zu reagieren. In Wien wird ein 40jähriger Familienvater zu dreieinhalb Jahren Haft verurteilt, weil er ein zehnjähriges Mädchen zu Sexspielen vor der Kamera gezwungen hat. Eine – in Anbetracht viel milderer Urteile zuvor – erfreulich harte Strafe.

Geigen, soweit das Auge reicht: 14.020 junge Künstler streichen bei einem Konzert in Tokio die Saiten. Sie alle haben das Violinspiel nach der berühmten „Suzuki-Methode" gelernt, mit der Kinder in erstaunlich kurzer Zeit mit dem Instrument vertraut gemacht werden. Die Vorführung im Land der aufgehenden Sonne ist ein voller Erfolg.

Familienspezialisten als „Streitschlichter auf Staatskosten"

Weil Scheidungsrate explodiert: Justizminister will Ehen kitten

Justizminister Nikolaus Michalek schlägt unter dem Eindruck explodierender Scheidungszahlen neue Wege ein, um Ehen zu retten. Familienrichter sollen künftig Spezialistenteams als Streitschlichter einsetzen – wenn sie eine Chance sehen, brüchige Beziehungen wieder zu kitten.

Mit diesem Modell wurden vor allem in Deutschland und den USA Erfolge erzielt. In Österreich wird das Konfliktlösungs-Programm in einem typischen Wiener Arbeiterbezirk und in einem westlichen Bundesland erprobt. Wenn tatsächlich Ehen gerettet werden können, woran Experten nicht zweifeln, wird es bundesweit eingeführt.

Und so funktioniert's: Der Familienrichter arbeitet eng mit einem Vermittlungsteam – einem Psychologen und einem Juristen – zusammen. Deren Aufgabe es ist, die Partner über die rechtlichen und vor allem auch psychischen Folgen einer Trennung aufzuklären, die tieferen Wurzeln der Ehekrise zu ergründen und die „Friedenspfeife" anzubieten. Bezahlt wird übrigens alles aus dem Steuertopf. Eine Streitschlichtung auf Staatskosten, sozusagen.

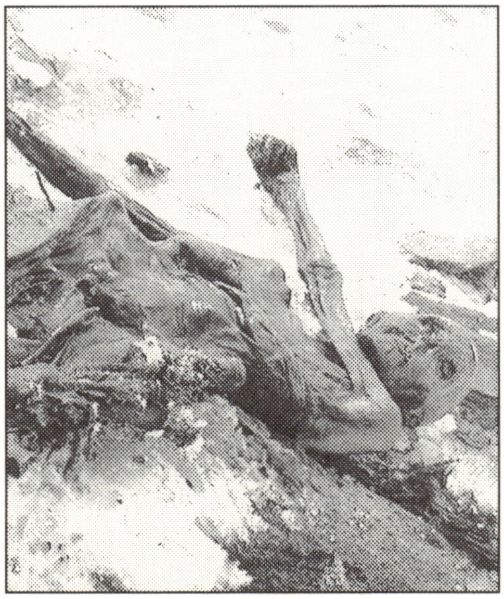

Neuer Wirbel um den „Mann aus dem Eis"

Ötzi die Mumie eines ägyptischen Pharaos?

Der „Mann aus dem Eis" sorgt für neuen Wirbel. „Ötzi ist in Wirklichkeit eine ägyptische Mumie, die von Fälschern aus Nordafrika nach Tirol gebracht und dort im Eis versenkt worden ist", behauptet der Publizist Michael Heim aus Bayern.

„Ötzi"-Forscher der Innsbrucker Universität wehren sich gegen die neuen Spekulationen. Dazu Dozent Walter Leitner vom „Institut für Alpine Vorzeit": „An der Echtheit unseres Fundes gibt es keine Zweifel. Wir haben alle Behauptungen widerlegt. Nur ein Beispiel: Ägyptischen Mumien werden vor der Einbalsamierung die Eingeweide entfernt. Bei Ötzi waren alle da.

Die Lipizzaner tanzen

● Verheerender Großbrand in Wien
● 69 Hengste aus Inferno gerettet
● Redoutensäle vollkommen vernichtet

Sechs Monate nach dem verheerenden Hofburg-Brand danken die weißen Hengste ihren Rettern mit einer Gala: 69 Lipizzaner der Spanischen Reitschule waren von Feuerwehr, Polizei und Freiwilligen in letzter Sekunde aus dem Flammeninferno geborgen worden. Die prunkvollen Redoutensäle wurden bei der Milliarden-Katastrophe völlig zerstört.

Am 27. November 1992 bricht gegen 1.10 Uhr im Gebäudetrakt der Spanischen Hofreitschule und der Nationalbibliothek eine der größten Brandkatastrophen, die Österreich seit dem Weltkrieg erlebt hat, aus: 400 Feuerwehrmänner kämpfen unter Einsatz des eigenen Lebens gegen die turmhohen Flammen, die aus den riesigen Holzdächern schießen. Glühende Trümmer fliegen durch die Luft und entzünden weitere Brandherde - es regnet Funken. Der Feuerschein ist sogar in Niederösterreich zu sehen.

In einer Blitzaktion gelingt es, 69 Lipizzaner aus den tödlichen Rauchschwaden in Sicherheit zu bringen. Hunderte Polizisten bilden in der Nationalbibliothek Menschenketten und können so mehr als 10.000 wertvolle Bücher und unwiederbringliche Manuskripte retten. Doch der Redoutensaal ist verloren: Tonnenschwere Deckenteile des Dachbodens sind herabgestürzt und brennen lichterloh.

Das Feuer war stundenlang nicht bemerkt worden, da es von außen nicht sichtbar war und hinter den Gängen wütete. Der Skandal: Es gab nur einen automatischen Brandmelder. Wiens Feuerwehr-Direktor Friedrich Perner vermutet, daß Dreharbeiten zum Lucona-Film einen Kabelbrand in den uralten Stromleitungen ausgelöst haben. Dank der Professionalität aller Beteiligten fordert der Katastropheneinsatz keine Schwerverletzten oder Todesopfer.

▲ Reitkunst in Vollendung. Das Flammeninferno hätte dieses Kulturgut, die Arbeit vieler Generationen, beinahe für immer vernichtet. Dem heldenhaften Einsatz Hunderter Feuerwehrmänner ist es zu danken, daß die edlen Hengste und unwiederbringliche Kunstschätze gerettet werden konnten ▶

wieder in der Hofburg

Die riesigen Holzdächer des Redoutensaales in der Hofburg brannten lichterloh und tauchten die Innenstadt in gleißendrotes Licht

Aus tödlichem Rauch geborgene Lipizzaner

Bild der Verheerung: Der prunkvolle Konferenzraum wurde ein Raub der Flammen

Nationalmannschaft bleibt erstklassig

Eishockeyteam schafft Olympia-Qualifikation

Mit einem 6:2 in einer Nervenschlacht gegen Norwegen schafft das rot-weiß-rote Team bei der Eishokkey A-Gruppen-WM in München den ersten Sieg, der zugleich Klassenerhalt, Olympia-Qualifikation für Lillehammer und den glücklichen Abschied von der Weltmeisterschaft bedeutet. Österreichs Verbandspräsident Dr. Dobida stuft den neunten Platz bei der A-WM als größten Erfolg unserer Eishokkey-Geschichte ein: „Selbst die Bronzemedaille von 1947 verblaßt da, denn das war eine andere Zeit." Die oft kritisierten Austro-Kanadier lassen im richtigen Moment ihr Können aufblitzen und erzielen drei der sechs WM-Tore. Teamchef Ken Tyler bleibt selbst im Triumph cool: „Es war das wichtigste Jahr für Österreich. Wir haben hier sehr viel gelernt."

Geschafft! Jubel nach Platz 9 bei der A-WM und der Olympia-Qualifikation

Krone-Chronik April '93

- In einem Altpapier-Container findet ein Angestellter aus Wien-Währing ein neugeborenes Baby. Er bringt den „weggeworfenen" Säugling in das Spital. Der kleine Bub wird gerettet.
- Der Schauspieler Gustl Bayrhammer stirbt 71jährig in München an einem Herzinfarkt. Als „Meister Eder mit seinem Pumuckl" spielte er sich in die Herzen von Millionen Kindern.
- Am Grenzübergang Drasenhofen (NÖ) beschlagnahmen Zöllner tonnenweise Milch- und Tierprodukte aus den Oststaaten, da in diesen Ländern die Maul- und Klauenseuche wütet.
- Mit einem neuen „Haschomat"-Gerät will die Polizei dem Drogenkonsum von Autofahrern einen Riegel vorschieben. Doch schon nach wenigen Einsätzen zeigt sich eine Schwachstelle: Der Apparat spricht auch auf den Genuß von Mohnstrudel an.

***Der Spaß ist vorbei** - Eine Million Schilling muß Peter Rapp seiner Ex-Frau Sissy Löwinger bezahlen. Seit ihrer Scheidung kämpfen der TV-Star und die Schauspielerin um das liebe Geld. Nun wurde der Austro-Showmaster rechtskräftig verurteilt. Doch Geld hat Sissy noch keines gesehen: „Der Peter sagt, er hat kein Geld."*

Leiche im Keller eines steirischen Politikers

Eine Gruselgeschichte wie in einem Horrorfilm wird in einem Uralthaus des Ex-Landtagsabgeordneten Hermann Ritzinger in Murau (Stmk) Wirklichkeit. Bei Umbauarbeiten macht der Neffe des Politikers einen makabren Fund: Im Boden kommt eine tief einbetonierte Leiche zum Vorschein. Die Gebeine dürften etwa 50 Jahre alt sein.

Arbeitsamt „vermittelt" Soldaten an Serben-Armee

Die serbische Armee bedient sich sogar österreichischer Arbeitsämter, um Landsmänner als Soldaten für ihren verbrecherischen Bürgerkrieg zu gewinnen. Ein in Österreich ansässiges Unternehmen fordert nur serbische Gastarbeiter an und erfährt auf diese Weise deren Identität. Doch statt des Jobs erhalten die jungen Burschen den Einberufungsbefehl.

Platzpatrone ist echte, junger Schauspieler stirbt

Ein tödlicher Unfall ereignet sich in Wilmington (USA) bei Dreharbeiten zum Film „Die Krähe": Eine Platzpatrone, die auf den Schauspieler Brandon Lee gefeuert wird, entpuppt sich als scharfe Munition. Der 28jährige Sohn von Karate-Star Bruce Lee, der in dem Streifen einen von den Toten auferstandenen Rockstar spielt, erliegt im Krankenhaus seiner Schußverletzung.

Erfolgreiche Reise des Bundeskanzlers in das „Reich der Mitte“

Durchbruch in Peking: Österreich winken neue Milliardengeschäfte

Mit allen militärischen Ehren wird Bundeskanzler Vranitzky in Peking von Ministerpräsident Li Peng empfangen – der feierliche Höhepunkt der Asienreise. ▼

Mit Salutschüssen wird Bundeskanzler Vranitzky am Platz des Himmlischen Friedens in Peking empfangen. Die Asienreise des Regierungschefs verspricht einen wirtschaftlichen Erfolg: Das „Reich der Mitte“ will seine Reformen ausweiten und lädt Österreich ein, in den chinesischen Markt einzusteigen.

Im politischen Gespräch mit Kanzler Vranitzky erörtert Ministerpräsident Li Peng, daß sein Land die Wirtschaftsreformen gewaltig ankurbeln will: China plant Importe von Investitionsgütern aus Europa im Ausmaß von 4000 Milliarden Schilling!

Im Interview mit „Krone“-Redakteur Kurt Seinitz zieht Vranitzky eine erste Bilanz der Asienreise: Allein im Zeitraum der nächsten zwei Jahre winkt der österreichischen Wirtschaft durch die Öffnungspolitik Chinas ein Geschäftsvolumen von acht und in vier Jahren von 20 Milliarden Schilling, darunter die Beteiligung an Jahrhundertprojekten.

Als besonderes Gebiet chinesisch-österreichischer Zusammenarbeit nennt Premier Li die Tourismuswirtschaft, insbesondere die Entwicklung von Schizentren.

Sechs Österreicher fliegen in den Tod

Bei einem Flugzeugabsturz in der Nähe von Freiburg im Breisgau (Deutschland) sterben sechs Österreicher. Der Pilot, ein Wiener Arzt und dessen Kollegen sind auf dem Rückflug von einer Dienstreise, als die Privatmaschine in 2000 Meter Höhe explodiert.

Aufklärung über Drogenthemen

Rigorose Maßnahmen gegen die Suchtgift-Problematik an den Schulen kündigen Wiens Stadtschulratpräsident Scholz und Drogenkoordinator Hacker an. Zugleich kritisieren sie Gesundheitsminister Ausserwinkler und Schulärzte, die dieses Thema tabuisieren.

Alpenrepublik ist Mafia-Spielwiese

Österreich gerät zunehmend in die Fänge der skrupellosen Ost-Mafia. Jedes vierte Verbrechen - vom Handtaschenraub bis zum Mord - geht auf ihr Konto. Und: Im Jahr 2000 werden organisierte Banden bereits für die Hälfte aller Straftaten verantwortlich sein.

Bergers „heißeste“ Nacht

Rom: Luxuswohnung des Filmstars in Flammen

„Ich kenne die Brandstifter! Es sind Gangster, die mir schaden wollen. Ich hatte da drinnen einen Picasso. Jetzt ist alles hin. Mindestens 22 Millionen Schilling beim Teufel“, klagt Filmstar Helmut Berger „Krone“-Adabei Michael Jeannée sein Leid. Ein mysteriöser Brand in der Luxuswohnung des Mimen hat sein Domizil zerstört. Die Polizei behauptet, Berger sei betrunken in der Wohnung gewesen, als das Feuer ausbrach.

◀ *Wilde Spekulationen ranken sich um das Feuer in der römischen Luxuswohnung des Stars*

Die „Apokalypse-Ranch" von David Koresh (kl. Bild) war als geheime Festung mit Tunnelsystemen und Waffenarsenal ausgebaut.

Massenmord in Sekte

„Wenn das FBI unsere Burg stürmt, dann wird es eine Explosion geben, die die Welt noch nicht erlebt hat", kündigte der selbsternannte Messias David Koresh (33) an. Am 51. Belagerungstag der Festung der Davidianersekte im texanischen Waco (USA) wird seine Prophezeiung tragische Wirklichkeit: Als die Polizei Tränengas in die „Ranch des jüngsten Gerichtes" einleitet, läßt Koresh das Gebäude in Brand setzen und gibt den Befehl zum Massenselbstmord, dem seine Anhänger willenlos folgen. Nur neun der 95 eingeschlossenen Sektenmitglieder überleben das flammende Inferno.

Bei einer Razzia im Sektenquartier werden 4 Polizisten erschossen

Da keine Feuerwehr in Bereitschaft ist, wird die Farm zum Inferno

Krone-Chronik April '93

- Erster Sieg für Österreichs neuen Fußball-Teamchef Herbert „Schneckerl" Prohaska in der WM-Qualifikation. Bulgarien wird am 14. April im Wiener Stadion 3:1 besiegt.
- Mysteriöser Brandanschlag auf das ORF-Landesstudio in Linz: Während des „Grand Prix der volkstümlichen Musik" schüttet ein Unbekannter Benzin durch ein Fenster des Sendesaals und legt Feuer. Der Täter entkommt, das Motiv bleibt rätselhaft.
- Viktor Matejka, Schriftsteller und legendärer erster Wiener Kulturstadtrat nach dem Krieg, stirbt am 3. April in Wien im 92. Lebensjahr an Krebs.
- Italiens mächtigster Industrieller, FIAT-Boß Giovanni Agnelli, gibt bei einer Pressekonferenz in Venedig zu, mehrmals Schmiergelder an Politiker bezahlt zu haben.

Die „Falstaff"-Intrigen: Verschwenderische Premiere der Verdi-Oper bei den Osterfestspielen

Ein „Sommernachtsalptraum" bei Salzburger Osterfestspielen

Zum letzten Mal steht Sir Georg Solti als Leiter des Salzburger Festivals am Pult der Berliner Philharmoniker und gibt ihnen den glanzvollen Feinschliff. Ihm, dem Grandseigneur der Oper, gilt aller Jubel der „Falstaff"-Premiere. Verschwenderisch und protzig hingegen die Inszenierung unter Regisseur Luca Ronconi. Das Ausstatterteam füllt die Bühne mit monumentalen, aber häßlichen Hallen und Kellern. Auf der Strecke bleiben Verdis kauzige Figuren, Atmosphäre und Witz. Falstaffs letzte Amoure in einer kitschigen Traumlandschaft – ein bombastischer Sommernachtsalptraum.

Unter uns gesagt

DR. KARLHEINZ ROSCHITZ

Sie geben sich als „glückliches Paar": Salzburgs Osterfestspiele, die von Karajan-Anwalt Werner Kupper nun als „konsolidiert" bezeichnet wurden, und die Salzburger Festspiele Gérard Mortiers arbeiten wieder zusammen.

Vergessen die Attacken, als Mortier gegen Plattenfirmen wetterte und „mafiöse Kontakte" des Karajan-Clans vermutete; vergessen die Prozeßdrohungen der Osterfestival-Macher, die sogar zu übersiedeln erwogen.

Man hat sich bis 1997 vertraglich geeinigt; Sir Georg Solti, der „Teldec"-Star, gibt die künstlerische Leitung der Osterfestspiele 1994 an Claudio Abbado ab – womit die „Deutsche Grammophon" wie in Karajan-Zeiten ihre Schlüsselposition gesichert hat. Nach Drohgebärden, keine Opernübernahmen von den Osterfestspielen mehr zu garantieren, hat Mortier sich arrangiert. Jetzt erwarten alle Drahtzieher hinter den Kulissen, daß die Osterfestspiele in eine Stiftung umgewandelt werden, der Eliette von Karajan als Ehrenpräsident (ohne Einflußnahme?) vorsitzen soll.

Den Berliner Philharmonikern und den Plattenfirmen brächte das in Salzburg größtmögliche Garantien. Ob Mortier damit glücklich sein wird?

Erschienen am 8. April 1993

5 Nachtwächter als Einbrecher

Ihren Beruf verfehlt haben offensichtlich fünf Wiener Nachtwächter: Anstatt ein Einkaufszentrum vor Einbrechern zu schützen, gehen die Männer selbst auf Diebstour, dringen in die Geschäfte ein und erbeuten Waren in Millionenwert.

Millionen-Klage gegen „Miss Ellie"

Als „Dallas"-Star verdiente Barbara Geddes Millionen - doch geblieben ist der guten „Miss Ellie" nichts. Ihr Vermögen ist weg, und dazu hat sie eine Forderung von 900 (!) Millionen Schilling am Hals. Ihr Finanzberater klagt sie wegen Rufschädigung.

Osterhaserl im Pech: Bein gebrochen

Gerüchte, wonach es sich hier um ein Skihaserl handelt, das sich auf der Piste verkantet hat, sind völlig haltlos. Nein, vielmehr handelt es sich um einen Osterhasen, der just am Karfreitag 1993 auf der Wiese gstolpert ist und sich dabei ein Bein gebrochen hat. Gefunden wurde das verunglückte Tierchen von einem niederösterreichischen Landwirten, der viel Herz bewies. Er brachte den Hasen zur – gar nicht billigen – Behandlung beim Tierarzt. Übrigens: Der Gips ist längst wieder entfernt, „Meister Lampe" hoppelt wieder fröhlich über Wiesen und Felder.

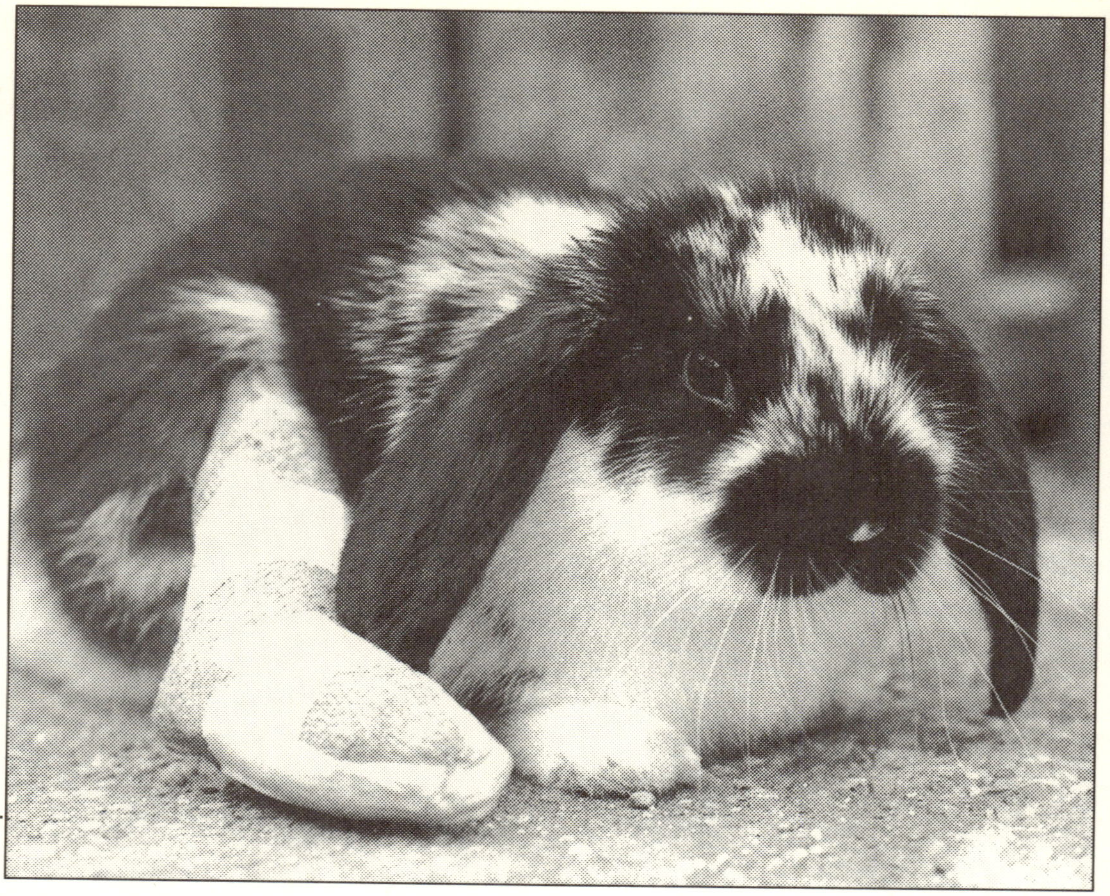

Osterhaserl im Pech: Gestolpert, Beinbruch, Gipsfuß...

***Nina comes back** - In einem Londoner Studio arbeitet Nina Hagen, Deutschlands heißeste Rockstimme und nach ihrem aufschlußreichen „Club 2"-Auftritt auch in Österreich bekannt, an ihrer neuen LP. Udo Lindenberg, der mit „Nina Nationale" das hinreißende Duett „Romeo und Julia" singt, prophezeit ihr ein großes Comeback: „Mit Nina ist immer viel Herz dabei, denn sie ist meine große musikalische Liebe."*

Prügelpolizisten im King-Prozeß verurteilt

Mit Jubel endet am 17. April die spannendste Nacht in der Geschichte von Los Angeles: Die Jury im Prozeß gegen vier Polizisten, die den Farbigen Rodney King 1992 bei einer Verkehrskontrolle brutal zusammengeschlagen hatten, kommt zu einem gerechten Urteil: zwei Beamte werden schuldig und zwei freigesprochen.

Die Ankündigung der Gerichts-Entscheidung hat die kalifornische Millionenmetropole in fast unerträgliche Spannung versetzt: Nach dem Freispruch der vier Prügelpolizisten im ersten Prozeß vor einem Jahr war es zu schweren Rassenunruhen mit 53 Toten gekommen.

Umso größer ist die Erleichterung, als das einstimmige Urteil verkündet wird: Stacey Koon und Laurence Powell, auf einem Amateurvideo als Haupttäter zu erkennen, werden der Verletzung von Kings Bürgerrechten schuldig gesprochen. Ihre Kollegen, an den Schlägen nicht beteiligt, gehen frei. Anstatt der befürchteten Unruhen kommt es zu Freudenskundgebungen.

Keine Schutzräume bei Atomkatastrophe

Im April 1993 jährt sich die Atomkatastrophe von Tschernobyl zum siebenten Mal. Obwohl der Betonmantel des Unglücksreaktors Risse zeigt und an den Grenzen zahlreiche Kernkraftwerke in Betrieb sind, liegt Österreichs Strahlenschutz im argen: Eine „Krone"-Reportage deckt auf, daß nur für zwei Prozent der Bevölkerung Schutzräume vorhanden sind.

Millionenbrand in Haiders Bärental

Großbrand auf dem Anwesen Jörg Haiders im Bärental in Kärnten: Einem unterstandslosen Schweizer, der in einem Stall übernachten will und Holz anzündet, gerät das Feuer außer Kontrolle. Das Wirtschaftsgebäude, das Wohnhaus und ein Nebenhaus werden eingeäschert. Von dem Gutshof bleiben nur Ruinen übrig, der Schaden geht in die Millionen.

Salzburg: Musiker ersticht Klaviervirtuosin

Mörder trägt Leiche im Koffer durch Stadt

Mit der Leiche seiner Geliebten im Koffer wird ein Mörder am Salzburger Hauptbahnhof verhaftet. Weil die japanische Musikerin nichts mehr von ihm wissen wollte, hatte der eifersüchtige Klarinettist die zierliche Frau erstochen. Das grausige Gepäck unter dem Arm versucht er per Bahn aus der Mozartstadt zu flüchten.

Ein Blutverbrechen, das vielleicht nie ans Tageslicht gekommen wäre, decken zwei aufmerksame Polizisten bei einer Einbrecherjagd in Salzburg auf: Als sie einen vermeintlichen Autoknacker, der einen schweren Koffer durch die Stadt schleppt, kontrollieren, verwickelt sich der Mann in Widersprüche und stammelt schließlich: „In dem Koffer ist eine Leiche, meine Freundin - ich war's."

Im Verhör gesteht der 21jährige Kroate, die Klaviervirtuosin Keiko Ota (26) mit einem Tischbein niedergeknüppelt und mit einem Armee-Messer erstochen zu haben. Die beiden Musiker hatten einander an der Salzburger Musikhochschule „Mozarteum", wo beide gemeinsam studierten, kennengelernt. Sich ineinander verliebt und waren zusammengezogen. Doch als die Liebe der zierlichen Pianistin zu ihrem jungen Liebhaber erlosch, begann der krankhaft Eifersüchtige zu toben und tötete die Frau.

Krone-Chronik April '93

- Weil er sich an Gendarmen, die ihm den Autoschlüssel und den Führerschein abgenommen haben, rächen will, fährt ein Bauer aus dem niederösterreichischen Göpfritz mit einem Traktor Amok. Selbst Schüsse können den Betrunkenen nicht stoppen. Erst als der Rasende gegen eine Mauer prallt, gelingt es den Beamten, ihn zu verhaften.
- Wie aus einem Bericht der Weltgesundheitsorganisation (WHO) hervorgeht, sind Tropenkrankheiten im Vormarsch. Bis 2010 dürften jährlich vier Millionen Menschen daran sterben. Wer ohne die nötigen Impfungen und vorbeugenden Medikamente in tropische oder subtropische Länder reist, spielt mit dem Tod.

Superstar „Warrior" bei der „Krone"-Wrestling-Gala in Wien

Der „Warrior" als Megastar der Wiener Wrestling-Gala

Bei der von der „Krone" präsentierten Wrestling-Gala in der Wiener Stadthalle können 8000 begeisterte Zuschauer die aus dem Kabel-TV bekannten Stars erstmals in Österreich „live" bejubeln. Absoluter Superstar der Mega-Show: „The Warrior". Ihm fliegen bereits im ersten Kampf die Herzen der Fans zu. Und er erweist sich auch gegen den kettenzerreißenden „Hercules" als unbezwingbar: Fünf Minuten drückt ihm das Muskelpaket die Luft ab, ehe ihn der Warrior letztendlich besiegt.

Fluch ereilte Mörder im

● Frau stieß 73jährigem Messer in den Rücken
● Das Opfer: „Der Irre mit dem Maurerfäustel"
● Die Täterin: Eine 26jährige Geheimprostituierte

Engleder beim Lokalaugenschein im Jahr 1957 (großes Bild) und nach der Entlassung 1991 (kl. Bild).

Blutige Karfreitagnacht im Kloster: Alfred Engleder, in den 50er Jahren zu lebenslanger Haft verurteilter Frauenmörder, wird selbst zum Opfer einer Frau: Seine 26jährige Freundin rammt dem 73jährigen Mann im Wiener Schottenstift ein Messer in den Rücken, da es ihr „vor ihm ekelte."

Als „Irrer mit dem Maurerfäustel" sollte Alfred Engleder in die Kriminalgeschichte eingehen. Erst sechs Jahre nach seiner ersten Bluttat in Sierning (OÖ) wurde er 1957 als jener Mann entlarvt, auf dessen Konto sechs brutale Sexualverbrechen mit zwei Todesopfern gingen. 187 Tage saß ein Narkosearzt aus Steyr als

Engleder nach der Verhaftung

Verdächtiger schuldlos hinter Gittern. Bis der schmächtige, nur 1,60 große Frauenmörder, der seine Opfer stets von hinten mit einem Hammer niedergeschlagen hatte, gefaßt wurde.

1991 wird Engleder als „Rekordhäftling" - noch nie war ein Gefangener in der 2. Republik so lange gesessen - entlassen. Als gebrochener alter Mann geht er dorthin, wo er als Häftling tagsüber gearbeitet hat. In das Wiener Schottenstift.

Kloster

Doch auf Engleders Leben lastet ein Fluch. Ein Fluch, der in einer Geheimprostituierten Gestalt annimmt und sich an ihm rächt: In der Nacht zum Karfreitag 1993 rammt ihm die Drogenabhängige ein Küchenmesser bis zum Heft in den Rücken. Der Pensionist hatte die verwahrloste Frau trotz wiederholter Verwarnungen durch den Abt bei sich wohnen lassen.

„Mir hat schon lange vor ihm geekelt", erzählt sie im Verhör, „ich wollte ihn loswerden". Der Frauenmörder stirbt in der Intensivstation.

Flieg, Vogel, flieg!

In den Wind gereimt

Moritat in memoriam Alfred Engleder

Ihr Leut', vernehmt die grause Mär',
vom Frauenmörder Engleder,
der als die „Bestie von Steyr"
einst Furcht verbreitet ungeheuer.
Als Bösewicht hat er gerächt sich,
weil er von Wuchse nur 1,60,
und es ein Wunsch war jedem Weibe,
daß ihr der Zwerg vom Leibe bleibe.
Er fuhr per Fahrrad über Land,
ein Maurerfäustel in der Hand,
und traf er auf ein junges Mädel,
schlug er ihm damit ein den Schädel.
Es hauchten so – o Schreck, o Graus! –
von sechsen zwei ihr Leben aus.
Dann brauchte niemand mehr zu zittern,
denn drei Jahrzehnte hinter Gittern
saß dieser gruselige Zwerg
und übte sich im Kunsthandwerk.
Drauf gaben Mönche ihm Verbleib,
und endlich hat sogar ein Weib
im Bette sich mit ihm gerekelt.
Bald freilich hat auch ihr geekelt,
und eines Nachts, bei Vollmondschein,
stach auf den Gnom sie kräftig ein.
Am Fenster konnt' man ihn erblicken,
das Küchenmesser tief im Rücken.
So hat der Tod, den er verteilt,
ihn auf die gleiche Art ereilt.
Ihr Leute, merkt euch dieses gut:
Es endet bös, wer Böses tut!

Wolf Martin

Erschienen am 3. Mai 1993

Arge Turbulenzen bei den Austrian Airlines

Die „Friendly Airlines" sind in Turbulenzen geraten: Erstmals seit 22 Jahren hat die AUA trotz der Auflösung von Rücklagen 430 Millionen Schilling Verlust eingeflogen. Als sich die Gerüchte um eine Fusion mit KLM, SAS und Swissair verdichten, wird die AUA-Aufsichtsratsitzung von Streikdrohungen überschattet.

Nachdem bekannt wird, daß 1994 eine Managementholding die Führung der vier Fluglinien übernehmen soll, setzt sich der AUA-Betriebsrat zur Wehr: Erstens würde die AUA ihre Identität verlieren, zweitens 1000 Mitarbeiter abgebaut werden, und drittens dürfte der Flughafen Wien-Schwechat an Bedeutung verlieren.

Kanzler Vranitzky versucht zu beschwichtigen: Angesichts der schwierigen Konkurrenzsituation müsse die AUA sich schon aus Kostengründen um eine Kooperation bemühen. Doch die Entscheidungsbefugnisse sollten nicht vollkommen abwandern, der Name sowie die rot-weiß-rote Heckflosse müßten erhalten bleiben.

One-Man-Talkshow
Obwohl Thomas Gottschalks „Late-Night-Show" nicht die erwarteten Einschaltquoten bringt, setzt RTL die Sendung fort. Durchschnittlich sehen rund eine Million Zuschauer den Showmaster der Superlative und einstigen Erfolgsgaranten von „Wetten, daß ..." im nächtlichen Dialog mit Prominenten und Superstars.

Krone-Chronik April '93

● Nach einem Atomunfall in Tomsk (Rußland) treibt eine Plutoniumwolke auf die Stadt Assino zu. Radioaktiver Schnee und Erdreich müssen in einem Gebiet von zweihundert Quadratkilometer Größe abgetragen werden.

● Mit einer einmotorigen Cessna schafft ein Wiener Flugschüler auf einem steilen Lawinenhang in der Steiermark eine Notlandung. Doch der verletzte Pilot erfriert hilflos in einem Schneesturm.

● Gegen „Aktenzeichen XY"-Fahnder Eduard Zimmermann werden schwere Vorwürfe erhoben: Er benutze seine Funktion, um seine Geschichten an private TV-Sender zu verkaufen und mißbrauche somit die Opfer für sein Geschäft.

● Das Zeitgeistmagazin „Die Wienerin" unterstellt Helmut Zilk, ein uneheliches Kind mit einer früheren Rathausbeamtin zu haben. Dazu der Bürgermeister: „Ich bin der Vater aller Wienerinnen und Wiener."

Bei der Vielzahl der Skiunfälle spielt laut ÖSV der Alkohol eine „verschwindend geringe Rolle"

Studie ergibt: „Trunkenheit auf Brettln" nur selten im Spiel

Dreißig Tote und 90.000 Verletzte im Jahr auf Österreichs Skipisten

Eine Horrorbilanz ergibt eine Studie des Skiverbandes: Stürze auf Österreichs Pisten fordern jährlich 30 Todesopfer und 90.000 Schwerverletzte. Rufe nach Skipolizei und hochalpinen Alkotests werden immer öfter laut. Doch eine Untersuchung zeigt: „Trunkenheit auf Brettln" ist angeblich nur selten im Spiel.

Welche Rolle spielen allzu schwungvolle Abfahrten nach zünftigen Hüttenfesten mit Glühwein und Jagatee bei den Skiunfällen? Diese Frage versucht eine Studie im Auftrag des ÖSV zu beantworten. Das Ergebnis: In den seltensten Fällen waren die verunglückten Wintersportler alkoholisiert. Nur jeder Zweihundertste hatte vor seinem Sturz mehr als zwei geistige Getränke zu sich genommen.

Vielmehr nennt die Untersuchung „starke Selbstüberschätzung" an erster Stelle für die schwarze Unfallbilanz auf den weißen Hängen. Weiters gelten Übermüdung (etwa als Folge eines übertriebenen „Ausnützens" der teuren Liftkarte), falscher Ehrgeiz, Aggression, Raserei und die mangelhafte Ausrüstung als Ursachen für die Verletzungen. Jede zweite Sicherheitsbindung ist laut Statistik falsch eingestellt.

Schwein gehabt *- Einen Jagdgenossen besonderer Art hat ein Revieraufseher in Ungarn: ein Wildschwein. Der Jäger hat es als Ferkel verletzt gefunden und mit dem Flascherl aufgezogen. Dies dankt der inzwischen 50 Kilogramm schwere Keiler mit seiner Anhänglichkeit.*

Top secret *- Fünf Tage huscht das Millionen- und Mega-Modell Claudia Schiffer in Begleitung von Chanel-Boss Karl Lagerfeld durch Wien: Keiner weiß, sieht und hört etwas. Obwohl der Aufenthalt geheim bleiben sollte, erfahren die „Krone"-Leser bei ADABEI über einen heimlichen Heurigenbesuch in Heiligenstadt, wo das Top-Mannequin begeistert Wienerliedern lauscht.*

Bundespräsident über Fristenlösung:

Klestil: Helfen ist besser als Strafen

In einem Oster-Gespräch nimmt Bundespräsident Klestil zu der Klage der Bischöfe Stellung, daß der Kirche durch die Fristenlösung eine tiefe Wunde geschlagen worden sei: „Ich trete uneingeschränkt für Achtung, Respekt und Schutz des Lebens ein, finde aber Helfen besser als Strafen."

Klestil gibt in seiner Rede zu bedenken, daß die Frage der Fristenlösung nicht nur die Gesellschaft eines Landes insgesamt, sondern vor allem die jeweils betroffene Frau berührt. Die Diskussion sollte daher von den Frauen selbst und nicht nur von Politikern geführt werden.

Wobei ein Satz der Stellungnahme des Staatsoberhauptes besonders aufhorchen läßt: „Eine Änderung der Fristenlösung halte ich in Österreich nicht für mehrheitsfähig. Umso mehr stehe ich hinter jeder Form von Beratung und Hilfestellung für werdende Mütter, die sich in einer oft sehr verzweifelten Situation allein gelassen fühlen." Denn jemandem zu helfen sei wohl immer besser, als ihn zu bestrafen.

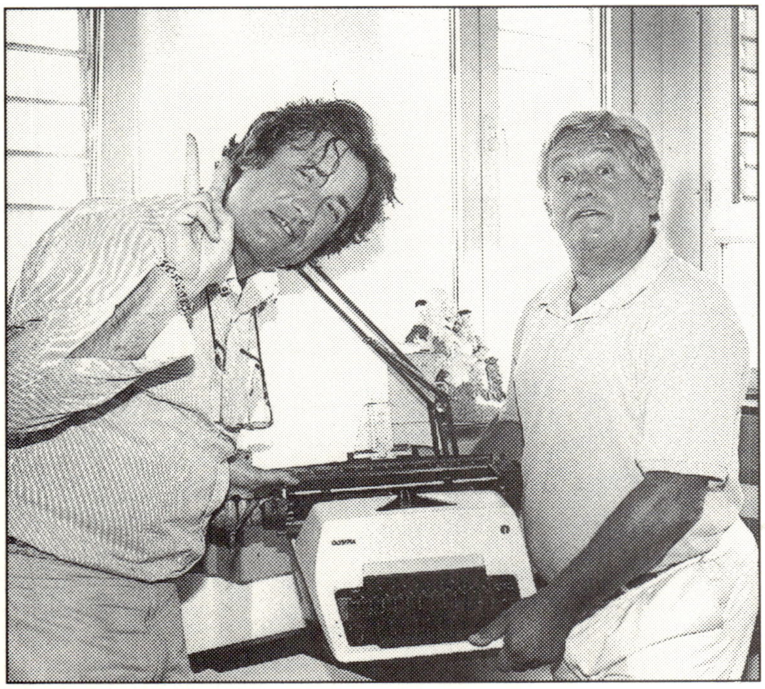

Roman Schliesser & Michael Jeannée: „Zwadabei" statt „Adabei"

Künftig „Zwadabei" statt „Adabei"!

Es ist keine Hofübergabe, die in der „Krone" vollzogen wird. Nein, vielmehr ein Zusammenrücken der bewährtesten Journalisten Österreichs: Gesellschaftslöwe Roman Schliesser gibt seine Kolumne „Adabei" an Michael Jeannée ab, bleibt seinen treuen Lesern aber selbstverständlich erhalten.

Im April ist es soweit: Michael Jeannée, bisher eher der Mann für „grobe Sachen" und in Reportagen von der aktuellen Front tausendfach bewährt, tritt die Nachfolge von Roman Schliesser an – dem legendären „Adabei" der „Krone". Was aber keineswegs bedeutet, daß Schliesser sich in das – an sich – mehr als verdiente Privatleben zurückzieht. Der Profi-Journalist bleibt seiner Fangemeinde mit hochaktuellen Society-Reportagen natürlich erhalten. Erfreuliche Bilanz für alle „Krone"-Leser also: Künftig heißt's nicht „Adabei", sondern „Zwadabei"!

Bei Sprung auf Fahrersitz Gang eingelegt

Ein Hund überfährt sein Herrl mit Traktor

Beim Sprung auf den Fahrersitz des Traktors seines Herrls legt der Schnauzer „Biko" einen Gang ein und setzt das Fahrzeug in Bewegung. Dabei wird der 34jährige Landwirt, der den Motor laufen gelassen hat, von der Zugmaschine überrollt. Der verletzte Bauer wird mit dem Rettungshubschrauber ins Spital geflogen.

Der Schnauzermischling „Biko" ist der Liebling einer Landwirtsfamilie in Großmotten (NÖ). Als sein Herrl mit dem Traktor in eine wenige Kilometer entfernte Werkstatt fährt, um die Hydraulik des Fahrzeuges reparieren zu lassen, läuft ihm der treue und anhängliche Vierbeiner nach.

In der Werkshalle steigt der Bauer kurz vom Traktor, um den Mechaniker im Büro nach einer Abstellmöglichkeit zu fragen. Der „Steyr 70" steht mit tuckerndem Motor und ohne angezogene Handbremse vor der Tür, als der übermütige Hund mit einem mächtigen Satz auf den Fahrersitz springt.

Im gleichen Augenblick, als sein Herrl aus dem Büro kommt, berührt das Tier den Schalthebel und legt dadurch einen Gang ein. Der Landwirt wird zu Boden gestoßen und vom Traktor gerädert. Die Ehefrau des Eingeklemmten, die ihn abholen will, findet den Schwerverletzten und alarmiert die Rettung. Er wird in das Krankenhaus geflogen.

◀ *Der Schnauzer „Biko" setzte den Traktor in Bewegung*

Umweltstadtrat Michael Häupl ist neuer Landesparteiobmann

Hofübergabe in der Wiener SPÖ

Nach monatelangen parteiinternen Machtkämpfen ist es soweit: Umweltstadtrat Michael Häupl wird am Landesparteitag zum neuen Chef der Wiener SPÖ gekürt und tritt in die Fußstapfen von Hans Mayr, der sich künftig nur noch auf seine Funktionen als Vizebürgermeister und mächtiger Finanzstadtrat konzentriert.

Michael Häupl, der gelernte Biologe und „gstandene Ottakringer", erhält 83 Prozent der Delegierten-Stimmen und setzt sich deutlich gegen seine prominenten Rivalen – etwa Innenminister Franz Löschnak – durch.

Nicht zuletzt, weil Häupl sich massiver Unterstützung der Wiener Parteibasis erfreuen kann, die ein „personalpolitisches Hineinregieren" der Bundes-SP nicht zulassen wollte. Häupl gilt auch als einer der Favoriten für die Nachfolge von Helmut Zilk als Bürgermeister der Stadt Wien.

Erleichterung und Jubel am 25. April 1993: Häupl hat's geschafft

Krone-Chronik April '93

- Das „Wunderteam" ist tot! Mit Adolf Vogl (82) stirbt der letzte Spieler der legendären Fußballauswahl der Dreißigerjahre. Das Weltklasseteam war 1931 nach einem 5:0 gegen Schottland zwölf Spiele hindurch ungeschlagen geblieben.
- Eine 40jährige Mutter zieht während einer Verhandlungspause im Gerichtssaal von Jamestown (USA) eine Pistole und tötet den Angeklagten, der ihren elfjährigen Sohn mißhandelt hat.
- Mit einer Million Unterschriften, die sie vor dem Bundeskanzleramt abladen, demonstrieren zweitausend Trafikanten aus ganz Österreich gegen das neue Tabakgesetz des Gesundheitsministers.

Boris Jelzin und sein schärfster politischer Widersacher, Parlamentspräsident Ruslan Chasbulatow

Protest gegen Studiengebühr

Die Forderung von Staatssekretär Ditz, eine sozial gestaffelte Studiengebühr einzuführen, löst einen Sturm der Entrüstung aus. Sozialisten, Freiheitliche und die Hochschülerschaft protestieren gegen das „faule Osterei" des VP-Politikers: Bei der Bildung darf nicht gespart werden. Dazu der Pressesprecher des Wissenschaftsministeriums: „Wenn es zu Studiengebühren kommen sollte, darf es keine sozialen Härten geben."

KP-Apparatschiks wollen Jelzin stürzen ● Doch das russische Volk steht hinter ihm

Heißer Machtkampf im Kreml

Ein dramatischer Machtkampf um die Herrschaft im Kreml hält die Welt in Atem: Seit Wochen versuchen die unverbesserlichen KP-Apparatschiks, Präsident Jelzin zu stürzen. Die dramatischen Auseinandersetzungen gipfeln in einem Vertrauensreferendum, das Jelzin gewinnt. Das Volk hält zu seinem Reformkurs.

Jelzin selbst hat das Vertrauensreferendum für seine Person provoziert. Eine verzweifelte Flucht nach vorne, um seine kommunistischen Gegenspieler unter Führung des Parlamentspräsidenten Ruslan Chasbulatow in die Knie zu zwingen. Die nach wie vor von den russischen Militärs unterstützt werden und in einer Kampagne die Reformpolitik Jelzins als gescheitert bezeichnen. Am 25. April jedoch erleiden sie eine schwere Schlappe.

Mit überwältigender Mehrheit entscheidet sich das Volk für den „sibirischen Bären", wie Jelzin von seinen Anhängern genannt wird. Zu denen auch US-Präsident Bill Clinton gehört, der Jelzin bei einem Gipfeltreffen wenige Tage vor dem Schicksals-Referendum mit der Zusage von Milliarden-Krediten den Rücken stärkt.

Dennoch bringt das eindeutige Ergebnis keine Entspannung. Im Gegenteil: Die Putschgefahr in Moskau wird immer größer. Bereits am Tag nach ihrer Niederlage haben sich die Apparatschiks wieder gesammelt, holen zum Gegenschlag aus: Sie sprechen von einer „Fälschung des Wahlergebnisses". Als ihr stärkster Verbündeter erweist sich mehr und mehr die hoffnungslose Wirtschaftslage im einstigen Riesenreich.

Von der als so ziemlich einziger KP-Stahlhelm Ruslan Chasbulatow profitiert. Der dogmatische Wirtschaftsexperte stellt sich in der Öffentlichkeit als der „große Erlöser" dar.

Der Machtkampf um den Kreml hat erst begonnen.

Über die Piste hinaus rast eine Boeing 767 der Luftlinie TACA auf dem Flughafen von Guatemala. Nach dem Aufsetzen versagen die Bremsen, worauf der Jet in eine 150 Meter vom Ende der Rollbahn entfernte Siedlung kracht. Zehntausende Liter Treibstoff fließen aus den Tanks. Sensationell: Die Flugzeug-Katastrophe fordert keine Todesopfer.

Weltkonferenz verzichtet

„Gorbi" fordert für Wien-Trip zwei Millionen

Der frühere Kreml-Herrscher Michail Gorbatschow fordert für seine Teilnahme an der UNO-„Weltkonferenz für Menschenrechte" in Wien rund zwei Millionen Schilling – und überspannt damit den Bogen. Denn die Diplomaten empfinden seinen Gagenwunsch „geschmacklos" und verzichten kurzerhand auf den Stargast aus Moskau.

„Als Gorbi noch UdSSR-Präsident war, konnte er der Marktwirtschaft nicht viel abgewinnen. Wenn es aber um die eigene Tasche geht, erweist sich der Erfinder von Glasnost und Perestroijka als astreiner Kapitalist", amüsiert man sich in UNO-Kreisen.

Jedenfalls geht „Gorbi" niemandem ab: Denn zu der Konferenz reisen mehr als 100 Top-Politiker aus aller Welt an. Honorarfrei, wohlgemerkt . . .

***Die „Rocky Horror Show",** als Film mit Tim Curry als „Frank N. Furter" ein Welterfolg, feiert 1993 ihr 20jähriges Bühnenjubiläum. Grund genug für die Vereinigten Bühnen, das Kultmusical wieder aufzuführen. Wobei die Theatermacher mit einer Topsensation aufwarten können: Sie holen Tim Curry sowie Textautor und Komponist Richard O'Brien für Überraschungsauftritte nach Wien.*

Kinder dürfen künftig nur noch angeschnallt in Autos mitfahren

Nationalrat beschließt neues Gesetz:

Kinder nur noch mit Sitz oder Gurt im Auto

Der Nationalrat beschließt ein längst fälliges Gesetz: Demnach dürfen Kinder unter 12 Jahren und mit einer Körpergröße unter 150 Zentimeter künftig nur noch mit einer entsprechenden Rückhalteeinrichtung befördert werden – sprich mit einem Babysitz, Kindersitz oder Sitzpolster.

Ausgenommen sind Fahrten in Taxis oder Schulbussen. Auch für Mehrkindfamilien gibt es – allerdings nur bis 1998 – eine Übergangsregelung: In diesen Fällen gilt die „Zählregel", nach der auf der hinteren Sitzbank anstelle von drei Erwachsenen maximal vier Kinder mitfahren dürfen.

Wie wichtig die neue Bestimmung ist, zeigt die schockierende Unfallbilanz: So verunglückten etwa 1992 mehr als 1700 Kinder als Mitfahrer in Autos, unter ihnen 19 tödlich! Das Gesetz erntet dennoch Kritik: Im Gegensatz zur Gurtenpflicht für Erwachsene darf bei nicht angeschnallten Kindern nämlich keine Strafe eingehoben werden.

Sechs Verletzte auf Trabrennbahn

Unfall auf der Trabrennbahn in Wildon (Südsteiermark): Ein Betrunkener gerät mit dem Starterauto zu weit nach rechts und „mäht" mit dem Querbalken sechs Zuschauer nieder. Ein elfjähriges Mädchen wird lebensgefährlich verletzt.

Irrer will Steffi Graf zu Sieg verhelfen

Messerattentat auf Tennis-Topstar Seles

Mehr und mehr machen Gewaltverbrecher auch vor dem Spitzensport nicht halt: In Hamburg wird Tenniskönigin Monica Seles von einem Messerattentäter niedergestochen. Und wenige Tage später geht Handball-Betreuer Gunnar Prokop in Budapest zu Boden – getroffen von einem Geschoß aus dem Zuschauerraum.

Die Weltranglistenerste Monica Seles (19) entgeht während ihres Spiels gegen die Bulgarin Magdalena Maleewa nur knapp dem Tod. Ein Zuschauer rammt der in Serbien geborenen, seit Jahren aber in den USA lebenden Tenniskönigin in einer Spielpause ein Messer in den Rücken. Seles hat unglaubliches Glück, da lebenswichtige Organe nicht getroffen werden. Der Täter, ein 38jähriger alkoholisierter Deutscher, wird festgenommen. Beim Verhör gibt der irre Messerstecher an, er habe Steffi Graf die größte Konkurrentin vom Halse schaffen wollen.

Nur neun Tage später wird auch Gunnar Prokop, Betreuer der Handballerinnen von Hypo Südstadt, in Budapest Opfer eines Gewaltaktes aus dem Zuschauerraum. Nach dem 17:14-Sieg der Österreicherinnen im ersten Spiel des Europacup-Finales gegen Vasas Budapest trifft Prokop ein mit einer Steinschleuder abgefeuertes Geschoß am Kopf. Prokops „Rache“: Hypo wird mit einem klaren 21:11 im Rückspiel Europacup-Sieger 1993 . . .

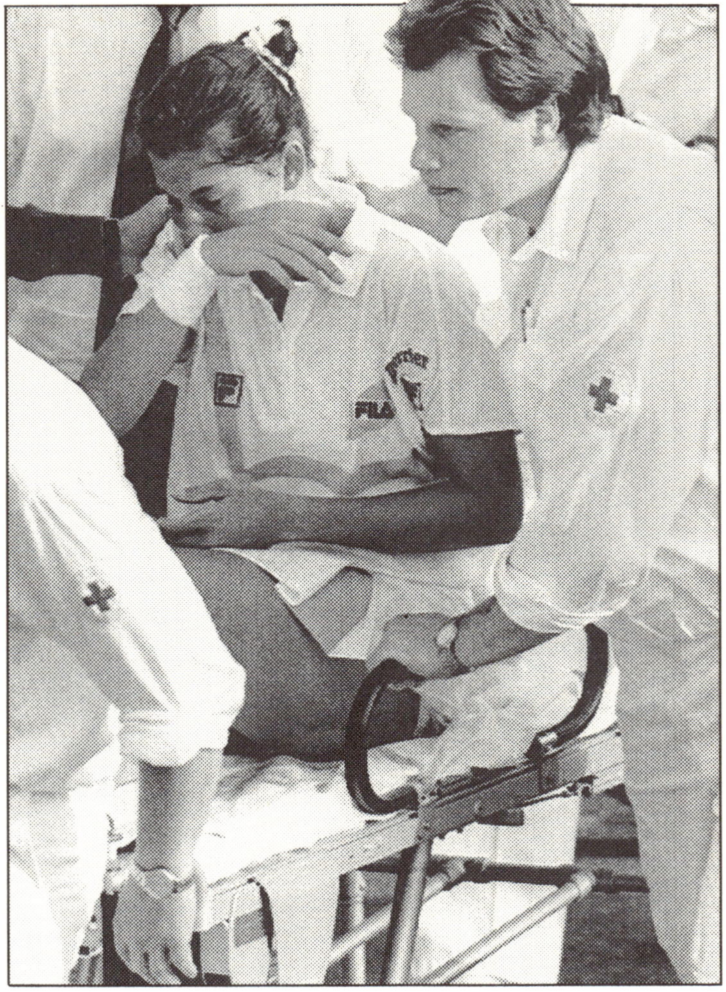

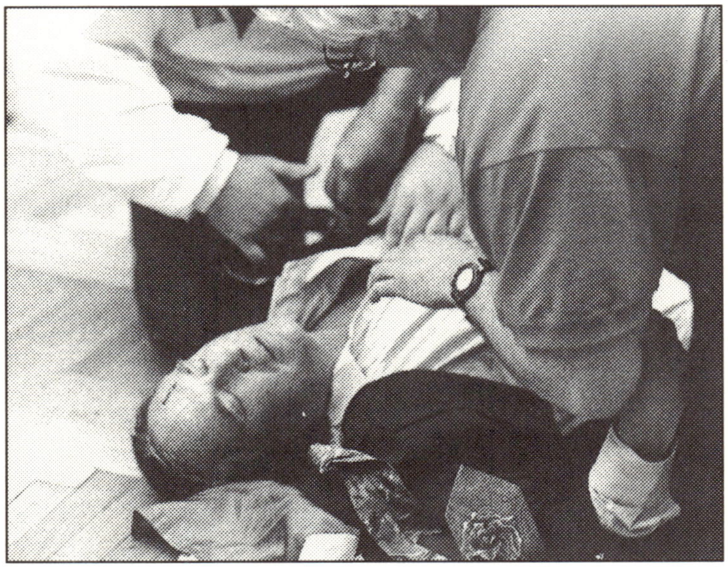

▲ *Tenniskönigin Monica Seles entgeht in Hamburg nur knapp dem Tod. Hypo-Betreuer Gunnar Prokop wird in Budapest von einem Geschoß getroffen und geht zu Boden* ◀

Krone-Chronik Mai '93

- Nach fünf Jahren Bauzeit wird das um 350 Millionen Schilling generalsanierte Museum für angewandte Kunst in Wien wiedereröffnet.
- Toni Innauer übernimmt im Skiverband für die Saison 1993/1994 die sportliche Leitung der Nordischen.
- Der wegen Korruptionsvorwürfen aus dem Amt geschiedene frühere sozialistische Ministerpräsident Frankreichs, Pierre Bérégovoy, entreißt am 1. Mai seinem Leibwächter die Pistole und erschießt sich.
- Für umgerechnet 40 Millionen Schilling verkauft der Kennedy-Clan seine Skandal-Villa in Palm Beach im US-Bundesstaat Florida.

Taucherdrama bei Hallstatt

Zwei Studenten, ein 25jähriger Wiener und ein 23jähriger Kärntner, wollen den sogenannten „Kessel“, eine weitverzweigte Wasserhöhle am Hallstätter See in Oberösterreich, erkunden. Die zwei unerfahrenen Höhlentaucher wagen sich zu weit vor und ersticken hilflos. Und zwar in der mehr als 65 Meter tiefen „Gerhard Zauner-Halle“, die erst einmal von einem Schweizer bezwungen wurde.

Neue US-Studie: Wer zuviel Freizeit hat, verblödet!

Wer zuviel Freizeit hat, verblödet. Das behauptet der US-Sozialwissenschafter Bernd Guggenberger bei einer Tagung in Deutschland. „Der Mensch ist für den Umgang mit Muße und Kultur denkbar schlecht gerüstet. Derzeit verbringt jeder Deutsche pro Tag 196 Minuten vor dem Fernseher und denkt kaum noch nach.“ Auch Kinder würden durch die TV- und Videosucht verpatzt: Früher hätten sie im Schnitt 100 Spiele beherrscht, heute seien es nur noch sechs.

Unvergleichliches Paar: Cissy Kraner-Hugo Wiener, der im Mai 1993 im Alter von 89 Jahren stirbt

Also sprach Hugo W.

Waldbrunn: Bist du ein Fernseher, mein Karl?
Farkas: Ja.
Waldbrunn: Ich nicht, ich höre nur Radio. Weil ich schlank werden will.
Farkas: Vom Radiohören wird man schlank? Wer erzählt diesen Unsinn?
Waldbrunn: Es stand in der Zeitung: „Seit das Fernsehen eigeführt wurde, haben die Radiohörer rapid abgenommen."

*

Waldbrunn: Ich habe spanisches Blut in den Adern.
Farkas: Du hat spanisches Blut in den Adern. Vom Vater?
Waldbrunn: Nein.
Farkas: Von der Mutter?
Waldbrunn: Auch nicht.
Farkas: Von wem dann?
Waldbrunn: Bluttransfusion.

Georg Markus zum Tod der österreichischen Kabarettlegende

Hugo Wiener, ein ganz Großer, der uns oft zum Lachen brachte

In seinem Nachruf auf Karl Farkas meinte Friedrich Torberg, mit diesem sei „der unwiderruflich Letzte" aus der Glanzzeit des Kabaretts dahingegangen. Ich möchte mir erlauben, dem großen Friedrich Torberg ein einziges Mal zu widersprechen. Der Letzte, der wirklich Allerletzte, ist erst am 14. Mai 1993 dahingegangen. Mit Hugo Wiener starb ein Monument der intelligenten Unterhaltungskunst unseres Landes, einer der wenigen, über dessen Texte man ehrlich und herzhaft lachen konnte. Von wem sonst kann man das heutzutage noch behaupten?

Wenige Wochen vor seinem Tod durfte ich bei der Feier zur Goldenen Hochzeit, die er mit Cissy Kraner beging, dabei sein. Ich habe kaum je einen Mann getroffen, der in seinem 90. Lebensjahr geistig und körperlich so jugendlich wirkte wie er. Seine Rede war sprühend-witzig, erinnerte an die große „Simpl"-Zeit mit ihren legendären Conférencen.

Und die waren ja in vielen Fällen von ihm. Wie oft lachten wir über die Doppelconférencen Farkas – ohne zu wissen, daß sie der Feder Hugo Wieners entstammten, der immer bescheiden im Hintergrund blieb.

Hugo Wiener kam am 16. Februar 1904 in der Stadt, deren Namen er trug, als Sohn eines Pianisten zur Welt, der noch bei den berühmten Soireen von Johann Strauß aufspielte. In den zwanziger Jahren wurde Hugo Wiener Kapellmeister und Hausautor Wiener Kleinkunstbühnen, schrieb Operetten wie „Der gütige Antonius" oder „Auf der grünen Wiese". 1938 wurde er zu einem Gastspiel nach Kolumbien eingeladen. Eine der mitreisenden Künstlerinnen hieß Cissy Kraner. Aus einem für sechs Monate geplanten Aufenthalt wurden zehn Jahre, denn noch ehe Wiener zurückkehren wollte, waren in Österreich die Nazis einmarschiert. Er und Cissy Kraner, die bald seine Frau werden sollte, wurden in Südamerika so populär, daß sogar eine Strumpfmarke ihre Erzeugnisse „Cissy" nannte.

Nach dem Krieg in die Heimat zurückgekehrt, wurde er gemeinsam mit Karl Farkas Autor am Kabarett „Simpl". In dieser Zeit entstanden auch die meisten der 250 Chansons, die Wiener für Cissy Kraner schrieb – darunter „Der Novak läßt mich nicht verkommen". Er schrieb Filmdrehbücher wie „Ober zahlen" für Hans Moser und Paul Hörbiger und später TV-Sketches, vor allem für Harald Juhnke. In seinen letzten Lebensjahren verfaßte Hugo Wiener 20 Satirenbände und trat regelmäßig mit seiner Frau auf.

Kurz vor seinem Tod starteten sie zu ihrem letzten Programm, das er „Einmal geht's noch" nannte. Wir dachten, der Titel sei eine kabarettistische Übertreibung, denn wir hofften, daß es noch sehr oft ginge. Doch er wurde abberufen, um diese Welt fortan vom Kabarettistenhimmel aus beobachten zu können.

Wiener Polizist stiehlt Jetons im Casino Velden

Tatort Casino Velden am Kärntner Wörthersee: Als Jetons im Wert von 37.000 Schilling einen Augenblick länger als sonst üblich auf einem Roulettetisch liegenbleiben, greift ein 45jähriger Wiener Polizist blitzschnell zu und läßt das wertvolle Plastikgeld in seinen Taschen verschwinden – obwohl er kurz zuvor viel gewonnen hat! Der kriminelle Inspektor wird vom Chefcroupier beobachtet und von Kollegen der Gendarmerie verhaftet.

__Wilder Unfall__ auf der Wiener Ringstraße: Ein Fiaker wird von einem Porsche gerammt und zertrümmert. Der Kutscher wird leicht, seine zwei Fahrgäste aus Deutschland schwer verletzt. Die Pferde reißen sich in Panik los, galloppieren zu ihrem Standplatz beim Stephansdom und demolieren auf dem Weg noch etliche geparkte Autos.

Niederösterreich-Wahl: Heide und Haider jagen Pröll Absolute ab

Wahl mit Riesenüberraschungen in Niederösterreich: Heide Schmidt, Chefin des Liberalen Forums, und FP-Boß Jörg Haider jagen VP-Landeshauptmann Erwin Pröll die absolute Mandatsmehrheit ab. Damit muß sich die Volkspartei erstmals seit 1945 im niederösterreichischen Landtag einen Partner suchen, um regieren zu können – auch wenn der trotz eines Mammutwahlkampfes nach US-Muster geschlagene Pröll an der Spitze bleibt.

Während beide Grün-Gruppierungen den Einzug in den Landtag nicht schaffen, gewinnen die Blauen zwei und die Liberalen drei Mandate. Neben dem Verlierer ÖVP (minus drei) büßen auch die Sozialisten mit minus zwei Mandaten kräftig Stimmen ein.

Womit sich ein internationaler Trend bestätigt: Harte Zeiten für Großparteien . . .

Genug vom „Seifenoper"-Image: TV-Schöne Anja Kruse, frisch verliebt

Die schöne Anja sucht ein neues Image

„Seifenoper-Mäderl" hat genug von Serien

Anja Kruse, bekannt als TV-Schöne in Serien wie „Traumschiff", „Schwarzwald-Klinik" und „Forsthaus Falkenau", hat genug von ihrem Image: „Ich will kein Seifenoper-Mäderl mehr sein", erzählt sie „Krone"-Adabei Michael Jeannée während eines Kurzaufenthaltes in Wien. „Denn auch wenn ich bis heute damit ganz zufrieden war, glücklich und ausgefüllt fühle ich mich dabei nicht."

Hinter Anjas Wandlung steckt nicht nur die Übersiedlung in die Seine-Metropole Paris. Sondern auch – ein Mann. Und zwar Jean-Louis David, Drehbuchautor und Regisseur, mit dem die Kruse den Vierteiler „Rio Verde" in Südamerika gedreht hat: „Jean-Louis hat mich wachgeküßt, künstlerisch aufgeweckt!"

Totale Fußballpleite in der Qualifikation

WM-Träume zerstört Team ohne Stürmer

Innerhalb von sechs Tagen werden die Hoffnungen der österreichischen Fußballfans und unserer Teamkicker, die Qualifikation für die WM-Endrunde zu erreichen, jäh zerstört. Der Zug nach Amerika 1994 fährt in Skandinavien ab, unsere Nationalelf verliert die Auswärtsspiele gegen Finnland und Schweden.

Am 13. Mai muß Österreichs Fußball-Nationalmannschaft eine schwere Schlappe gegen Finnland einstecken. Sie verliert in Turku 1:3. Doch damit nicht genug. Nur wenige Tage später setzt es gegen Schweden in Stockholm eine 1:0-Niederlage. Traurige Bilanz: Die Entscheidung, wer in unserer WM-Gruppe 6 die beiden Fahrkarten nach Amerika erhält, fällt nur noch zwischen Frankreich, Schweden und Bulgarien.

Dem Aufschwung unter Ernst Happel, dem es kurzfristig glückte, ein fußballerisches Zwischenhoch herbeizuzaubern, ist also wieder ein Rückschlag gefolgt. Der enttäuschte Happel-Nachfolger Herbert „Schneckerl" Prohaska: „Wir sind noch nicht reif, auswärts über unseren Schatten zu springen. Wir machen zwar einige kleine Schritte nach vorne, dann aber einen ganzen Sprung zurück."

Dringend gesucht vor allem: Schußkräftige Stürmer. Unser Team erzielt in den drei WM-Auswärtsspielen nur ein einziges Tor – und kassiert sechs. Daher wird Prohaska nach der Schlappe in Skandinavien mit der Forderung konfrontiert, eine neue Elf mit Blickrichtung WM 1998 aufzubauen.

Prohaska: „Kleiner Schritt vor, ganzer Sprung zurück . . ."

Team ohne Sturm: Österreich kassiert in drei Auswärtsspielen sechs Tore, schießt aber nur eines.

Krone-Chronik Mai '93

- In Wien-Donaustadt dreht ein Rauschgiftsüchtiger durch und nimmt mit einem Gewehr vom Balkon seiner Wohnung aus die Gäste eines Würstelstandes unter Feuer.
- Boris Becker trennt sich von seinem österreichischen Trainer Günter Bresnik, der „Bum-Bum" acht Monate betreut hat.
- In Deutschland werden bei einer Autofahrerin, die einen Auffahrunfall verursacht hat, 4,29 Promille Alkohol im Blut festgestellt. Das entspricht dem Konsum von 21 Stamperl Schnaps.
- Der Wiener Thomas Etlinger gewinnt bei der Judo-EM in Athen Silber in der 95-Kilo-Klasse.

Lenin-Statue in die USA verkauft

Der amerikanische Geschäftsmann Levis Carpenter aus Seattle kauft in der Slowakei eine fünf Meter hohe Bronze-Statue Lenins, die jahrzehntelang auf dem Marktplatz der Stadt Poprad stand. Carpenter bezahlt für das Ungetüm umgerechnet 140.000 Schilling, die Transportkosten verschlingen ein Vielfaches dieser Summe.

Siebenfache Mutter als Bordellchefin

Auf der Flucht vor ihrem Ehemann gerät eine junge Österreicherin vom Regen in die Traufe. Und zwar in ein türkisches Geheimbordell in Wien, wo täglich bis zu fünf Männer über sie herfallen. Das Geld streifen die „Chefinnen" ein – eine siebenfache Mutter und deren älteste Tochter! Polizisten heben das Bordell aus und schließen es.

Gemietetes Glück: Demi Moore als verkaufte Ehefrau und der fesche Millionär Robert Redford

„Krone" machte Prominenten „Ein unmoralisches Angebot"

Kitsch-Film sorgt für Aufregung: Würden Sie Ihre Frau vermieten?

Seit Mai 1993 wieder verheiratet: Extremkletterer Bubendorfer

Ein Streifen aus der Hollywood-Kitschkiste feiert in Österreich Premiere und sorgt für Diskussionen. Es geht um die Story des Films „Ein unmoralisches Angebot" mit Robert Redford in der Hauptrolle – und um die Frage, ob Männer bereit sind, ihre Frau zu vermieten. Das Angebot: Eine Million Dollar für eine Nacht ...

Die Geschichte des Films ist kurz erzählt: Das Ehepaar ist bankrott. Verliert seine letzten „Bucks" im Spielcasino in Las Vegas. Verzweiflung, totale Pleite. Als Geier entpuppt sich Robert Redford, in der Rolle des schönen Reichen. Er bietet dem Paar eine Million Dollar – für eine Nacht mit der hübschen Frau. Die zwei schlagen ein. Unmoralisch?

„Krone"-Redakteurin Gabriela Gödel stellte die heiße Frage österreichischen Prominenten: „Würden Sie Ihre Frau vermieten?"

Für Casino-General Leo Wallner spricht auch die animierende Stimmung in einem Casino – wie bei der Schlüsselszene im Film – keineswegs für unmoralische Angebote: „Die Geldfrage hat in einer guten Beziehung nichts verloren."

Hans Krankl ist „sowieso nicht käuflich", hält den Film „für einen ausgemachten Blödsinn". Gibt aber zu, daß „etwas Wahres dran ist, daß jeder Mensch irgendwo seinen Preis hat".

Kanzler-Gattin Christine Vranitzky ist überzeugt, daß „es Situationen gibt, wo man sich so was überlegen könnte. Aber entweder liebt man jemanden um dessen selbst, oder es ist keine Liebe."

Extremkletterer Thomas Bubendorfer, frisch verliebt und verheiratet, winkt wenig überraschend völlig ab: „Absolut indiskutabel!"

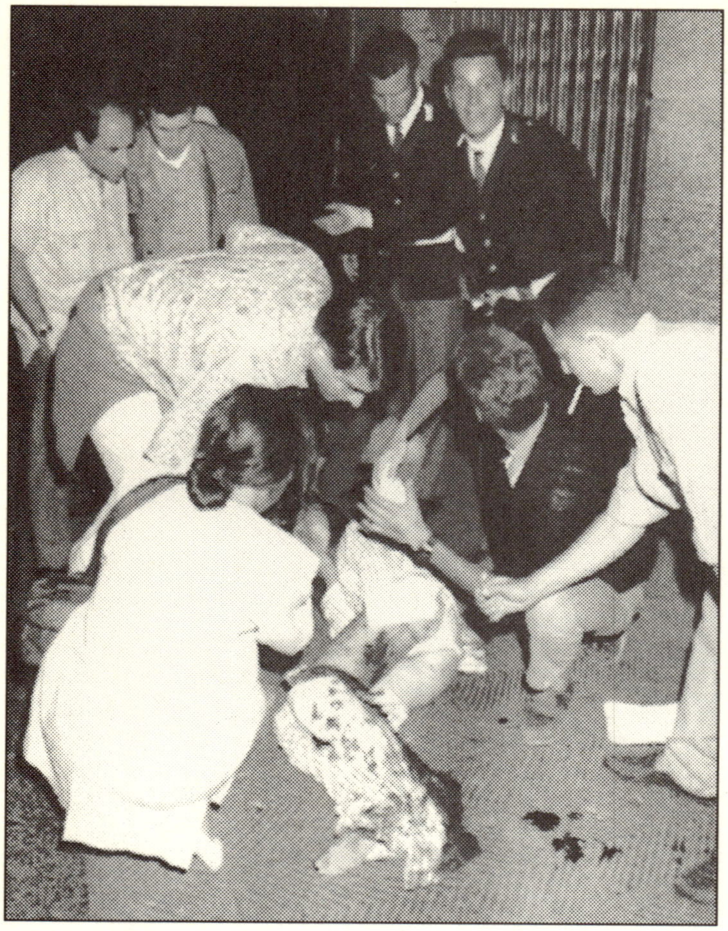

Der Bombenanschlag fordert sechs Todesopfer und 30 Verletzte

Der Gesamtschaden beträgt umgerechnet 250 Millionen Schilling

Mafia läßt im Zentrum von Florenz Höllenmaschine hochgehen

Sechs Tote und 30 Verletzte bei Bombenattentat auf die Uffizien

Bei einem Bombenanschlag auf die berühmten Uffizien in Florenz kommen sechs Menschen ums Leben, 30 werden verletzt. Hinter dem Attentat steckt die italienische Mafia, die sich offenbar rächen will. Dafür, daß sie seit Monaten von den Behörden deutlich schärfer verfolgt wird und bereits einige Paten eingebüßt hat.

Bei den Todesopfern, die der mitternächtliche Anschlag mitten im Zentrum gefordert hat, handelt es sich um die Familie eines Nachtwächters, darunter ein neun Monate altes Baby.

Die gewaltige Detonation zerstört den Torre Dei Pulci und richtet an zahlreichen mittelalterlichen Gebäuden rund um die Piazza della Signorina verheerende Schäden an. Auch der Palazzo Vecchio und die berühmten Uffizien, die Gemälde und Skulpturen beherbergen, werden in Mitleidenschaft gezogen.

In einem Notprogramm stellt die Regierung umgerechnet 250 Millionen Schilling für den Wiederaufbau zur Verfügung.

Krone-Chronik Mai '93

● Juventus Turin wird UEFA-Cupsieger (3:1, 3:0 gegen Borussia Dortmund), im Cup der Cupsieger gewinnt AC Parma in London das Finale gegen Royal Antwerpen 3:1.

● Nach der Zustimmung Dänemarks zur Europäischen Union muß nur noch Großbritannien als letztes Land dem Maastricht-Vertrag zustimmen.

● Österreichs Herrenteam erreicht in der Tischtennis-Weltmeisterschaft in Göteborg den 9. Rang, Schweden wird Weltmeister.

● Unter strengsten Sicherheitsvorkehrungen kommt PLO-Chef Jassir Arafat nach Wien und wirbt bei Bundespräsident Klestil und Kanzler Vranitzky für den Nahost-Frieden.

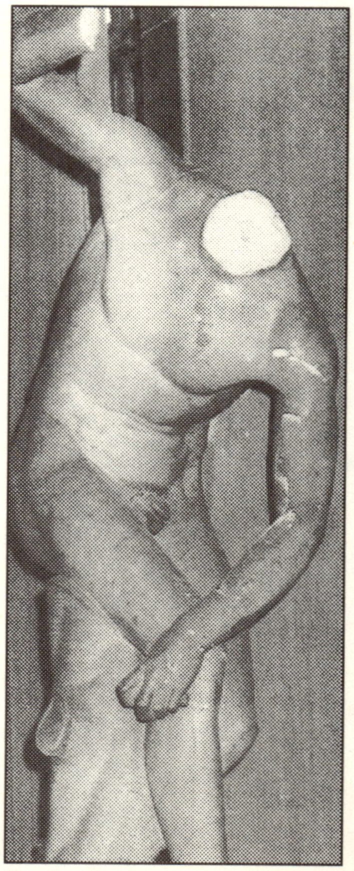

Zahlreiche wertvolle Skulpturen und Gemälde sind zerstört

Nur noch „Dagi", nicht mehr Eliza

Zweiundzwanzig Jahre hat Wiens First Lady Dagmar „Dagi" Koller in „My Fair Lady" die Eliza Doolittle gesungen. Unter anderem in Hamburg, Berlin, Zürich, München und Wien. Am 23. Mai gibt Koller in der Volksoper ihren letzten Auftritt als Eliza: „Ich hör lieber auf, bevor andere sagen, die ist wirklich nicht mehr jung . . ."

Tausender-Blüten immer häufiger

Die „Oesterreichische Nationalbank" schlägt Alarm: Die Zahl gefälschter Tausend-Schilling-Scheine nimmt explosionsartig zu. Schuld an dem Blüten-Meer sind die modernen Farbkopiergeräte – noch nie war es so leicht, zu fälschen. Unters Volk gebracht werden die wertlosen Tausender meist in Lokalen und auf Bahnhöfen.

Raubüberfall auf Kindergärtnerin

Während die Kinder fröhlich im Freien spielen, stürmt ein Frührentner das Büro eines Kindergartens in Wien-Donaustadt, setzt der Kindergärtnerin ein langes Messer an und brüllt: „Geld her!" Die Frau überzeugt den Täter, daß bei ihr außer Spielzeug nichts zu holen sei – der Mann flüchtet, wird aber wenig später verhaftet.

Radl-Raser auf der Donauinsel

Die steigende Zahl schwerer Unfälle zwischen Radfahrern und Fußgängern auf der Wiener Donauinsel bringt den ÖAMTC auf die Idee, nun auch die Pedalritter mit einem Radargerät zu blitzen. Das Ergebnis: Auch unter Radlern gibt es Raser, mehr als ein Drittel ist mit Geschwindigkeiten zwischen 40 und 50 km/h unterwegs.

Erotikserie im ARD gestrichen, Privatsender schrauben ihr Sexfilmangebot zurück

Nackte sind im TV nicht mehr gefragt

Vor kurzem noch setzten alle Programmmacher auf Erotik im Fernsehen. Vor allem die Privatanstalten jagten ungeniert ihre Sexfilmchen durch den Äther. Doch damit ist's vorbei. Im TV macht sich – zum Leidwesen mancher Kabel-Zuschauer – eine neue Keuschheit breit.

Sind die Moralisten im Vormarsch? „Die ARD wird nun doch weitgehend auf nackte Tatsachen in ihrem Programm verzichten", meldet die Deutsche Presseagentur im Mai fast triumphierend.

Tatsächlich hatte der seriöse Westdeutsche Rundfunk ernsthaft überlegt, eine Erotikserie produzieren zu lassen. Ehe der Programmdirektor einen roten Kopf bekommt, ihm das Vorhaben zu heiß wird: „Nach Durchsicht der Bücher können wir uns für das Projekt nicht mehr begeistern."

Aber auch die Privaten zeigen sich plötzlich nackten Tatsachen gegenüber weitaus zugeknöpfter. RTL verzichtet auf seine Sexfilme am Freitagabend, einigen Kabel-TV-Konsumenten in Österreich sicher wohlbekannt. Nur noch am Samstag darf auf dem Bildschirm weitergeliebt werden.

SAT 1 dagegen schmückt sich mit einem Feigenblatt. Künftig kann der Zuschauer selbst bestimmen, ob er lieber Action, Drama oder vielleicht doch Erotisches sehen möchte. Und zwar via TED – eine neue Form des Telefon-Sex, sozusagen.

Freilich hat die Ent-Erotisierung der TV-Programme mehr als lediglich moralische Hintergründe. Vielmehr ist das liebe Geld für die neue Keuschheit verantwortlich: Die Werbefirmen wollen im Umfeld ungenierter Erotik keine teuren Spots mehr placieren.

Erotik, Nackte und Sex im TV sind out. Der Grund für die neue Keuschheit: Fehlende Werbespots . . .

Drei Frauen und zwei Kinder getötet

Skinhead-Attentat auf Türken in Deutschland

Tränen des Entsetzens zu Pfingsten: Genau ein halbes Jahr nach den Morden von Mölln schockt ein neuer Brandanschlag Deutschland. Bei dem perfiden Attentat auf ein von Türken bewohntes Haus im nordrhein-westfälischen Solingen werden drei Frauen und zwei Kinder getötet. Zwei Babys sind schwer verletzt.

„Die Schreie der Kinder waren das schlimmste", erzählt ein Anrainer und erhebt schwere Vorwürfe gegen die Rettungsmannschaften: „Als die Feuerwehr eintraf, stand das Haus schon lichterloh in Flammen." Doch die Regierung in Bonn will gegenseitige Schuldzuweisungen verhindern. Ebensoviel Vorsicht läßt zunächst die Staatsanwaltschaft in Karlsruhe walten.

Sie geht davon aus, daß es sich um ein politisches Attentat handelt, die „innere Sicherheit Deutschlands ist gefährdet". Doch mit vorschnellen Verdächtigungen sei niemandem geholfen.

Bis nur drei Tage später die Brand-Attentäter verhaftet werden: Fünf kahlgeschorene Glatzköpfe im Alter zwischen 15 und 16 Jahren. Sogeannte Skinheads also, Angehörige der deutschen Rechtsradikalen-Szene – die durch die triste wirtschaftliche Situation in den neuen Bundesländern immer mehr Anhänger findet.

Aufregung gibt es am Tag des Solingen-Anschlages auch in anderen Städten: In einem Berliner Fremdenheim kam es zu einem Kellerbrand. In einem Münchner Asylantenheim gab es ebenfalls Feueralarm, und eine Ausländer-Herberge in Hannover wurde mit Haßparolen beschmiert.

Solingen: In diesem Haus starben drei Frauen und zwei Kinder

Song-Contest: Tony Wegas nur im Mittelfeld

1993 ist nicht das Jahr des Tony Wegas: Bei seinem zweiten Antreten zum Songcontest belegt der Sunnyboy nur den 14. Platz unter 25 Teilnehmern. Die Maximal-Wertung von zwölf Punkten erhält er nur von Bosnien-Herzegowina, das sich offenbar so für unsere Hilfe bedanken will.

Mehr Temperament und Schlagfertigkeit beweist der „Goscherte" der heimischen Popszene hingegen in einer Kontroverse mit einem Lastwagenfahrer – den er kurzerhand verprügelt, „weil er mi einfach net hat überholen lassen." Wegas wird vor den Richter zitiert und kassiert eine Geldstrafe.

Wegas: Mittelmäßig beim Songcontest, Chauffeur verprügelt

Krone-Chronik Mai '93

- Dr. Skender Fani legt nach seiner Funktion im Rapidvorstand auch sein Mandat im Vorstand der Rapid AG zurück und beendet damit seine Tätigkeit in Hütteldorf.
- Präsident Bill Clinton gewinnt die Wahl zum romantischen Traummann der Amerikanerinnen mit Respektabstand vor Popstar Prince und Serienstar Luke Perry.
- Sensationeller Ankauf für Wiens Graphische Sammlung Albertina: Kustos Dr. Fritz Koreny gelingt es, um 450.000 S eine der seltenen Kupfer-Druckplatten Rembrandts aus einer US-Sammlung zu erwerben.

Mordkomplott war Affäre der Mafia

Als Mafia-Affäre zweier rivalisierender jugoslawischer Organisationen in Prag entpuppt sich ein angebliches Mordkomplott gegen Präsident Václav Havel. Wie sich herausstellt, hat eine Bande anonyme Briefe zugespielt, in denen ein Attentat angedroht wird – um die Mitglieder der anderen Bande „hochgehen" zu lassen.

Einbrecher stiehlt Gefängnis-Tresor

Mit Hilfe einer Leiter, die er bei einer nahegelegenen Baustelle entwendet, klettert ein frecher Einbrecher in den ersten Stock der Wiener Strafvollzugsanstalt Simmering. Aus einem Büro stiehlt er den Tresorschlüssel und räumt in aller Ruhe den Safe der Gefängnis-Leitung aus. Der Täter flüchtet mit 56.000 Schilling Beute.

Szene aus dem „Lucona-Film" mit Hans Michael Rehberg: Viel Tanz um wenig, der Streifen ist ein Flop

Bei der Weltpremiere in Wien hagelt es ätzende Kommentare

Die Stunde der Komödianten: „Lucona"-Film fällt völlig durch

„Für mich als Wiener ist der Film – unbeurteilbar." Übt sich Miguel Herz-Kestranek, Darsteller des Proksch-Richters Leiningen-Westerburg bei der Weltpremiere des „Lucona"-Films in Wien noch in Diplomatie, so hagelt es von Kritikern und Prominenten nur ätzende Kommentare. Der Streifen fällt völlig durch.

„Dieses blöde Machwerk muß Tabakchef Mauhart gesponsert haben, ich hab noch nie jemanden so paffen gesehen wie den Pretterebner-Darsteller", meint etwa Fritz Muliar. Udo Jürgens wiederum findet den Film überhaupt „langweilig".

Nachtclub-König Heinz Werner Schimanko erkennt in der Bestseller-Verfilmung gar eine „germanische Heldensage". Sei's, wie's sei: Auch „Krone"-Adabei Jeannée ist alles andere als begeistert. Seine trockene Kritik: „Ein schlechter Film."

Riesenaufregung um „Golden Girl" *Rue McClanahan. Nach dem Genuß eines Shrimps-Cocktails in einem Wiener Innenstadt-Lokal muß der Star, der gerade am „English Theatre" gastiert, mit schweren Vergiftungserscheinungen ins Rudolfinerhaus eingeliefert werden. Zwei Vorstellungen und ein geplanter Auftritt im „Wurlitzer" platzen. Nach zwei Tagen Behandlung ist Rue McClanahan zum Glück wieder halbwegs auf dem Damm – und beweist Härte: Kaum aus dem Krankenhaus entlassen, steht sie bereits wieder auf der Bühne.*

Absturz über Weinviertel (NÖ): Fünf Tote!

Frauen und Mädchen verbrennen in Ballon

Helmut Klein (kl. Bild) ahnte die Katastrophe und machte ein Foto

Trotz Schlechtwetterwarnung startet ein 51jähriger Pilot am 21. Mai 1993 mit sieben Passagieren an Bord zu einer Fahrt über das niederösterreichische Weinviertel und gerät in einen Gewittersturm. Der riesige Heißluftballon fängt Feuer und stürzt ab. Zwei Frauen und zwei Mädchen verbrennen hilflos in der Gondel.

Der katastrophalste Ballon-Absturz der österreichischen Luftfahrtgeschichte ereignet sich um 19.15 Uhr über Röhrabrunn. Vermutlich nach einem Blitzschlag fängt die Gondel Feuer.

Der Pilot, ein 51jähriger Familienvater aus Tulln, versucht noch eine Notlandung. Wenige Meter über dem Boden springt er mit einem Teil der Passagiere, drei Männern, ab. Durch den plötzlichen Gewichtsverlust steigt der Ballon wieder. Eine junge Steirerin, eine Wiener Ärztin und deren zwei Töchter verbrennen hilflos in der Gondel. Die verkohlten Leichen werden erst Stunden nach dem Absturz in einem Feld gefunden. Doch das Unglück fordert noch ein weiteres Todesopfer: Ein 65jähriger Pensionist aus Wien-Floridsdorf, der abgesprungen war, erliegt Tage später im Spital seinen Verletzungen.

Unklar ist, warum der als äußerst erfahren geltende Pilot, der allerdings über keine Lizenz zur entgeltlichen Beförderung von Passagieren verfügt hat, trotz Gewitterwarnung des Flugwetterdienstes gestartet ist.

Der Brenner des Ballons

Die Hülle wurde kilometerweit abgetrieben

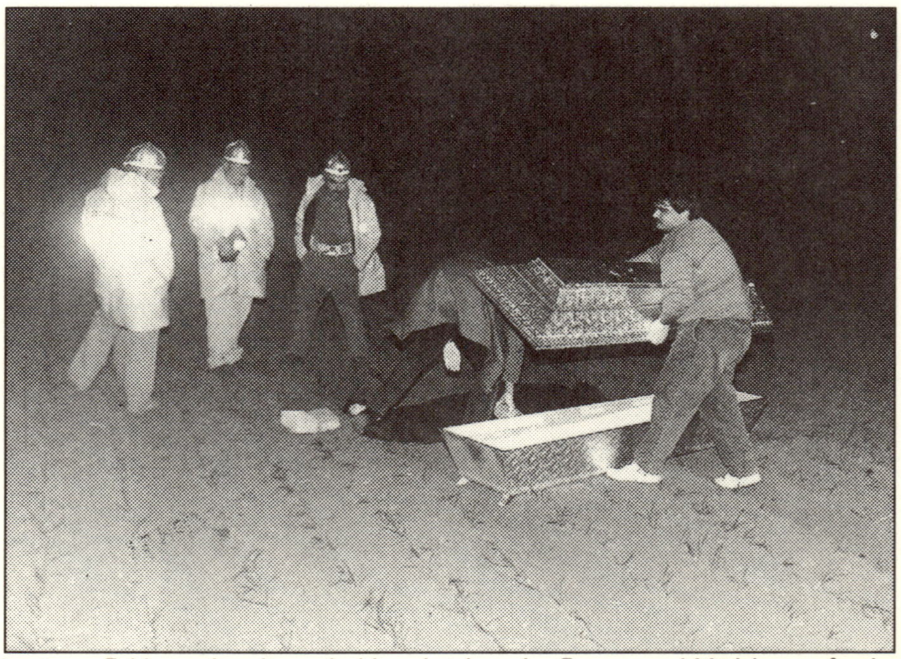

In einem Feld wurden die verkohlten Leichen der Frauen und Mädchen gefunden

Kuli stürzt ab, Carrell fehlen Zuschauer

Show-Flops: Sind die „Alten" am Ende?

Sind die „alten Herren" der deutschen TV-Unterhaltung am Ende? Diese Frage stellt sich im Mai 1993 sowohl für Hans-Joachim Kulenkampff als auch für Rudi Carrell. Denn Kulis ZDF-Ratespiel „Der große Preis" hat ebenso wie Carrells RTL-Debüt „Die Post geht ab" viel zu niedrige Einschaltquoten.

Kuli, nach einer Umfrage von Österreichs Fernsehkonsumenten vor wenigen Tagen kurioserweise noch zum beliebtesten Showmaster gekürt, schmeißt nach verheerenden Einschaltziffern entnervt das Handtuch. „Der Große Preis" mit dem 72jährigen hat sich als großer Flop erwiesen.

Tiefe Sorgenfalten auch auf der Stirn von Rudi Carrell, hochbezahlter TV-Star bei RTL: Seine Show „Die Post geht ab" wird – was das Zuschauerinteresse betrifft – ihrem Titel alles andere als gerecht. Folge: Dem Remake der ARD-Erfolgsreihe „Am laufenden Band" droht das baldige Aus.

Hat jede Menge Zeit für sein Hobby, das Segeln: Kapitän Kuli

Schlappe für Rudi: Nicht die Post ging ab, sondern das Publikum

25jährige Steirerin tötet ihr Neugeborenes

Baby in Fuchsbau gelegt

Weil es „ihre Karriere stört", verschweigt eine attraktive 25jährige Verkäuferin aus der Oststeiermark ihre Schwangerschaft, erstickt das Baby nach der Geburt in einer Decke und versteckt die Leiche in einem Fuchsbau.

Sexspielchen in UNO-Parkgarage

Delikat, delikat – vor der Wiener UNO-City, der Diplomatenhochburg an der Donau, nistet sich der berüchtigte Geheimstrich ein. Und zwar in der Park and ride-Anlage, die ihren Zweck, jenen der Verkehrsberuhigung, in diesem Fall weit verfehlt. Neben Prostituierten aus dem Osten bieten auch biedere Hausfrauen ihre Liebesdienste an.

Geisterfahrer nach einem Liter Wodka

„Ja, ich hab' gerade einen Liter Wodka vertilgt. Aber machen 'S Ihnen keine Sorgen, ich fahr' auch nach drei Litern besser als andere nach einem Stamperl." Im Vollrausch lallt ein 35jähriger Arbeiter die Gendarmen an, nachdem er kilometerweit auf der Südautobahn als Geisterfahrer unterwegs war. Er muß in der Zelle übernachten.

Schwarzseher muß in das Gefängnis

Weil er die ORF-Gebühren nicht bezahlt hat, muß ein 48jähriger Linzer ins Gefängnis. Der Invalide, der mittlerweile von den TV-Gebühren befreit wurde, war beim „Schwarzsehen" ertappt und zu 2500 Schilling Strafe verurteilt worden. Da der Hausmeister im Monat aber nur 6000 Schilling verdient, konnte er die Strafe nicht zahlen.

Geiselnahme in Wiener Tramway

Horrorszenen in einem Straßenbahnzug der Linie 46 in Wien-Ottakring: Kurz vor 20 Uhr bedroht ein 40jähriger Geisteskranker die Fahrgäste mit dem Messer. Als diese auf die Straße flüchten und die Polizei rufen, nimmt er die Straßenbahnführerin als Geisel. Kurz darauf erschießt ein Wiener Kripo-Offizier den Attentäter.

Walt Disney, Vater der „Micky Maus", war ein Spitzel des FBI. Er verpfiff Künstlerkollegen, die unter dem Verdacht standen, Kommunisten zu sein.

Der Zeichenstar arbeitete für den FBI

Walt Disney war ein Agent und Spion!

Walt Disney, der Vater von „Micky Maus", „Bambi" und unzähligen anderen weltberühmten Comic-Figuren, arbeitete 25 Jahre lang als Spion, Agent und Denunziant für den FBI. Dies enthüllt eine neue Biographie über den 1966 verstorbenen Zeichenstar – an deren Wahrheitsgehalt es kaum etwas zu rütteln gibt.

Wer kennt sie nicht, die berühmten, beliebten und pfiffigen Comics-Figuren, denen Walt Disney mit begnadeter Feder soviel Leben eingehaucht hat? Die lustigen, spannenden und märchenhaften Storys, in denen sie Hauptrollen spielen, um auch heute noch Millionen Kinderherzen schneller schlagen zu lassen?

Umso ernüchternder mögen die Enthüllungen des US-Autors Marc Eliot sein. In seinem Buch mit dem vielsagenden Titel „Hollywoods dunkler Prinz" deckt der Schriftsteller auf, daß Disney ein Vierteljahrhundert für den FBI gearbeitet hat. Und zwar nicht nur als Agent und Spion. Sondern auch als Denunziant, der in Zeiten, als in den Staaten gnadenlos Jagd auf Leute gemacht wurde, die unter dem Verdacht standen, Kommunisten zu sein („Schwarze Liste"), seine Künstler-Kollegen bespitzelte und – auslieferte.

Am Wahrheitsgehalt dieser Behauptung gibt es keinen Zweifel: Immerhin studierte Marc Eliot 570 Seiten hochbrisantes FBI-Material über Disney, zu dem er nach dem „Gesetz über Informationsfreiheit" Zugang hatte.

Krone-Chronik Mai '93

- Der frühere österreichische Teamfußballer Reinhold Hintermaier feiert nach acht Jahren Pause in der deutschen Bundesliga ein Comeback: Mit 37 Jahren spielt er wieder in der Kampfmannschaft des 1. FC Nürnberg.
- Der Plan der SPÖ, ihre Anteile an der Nationalbank um 100 Millionen Schilling an die Arbeiterkammer zu verkaufen, scheitert am Druck der Opposition, die hinter dem Deal eine verdeckte Subvention und Parteienfinanzierung wittert.
- Klausjürgen Wussow wird mit 64 noch einmal Vater. Frau Yvonne schenkt einem Buben das Leben. Sein Name: Benjamin Leo Maximilian – Wussow, natürlich.
- Olympique Marseille schlägt im Europacupfinale der Landesmeister den AC Milan 1:0.

VON MARGA SWOBODA

TAG FÜR TAG

Häkeln und Häkeln lassen

Nun wäre es wieder hoch an der Zeit, über den Muttertag und sein Unwesen herzufallen. Das tue ich dieses Jahr zu Fleiß nicht. Von mir aus können sie Zahnprothesenhaftmittel im Geschenkkarton anbieten oder Naßrasierer gegen die Haare auf den Zähnen: mir egal. Ich lache nicht darüber, und empören tut es mich auch nicht.

Auch die neuen Mütter sind mir egal. Diese neuen Mütter aus den Magazinen, die man jetzt hat, um einerseits die Kirche im Dorf zu lassen und andererseits doch modern zu sein. Was ist schon dabei. Es tut ja niemandem weh. Sollen die neuen Mütter Acryl-Schreibtische mit aufklappbaren Baby-Wippen haben (gar keine schlechte Idee übrigens) oder sollen die neuen Mütter zur Romantik zurückkehren mit handgehäkelten Kinderhauben (es gibt so viele Arbeitslose, die könnten für die neuen Mütter häkeln). Mir ist das alles recht.

Ich denke an Muttertag sowieso nur an meine Mutter. An ihre Art, an diesem Festtag zu bestehen. An ihre Vorfreude bei den Muttertags-Inseraten: neue, absolut alles könnende Küchenmaschinen. Wunschkonzerte als Kassetten-Sonderausgaben. Wochenend-Arrangements auf die Blumeninsel Mainau, ein Winken von Graf Bernadotte und ein Wiener Schnitzel inbegriffen. Lauter Sachen, die Freude machen.

Ich wollte die Mutter immer erziehen. Zu diesem neuen Muttertagsgefühl, das vorschreibt: nur keine Sentimentalitäten. Und auf keinen Fall Küchenmaschinen.

Einmal habe ich ihr einen Herzenswunsch nicht erfüllt. Einen komplett automatischen und wirklich alles könnenden Allesschneider. Ist doch nur ein Werbe-Trick, habe ich gesagt. Und daß man so was in einem kleinen Haushalt nicht braucht.

Heute würde ich ihr jeden Unsinn der Welt von Herzen schenken. Wenn sie nur noch leben würde.

Erschienen am 7. Mai 1993

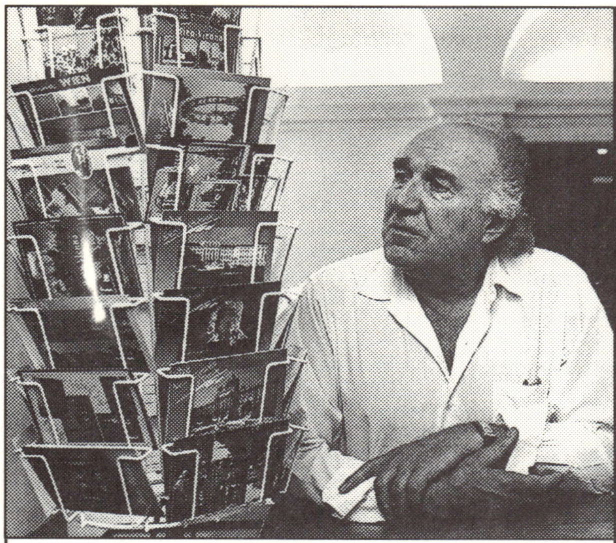

Pariser Hit: Piccoli spielt Ibsens „J. G. Borkman"

Höhepunkt: „Romeo & Julia" mit Guntram Brattia und Anne-Marie Bubke

Festwochen '93: Viel Theater ums Theater

Auf die Karten für die 37 Produktionen der Wiener Festwochen 1993 herrscht ein Run wie schon lange nicht. „Krone"-Kulturchef Karlheinz Roschitz ist begeistert: „Soviel Theater ums Theater wurde schon lange nicht gemacht." Tatsächlich gelingt es den Festwochen, eine noch nie dagewesene Dichte an Weltstars zu präsentieren. Wie etwa Michel Piccoli, der Ibsens „John Gabriel Borkman" mimt. Und auch neben der Bühne für Aufregung sorgt, weil er einen Schwächeanfall erleidet und zwei Tage ausfällt . . .

Ein Bild des Schreckens: Die Trümmer der Lauda-Boeing nach dem Absturz in Thailand. Ein technisches Gebrechen, das beweisen eindeutig das Untersuchungsergebnis und die Reaktion des Flugzeugherstellers, hat die Katastrophe ausgelöst.

Ein schwacher Trost, aber immerhin:

Boeing zahlt an Opfer des Lauda-Absturzes

Mit einem lachenden und einem weinenden Auge verabschiedet sich US-Staranwalt Stern nach zwei Jahren aus der Donaumetropole Wien: „Es ist uns gelungen, die Ansprüche der Hinterbliebenen der Opfer des Lauda-Air-Absturzes gegenüber Boeing durchzusetzen. Aber: Das Leid der Familien vergesse ich nie."

Über genaue Summen schweigt sich der auf Flugkatastrophen spezialisierte Jurist aus – sämtliche Beteiligten wollten es so.

Es seien aber ansehnliche Beträge, die Boeing an die 123 österreichischen Familien zahlt, die er alle erfolgreich vertreten hat. Beträge, die – so Stern – „den Schluß zulassen, daß Boeing weiß, daß es sich um ein rein technisches Gebrechen gehandelt hat."

Das unterstreicht auch das offizielle Untersuchungsergebnis: Lauda Air trifft bei dem Absturz keine wie immer geartete Schuld.

Die Noricum-Waffenaffäre:

Spektakulärster Politikerprozeß der Zweiten Republik ist zu Ende

Anklage gegen frühere Regierungsspitze bricht fast völlig zusammen

Der spektakulärste Politikerprozeß, den es in Österreich je gegeben hat, ist zu Ende: Altkanzler Fred Sinowatz (64) und der frühere Außenminister Leopold Gratz (64) werden freigesprochen. Im wesentlichen befinden die Geschworenen auch Ex-Innenminister Karl Blecha (60) für schuldlos, verurteilt wird er nur in zwei Detailpunkten der Anklage. Ein überraschendes Finale der endlosen Geschichte um den illegalen Kanonen-Export der VÖEST-Tochter Noricum in den Iran.

Dabei hat es für das Politikertrio gar nicht gut ausgesehen, als das Verfahren Anfang März im Wiener Landesgericht begann. Der Linzer Staatsanwalt Dr. Siegfried Sittenthaler legte eine mehr als 400-seitige Anklage auf den Tisch, in der er mit viel Liebe zum Detail die unrühmliche Geschichte der österreichischen Kanonenschmiede im steirischen Liezen zusammenfaßte.

Es begann in den achtziger Jahren, als die Tochter des Staatskonzerns VOEST, Noricum, ein hochinteressantes, aber problematisches Produkt entwickelte. Die GHN-45-Haubitze war für den heimischen Markt ungeeignet.

Abnehmer im Ausland mußten gesucht werden. Der Iran, damals in den Golfkrieg mit dem Irak verwikkelt, zeigte Interesse und wollte Kanonen um 6,8 Milliarden Schilling kaufen. Doch dieses Geschäft wurde durch das Kriegsmaterialgesetz behindert. Das verbietet es heimischen Firmen, in kriegsführende Länder zu exportieren. Also erstellten die Noricum-Manager Scheinverträge, in denen sie Libyen als Abnehmer einsetzten.

Von all dem hätten die Angeklagten Sinowatz, Gratz und Blecha gewußt, behauptet der Staatsanwalt. Er entwickelt sogar eine „Verschwörungstheorie", indem er unterstellt, die Regierungsspitze hätte das illegale Kanonen-Geschäft nicht nur ge-

◀ ***Zeuge Klestil:*** *Zum ersten Mal in der österreichischen Justizgeschichte muß ein amtierender Bundespräsident in den Zeugenstand treten. Dr. Thomas Klestil, Mitte der achtziger Jahre Botschafter in den Vereinigten Staaten, gibt Auskunft, welche Informationen ihm damals die amerikanischen Behörden in Sachen Noricum zukommen ließen.*

Zeuge Kirchschläger: *Denkwürdig ist der Auftritt des Altbundespräsidenten, Dr. Rudolf Kirchschläger, im Zeugenstand. Eine sehr günstige Aussage für das angeklagte Politikertrio übrigens.* ▶

▲ ***Zeuge Fischer:*** *Auch der zweite Mann im Staate, Nationalratspräsident Dr. Heinz Fischer, wird im Noricum-Prozeß einvernommen und löst mit seiner Aussage, „ein Schuldspruch für Sinowatz wäre ein Fehlurteil", einen großen Politwirbel aus.*

Wer wußte vom Export der GHN-45 Kanone der Noricum in den Iran, nur die Manager, oder auch die Politiker? Das war fast vier Monate lang zentrales Thema des Prozesses

Großes Finale vor Gericht

Auf ihnen lastete ungeheurer Druck: Sinowatz, Gratz und Blecha konnten nie verstehen, daß sie sich vor Gericht verantworten mußten. Sie fühlten sich buchstäblich „im Regen stehen gelassen ...“

billigt, sondern auch gefördert und vertuscht.

Doch Sinowatz, Gratz und Blecha bleiben bei dem, was sie immer gesagt haben: Sie hatten von den Hintergründen des Kanonenhandels keine Ahnung. Sinowatz tritt zudem als kranker Mann vor die Geschworenen, dem es nur sein Pflichtgefühl verbiete, den Prozeß platzen zu lassen. Und auch Leopold Gratz und Karl Blecha können das Gericht davon überzeugen, daß sie damals wirklich etwas anderes zu tun hatten, als sich um den Waffenhandel zu kümmern.

Die Laienrichter glauben den Spitzenpolitikern und fällen Freisprüche. Verwerfen die Aussagen der Noricum-Manager, die stets darauf verwiesen hatten, der Handel wäre „politisch gedeckt“ gewesen.

Nur Karl Blecha wird wegen illegaler Weisungen an zwei hohe Beamte des Innenministeriums zu neun Monaten bedingter Haft verurteilt.

Und es ist Sinowatz und Gratz deutlich anzumerken, welcher Stein ihnen da vom Herzen fällt: Sinowatz, der sich nun endlich seinem Hobby, der Geschichtsforschung, widmen kann, Gratz, der sein Pensionistenleben mit Reisen versüßen will, für die ihn wegen der Vorbereitungen zum Noricum-Prozeß keine Zeit geblieben ist.

Hundert Stunden Verhandlung an 35 Prozeßtagen vor einem Geschworenengericht sind vorbei, übrig bleibt ein Schuldspruch, den, wie einer der Verteidiger meint, auch „ein Einzelrichter in einer Stunde hätte fällen können ...“

Thema des Tages

VON PETER GNAM

An vorderster Front

Jede Viertelstunde wird in Österreich ein Auto aufgebrochen, jede Dreiviertelstunde „knacken" Einbrecher eine Wohnung oder ein Einfamilienhaus. Der Schaden geht in die Hunderte Millionen Schilling pro Jahr – Tendenz stark steigend. Dramatisch auch der Anstieg der Schwerverbrechen wie der Raubüberfall auf den Postzug St. Pölten – Wien, bei dem slowakische Killer vor drei Jahren 35 Millionen Schilling erbeutet haben.

Insgesamt sind alle Befürchtungen, wonach Österreich nach der Öffnung des Eisernen Vorhanges mit einer Explosion der Kriminalität zu rechnen haben werde, noch weit übertroffen worden, denn natürlich holen sich die Gangster ihre Beute dort, wo es etwas zu holen gibt, und nicht bei den Armutschkerln in Bulgarien oder Rumänien.

Gerade weil wir aber „Erstland" für Kriminelle aus dem Osten sind, sollte der Sicherheitsaspekt bei den Verhandlungen über einen möglichen EG-Beitritt von Österreich vorrangig angesprochen werden: Der EG muß es schließlich etwas wert sein, wenn Österreich „an vorderster Front" für Westeuropa gegen die Ost-Kriminalität ankämpft. Dazu brauchen wir noch mehr und besser ausgebildete Polizisten und Gendarmen – ein ordentlicher Kostenbeitrag zur Bezahlung der Exekutive seitens der EG sollte eine Selbstverständlichkeit sein.

Erschienen am 23. Juni 1993

Meister Austria im Hoch, Rapid in der Krise ● „Herzilein" ist

Valdas Ivanauskas jubelt noch für Austria Wien, wechselt aber in die deutsche Bundeliga

Slowakische Bande erbeutete in NÖ 35 Millionen Schilling

Mord und Raub in Postwaggon wird nach drei Jahren geklärt

Einer der spektakulärsten Raubmorde der österreichischen Kriminalgeschichte ist geklärt: In der Slowakei werden im Juni 1993 vier Männer verhaftet, die vor drei Jahren zwischen St. Pölten und Wien einen Postwaggon überfielen, einen Beamten erschossen und 35 Millionen Schilling erbeuteten.

Der unwahrscheinliche Reichtum des 42jährigen Slowaken Libor Oller, der in seinem Heimatland sogar eine erfolgreiche Wirtschaftspartei gründete und den seriösen Geschäftsmann hervorkehrte, macht die Kriminalisten stutzig: Woher hat der soviel Geld? In enger Zusammenarbeit mit ihren slowakischen Kollegen finden die Fahnder der NÖ-Kriminalabteilung die Antwort – Oller ist ein Ost-Mafia-Boß und Schwerverbrecher.

Auf sein Konto – und das seiner Komplicen, die ebenfalls verhaftet werden – geht nicht nur der Raubmord im ÖBB-Postwaggon, bei dem der 47jährige Chef der Begleitmannschaft mit einem Kopfschuß eiskalt hingerichtet wurde, sondern auch ein Raubüberfall auf einen Geldtransport im Jahr 1983 in der Wiener Innenstadt mit 1,8 Millionen Beute. Und der Riesendiebstahl in der Shopping City Süd bei Wien, nur ein Jahr später: Damals erbeutete die Bande zehn Millionen Schilling.

In diesem Waggon wurde der Postbeamte hingerichtet

der Topstar in der deutschen Bundesliga

Großes Köpferollen unter Fußballtrainern

In einem dramatischen Finish wird Austria Wien zum 21. Mal österreichischer Fußballmeister. Die „Veilchen" fangen gerade noch ihren favorisierten Salzburger Namensvetter ab und holen sich dank besserer Tordifferenz die Meisterschale. Erzrivale Rapid hingegen kommt nicht über Rang vier hinaus.

Daß auch ein Meistertitel kein Garant für einen Vertrag ist, muß Austrias Trainer Hermann Stessl, der zum viertenmal mit den Wienern Meister wird, zur Kenntnis nehmen. Der 52jährige erfährt schon Wochen vor dem Meisterstück, daß der neue Austria-Coach in der kommenden Saison Josef Hickersberger heißt.

Ähnlich ergeht es Walter „Schani" Skocik bei Innsbruck. Er wird kurz vor dem Cupfinale entlassen und ab Herbst durch den Deutschen Horst Köppel ersetzt. Skocik findet einen neuen Posten, und zwar beim LASK. Das große Trainer-Köpferollen setzt auch bei Rapid ein, das im Cupfinale Innsbruck mit 1:3 unterliegt.

Gustl Starek muß seinen Hut nehmen, die Hütteldorfer holen den früheren Teamkeeper Hubert Baumgartner. Einen Ex-Austrianer also, während Meistermacher Stessl bei Rapid wegen seiner violetten Vergangenheit nicht gefragt ist. Verrückte Fußballzeiten ...

Verrückt sind die Deutschen nach Andi „Herzilein" Herzog. Der Ex-Rapidler wird als Mittelfeld-Regisseur mit Werder Bremen Meister und von Sportjournalisten in das „Bundesliga-Team des Jahres" gewählt.

MEISTERRUNDE

(in Klammer die Plazierung der vorigen Runde)

1.	(1)	Austria	36	22	6	8	81	35	36
2.	(2)	Salzburg	36	20	10	6	69	33	36
3.	(5)	Admira	36	17	6	13	72	54	28
4.	(3)	Rapid	36	15	10	11	53	51	27
5.	(4)	Innsbruck	36	14	12	10	63	43	26
6.	(6)	St. Pölten	36	9	16	11	51	61	23
7.	(7)	Sportklub	36	14	8	14	47	67	23
8.	(8)	Steyr	36	10	9	17	37	53	18

◄ In einem dramatischen Finish holt Austria Wien die Salzburger ein und wird dank der besseren Tordifferenz noch Meister.

Cher in ihrer Silikon-Ära: Sehr sexy und äußerst freizügig

„Krone" hatte gewarnt: Einsatz zu gefährlich

30 tote Blauhelme in Somalia

Am 13. Oktober 1992 hatte die „Krone" eindringlich vor Plänen gewarnt, österreichische UNO-Blauhelme in das afrikanische Räubernest Somalia zu schicken. Worauf das Projekt einer österreichischen Beteiligung gestoppt wurde.

Im Juni 1993 zeigt sich auf traurige Weise, daß die Entscheidung richtig war: Somalische Räubermilizen locken UN-Soldaten in eine Falle und richten ein Blutbad mit 30 Toten und mindestens 70 Verletzten an – das größte in der Geschichte der UNO.

Superstar läßt alle Silikon-Kissen entfernen

Sexy Cher: Schönheit ade!

Jahrelang ließ sich Superstar Cher durch chirurgische Eingriffe verjüngen und verschönern. Im Juni bekommt die 47jährige plötzlich Angst vor den Geistern, die sie rief. Die Schauspielerin und Sängerin läßt alle ihre eingepflanzten Silikonkissen entfernen, weil sie fürchtet, diese könnten im Körper zerplatzen.

Das ernüchternde Ergebnis in den Worten des US-Schönheitschirurgen Jerome Craft: „Seitdem hängt ihr Kinn wie ein Sack aus Fett und Fleisch, ihre Haut ist ausgeleiert."

Franz Antel, Casanova und Starregisseur, feiert den „80er"

Verliebt, verlobt, verheiratet

Der Antel und die Frauen: Zehn haben in seinem Leben – nach eigener Aussage – eine Hauptrolle gespielt. Mit vieren war er verheiratet, zwei hat er schon überlebt. Eine ist, wieder nach eigenen Angaben und ohne Gewähr, seit zwölf Jahren seine Geliebte. Am 28. Juni 1993 wird der Starregisseur und Super-Casanova 80 Jahre alt – und denkt nicht daran, sich in Sachen Liebe zur Ruhe zu setzen. Ganz im Gegenteil! Im Interview mit „Krone"-Redakteurin Conny Bischofberger läßt er eine (Sex-)Bombe platzen: „Ich werde 1994 wieder heiraten." Sibylla heißt die Auserwählte, mit der er bereits elf Jahre verheiratet war. Ehe es zur Scheidung kam, weil Antel sich ein 21jähriges Model angelacht hatte. Sibylla, damals Ehefrau Nr. 4, wird also bald „ihre eigene Nachfolgerin" als Ehefrau Nr. 5.

Ob eigentlich alles wahr ist, was über den unverbesserlichen Schürzenjäger so gemunkelt wird? Schließlich gibt es ja die Anekdote vom Antel, der mit Damenschuhen im Gepäck reist, die er vor seine Hotelzimmertür stellt, damit die andern glauben ... Das Geburtstagskind: „Natürlich hat es viele gegeben. Aber wirklich wichtig waren nur – zehn."

Durften bei der Geburtstagsfeier nicht fehlen: Helmut Zilk und Wiens First Lady Dagmar Koller ▼

14 Todesopfer und 550 teils schwer Verletzte

Blutige Pfingst-Bilanz auf dem Schlachtfeld Straße

14 Todesopfer und 500 zum Teil schwer Verletzte – das ist die blutige Opferbilanz im Pfingst-Verkehr 1993. Schuld sind einmal mehr Raserei und Trunkenheit am Steuer. Der schrecklichste Unfall ereignet sich in Wien. Mit einem Mercedes 500, den er sich für eine Spritztour mit seiner 30jährigen Schwester ausgeborgt hat, rast ein 29jähriger mit 150 km/h zur Auffahrt der Westautobahn. In einer Kurve verliert er die Herrschaft über das Luxusauto und kracht mit voller Wucht gegen einen Lichtmast. Der Mann wird aus dem Wagen geschleudert und ist sofort tot. Seine Schwester stirbt eingeklemmt im brennenden Wrack.

Zwei Todesopfer forderte dieser schreckliche Unfall im Westen Wiens

Krone-Chronik Juni '93

- Thomas Muster gewinnt das ATP-Tennisturnier von Florenz, scheidet aber in Wimbledon ebenso wie Landsmann Alexander Antonitsch bereits in Runde 1 aus. Für Judith Wiesner ist in Runde 2 Endstation.
- Die USA greifen in der Nacht die Geheimdienstzentrale des Irak in Bagdad mit Raketen an. Der Militärschlag gilt offiziell als „Strafe" für ein angebliches Mordkomplott Saddam Husseins gegen den früheren US-Präsidenten George Bush.
- Moskaus berühmtes Warenhaus, das „GUM", feiert im Juni 1993 sein 100-Jahr-Jubiläum.
- Im Mittelpunkt eines Bestechungsskandals steht in Frankreich der Fußball-Europacupsieger der Landesmeister Olympique

Bombenterror in türkischen Hotelanlagen

Das Urlauberparadies Türkei, wo Jahr für Jahr bis zu 300.000 Österreicher ihre Ferien verbringen, wird im Juni 1993 von einem blutigen Bombenterror erschüttert. In der Hafenstadt Antalya detonieren in der Nacht drei Sprengsätze in der Nähe von Hotelanlagen. 23 Menschen, unter ihnen zwölf Touristen, werden verletzt.

Hinter dem Attentat, dem noch einige folgen sollen, steckt die linksextremistische kurdische Terrororganisation PKK. Deren Ziel es ist, den Tourismus, die Haupteinnahmequelle der Türkei, zu zerstören. Die Fanatiker aus Anatolien hatten die Anschläge im Frühjahr angekündigt. Ihre Warnung wurde allerdings nur von wenigen Experten ernst genommen.

Marseille. Ein entscheidendes Spiel soll „gekauft" worden sein.

● Opernstar Hans Beirer, der letzte der großen Wagner-Tenöre der Nachkriegszeit, ist tot. Der gebürtige Wiener Neustädter stirbt 82jährig in Berlin.

● Der steirische Großindustrielle Dr. Franz Mayr-Melnhof stirbt in Italien nach einem fürchterlichen Unfall, bei dem sein Ferrari in Flammen aufgeht. Sein riesiges Erbe – ein Firmenimperium und Grundstücke so groß wie halb Vorarlberg – tritt Melnhofs ältester, aber erst 17jähriger Sohn an.

● Franz Vranitzky wird beim Bundesparteitag mit 97 Prozent der Delegierten-Stimmen als SPÖ-Chef bestätigt. Die wichtigsten Ergebnisse der Tagung: Künftig dürfen auch Nicht-Parteimitglieder auf der SP-Liste kandidieren und die Mitgliedsbeiträge werden ab 1995 von 45 auf 50 Schilling erhöht.

Sie gilt als Deutschlands prominenteste Prostituierte, tritt in TV-Shows auf, Bücher wurden über sie geschrieben. Jetzt wird Domenicas Leben verfilmt. Am Rande der Dreharbeiten

Domenicas Leben wird verfilmt

verrät die 49jährige, die sich neuerdings um Heroinsüchtige kümmert, ihren größten Wunsch: „Ich hätte gerne einen Partner. Aber welcher Mann ist so stark, sich zu einer Hure zu bekennen?"

Keine Impfung! ● Unglaubliche Schlamperei beim Bundesheer

Zeckenbiß: Soldat ringt mit Tod

Bei einer Truppenübung in Oberösterreich wird ein 20jähriger Soldat von Zekken gebissen – und ringt mit dem Tod. Der junge Mann liegt mit einer Gehirnhautentzündung im Koma und wird – falls er überhaupt überlebt – schwerste Schäden davontragen.

Vier Tage vor der verhängnisvollen Übung unterschreibt der Soldat noch eine Erklärung, sich beim Bundesheer gegen Zecken impfen zu lassen. Weil er weiß, daß der Übungsplatz bei Treffling mit den gefährlichen Blutsaugern verseucht ist. Der Skandal: Die jungen Wehrmänner werden ohne Impfung losgeschickt, weil die Verantwortlichen des Bundesheeres die lebenswichtige Vorbeugung um Wochen hinauszögern.

Mehr noch: Als bei dem 20jährigen Anzeichen einer Infektion auftreten – Kopfweh, Mattigkeit – wird er von Ausbildnern sogar „Simulant" geschimpft . . .

Gesetzesflut: Wer kennt sich aus?

Eine wahre Gesetzesflut mit unleserlichen Texten droht Österreichs Bürger zu erdrücken. So explodierte das Bundesgesetzblatt um weitere 5044 auf nunmehr insgesamt 120.000 Seiten! Wer kennt sich da noch aus? Niemand, geben sogar Experten zu. Und fordern ein „Ausmisten".

Nachbar erschießt Mutter und Kind

In Leonding (OÖ) erschießt ein 59jähriger seine 29jährige Nachbarin und deren 13jährige Tochter mit einem Kleinkalibergewehr. Wie sich herausstellt, hat er den Doppelmord minutiös geplant. Das Motiv: Die Frau war dahintergekommen, daß er das Kind sexuell mißbraucht hat.

UN-Gipfel wird zum

● Die Menschenrechtskonferenz in Wien wird Desaster
● Ein Eklat jagt den anderen, Dalai Lama brüskiert
● Tonnenweise Papier, aber keine politischen Erfolge

Milliardenteurer Gipfel in Wien – ein weltpolitisches Desaster

Zu einem weltpolitischen Trauerspiel entwickelt sich die UN-Menschenrechts-Konferenz in Wien: US-Außenminister Christopher reist nach sechs Stunden ab, Ex-Präsident Jimmy Carter wird niedergebrüllt, die Chinesen lassen den Dalai Lama aussperren und drohen Österreich, Arafat erklärt Israel den „Krieg". Die ernüchternde Bilanz nach einer Woche: Tonnenweise sinnloses Papier und verschleuderte Steuermilliarden.

Die entscheidenden Stationen des UN-Gipfels, der zum Gipfel der Peinlichkeiten wird:

● Bereits im Vorfeld der eigentlichen Konferenz tagen unabhängige Menschenrechtler im Austria Center vor der UNO-City. Also Vertreter von Minderheiten, die keiner Regierung angehören. Dabei kommt es zum ersten Eklat: Ein Vertreter des „Jüdischen Weltkongresses" schneidet einer Exil-Palästinenserin einfach das Wort ab.

● UNO-Generalsekretär Boutros-Ghali versichert in Gesprächen mit österreichischen Regierungsvertretern, daß Wien auch künftig ein wichtiger UNO-Sitz bleiben wird, vergißt aber nicht, über die katastrophale finanzielle Lage seiner Organisation zu jammern. Außerdem erklärt Boutros-Ghali, daß das Bosnien-Drama kein „Gipfelthema" sei.

● US-Außenminister Warren Christopher besteht darauf, als erster vom Rednerpult Sprüche klopfen zu dürfen, obwohl vorgesehen ist, daß die Termine fair ausgelost werden. Andernfalls würde er nicht kommen. Der Amerikaner darf als erster reden – und bedankt sich damit, daß er nach sechs Stunden wieder abreist!

● Völlig daneben geht der Auftritt von Ex-US-Präsident Jimmy Carter. Er wird von unabhängigen Menschenrechtlern einfach niedergebrüllt – und wirft entnervt das Handtuch.

● Dann bricht zwischen den offiziellen Regierungsvertretern ein offener Streit um den Dalai Lama aus. Die UNO hat das geistliche

„Krone"-Redakteur Claus Pándi mit Waldheim und Boutros-Ghali

blick punkt

KURT SEINITZ

Außer Spesen . . .

Gestern „Rio", heute „Wien": Eine Seuche bedroht die Welt – Monstergipfeltreffen! Welch innerer Zwang treibt Politiker zur Inszenierung solcher Zirkusveranstaltungen, deren magere Ergebnisse in keinem Verhältnis zu ihrem Aufwand stehen?

Ist es nur die Furcht, ja keinen Medienauftritt zu versäumen? Hätte uns China nicht das „Geschenk" des Dalai-Lama-Wirbels gemacht, die Wiener Menschenrechtskonferenz wäre in der internationalen Berichterstattung nicht einmal eine Fußnote gewesen.

Ist es nur die Verlockung, sich in den Scheinwerfern des Konferenzsaales zu sonnen? Ihre bedeutungslosen Plastik-Reden hätten die Politiker auch bei der Post abgeben können.

Ist es gar das Bemühen, die Welt zu verbessern? Die Politiker sind doch keine Illusionisten! Der Gipfel-Flop stand von vornherein sowohl bei der Umweltkonferenz in Rio als auch bei der Menschenrechtskonferenz in Wien fest. So waren in Rio lediglich 24 Millionen (!) Seiten Papier produziert worden.

Und schon hetzt der Politiker-Medien-Wanderzirkus stressig zu den nächsten Gipfel-Spektakeln: „G 7 1/2" im Oktober in Wien.

Wer kann diese Inflation von Monstergipfeltreffen noch verbieten? Wer stellt diesen groben Unfug ab?

Erschienen am 19. Juni 1993

„Gipfel der Peinlichkeit“

◀ *PLO-Chef Jassir Arafat und der russische Außenminister Andrej Kozyrev (Bild links): „Wir werden kämpfen, bis unsere Flagge über Jerusalem weht!“ Wirbel um den Dalai Lama, das geistliche Oberhaupt Tibets: Von der UNO auf Druck Chinas ausgesperrt, von der österreichischen Regierung eingeladen (Bild rechts)* ▶

Oberhaupt Tibets auf Druck Chinas von der Konferenz ausgesperrt, der Dalai Lama kommt aber trotzdem nach Wien. Und zwar als Staatsgast Österreichs. Unter dem Jubel Tausender Menschen hält er eine Rede im Donaupark. China, in Sachen Menschenrechte alles andere als ein Vorbild, rächt sich an unserer Regierung mit der Androhung wirtschaftlicher Sanktionen.

● Wegen des Dalai Lama wird auch die Eröffnungsfeier zu einem Desaster: Alle eingeladenen Friedensnobelpreisträger boykottieren die Veranstaltung aus Protest gegen die Aussperrung.

● PLO-Chef Jassir Arafat steigert sich in seiner Rede in einen wahren Befreiungsrausch, der in einer „Kriegserklärung“ an Israel gipfelt: „Wir werden kämpfen, bis unsere Flagge über Jerusalem weht.“ Die Israelis verlassen demonstrativ den Konferenzsaal.

● Und zu schlechter Letzt droht der Gipfel zu platzen, weil die Diktatur-Staaten die unabhängigen Menschenrechtler von der Arbeit an den Resolutionen ausschließen. Österreichs Außenminister Mock verhindert mit viel Diplomatie den Skandal und bringt doch noch alle an einen Tisch. Und so gibt es schließlich ein – wenn auch völlig wertloses – Abschlußpapier. Die Kosten des Monstertreffens: 150 Milliarden Schilling . . .

Niedergebrüllt: Jimmy Carter

Skandal: Frau muß nackt zum Führerscheintest

Aufregung herrscht in der Stadt Salzburg, nachdem bekannt wird, daß sich eine Brillenträgerin beim amtsärztlichen Sehtest für die Verlängerung des Führerscheines entblößen mußte. Die Polizei rechtfertigt sich: „Bei Nachuntersuchungen muß der gesamte körperliche Zustand überprüft werden.“

Eine ÖBB-Beamtin, deren Führerschein wegen einer Sehschwäche befristet war, fühlte sich zutiefst erniedrigt, reichte Beschwerde ein und brachte den Stein ins Rollen. Sie mußte sich auf Aufforderung des Amtsarztes bis auf den Slip entblößen. Als der „Obenohne-Skandal“ bekannt wird, nimmt der Chef der Präsidialabteilung der Salzburger Polizei den Mediziner in Schutz. Obwohl es einen Erlaß des Ministeriums gibt, wonach sich Amtsärzte ausschließlich auf das eigentliche Gebrechen zu konzentrieren haben. Was in diesem Fall wohl kaum möglich war.

Streisand und Agassi: Liebe auf den 1. Blick

„Im Leben gibt es süße Rätsel, unsere Liebe ist eines davon. Ich kann sie nicht erklären, Barbra vielleicht auch nicht. Wir kamen aus verschiedenen Welten, wir trafen aufeinander und wollten sofort zusammenbleiben", so schildert André Agassi seine Liebe zu Barbra Streisand. Der 23jährige US-Tennisstar spricht erstmals offen über seine Affäre mit der 51jährigen Schauspielerin, Sängerin und Regisseurin. Daß die Öffentlichkeit diese Liebe für eine Marotte der exzentrischen Miß Streisand hält, deren Sohn drei Jahre älter als ihr Geliebter ist, stört Agassi nicht. Das Glück, das das Tennis-As in der Liebe gefunden hat, fehlt im dann beim Spiel in Wimbledon: er kann seinen Titel nicht verteidigen.

Tennisstar André Agassi liebt Barbra Streisand. 28 Jahre Altersunterschied sind im „ganz egal".

Arbeitnehmer und Firmen zahlen weniger an das Finanzamt

Steuerreform bringt ein Plus von fast 4000 Schilling netto im Jahr

„Rechtzeitig" vor dem Wahlkampfjahr 1994 präsentiert die Regierung im Juni 1993 ihre große Steuerreform. Sie bringt allen Arbeitnehmern eine Steuerersparnis von 3840 Schilling. Die Unternehmer profitieren vom Wegfall der Gewerbe- und Vermögenssteuer. Einnahmenentfall fürs Budget: 17 Milliarden!

Durch die Anhebung des allgemeinen Steuerabsetzbetrages um 3840 Schilling erhalten alle Arbeitnehmer monatlich um 320 Schilling mehr. Einkommen bis 11.500 Schilling werden überhaupt (lohn)steuerfrei sein. Für Gehälter, die darunter liegen, gibt es zusätzliche „Ausgleichszahlungen": So können mit dem Jahresausgleich bis zu zehn Prozent der geleisteten Sozialversicherungsbeiträge rückerstattet werden.

Das Positivste an der Reform ist, daß wirklich alle profitieren. So wurde auch ein umfangreiches Paket zur Entlastung der Unternehmer geschnürt, um dem Wirtschaftswachstum wieder auf die Sprünge zu helfen. Gänzlich abgeschafft werden die ungeliebte Gewerbesteuer, die Vermögenssteuer (auch für Private!) und das Erbschaftssteueräquivalent.

Um den Einnahmenentfall fürs Budget von 28 auf 17 Milliarden Schilling zu reduzieren, werden freilich auch Steuern angehoben, etwa die Körperschafts- und Lohnsummensteuer.

Karl Kahane: Tod in Venedig

Österreichs reichster Mann, der Industrielle Karl Kahane, erliegt am 28. Juni 1993 in Venedig einem Herzanfall. Das Vermögen des Paradeunternehmers wird auf rund 24 Milliarden Schilling geschätzt.

Das riesige Erbe – Kahane hinterläßt zwei Töchter und seinen Sohn Alexander – umfaßt die Industrieunternehmen Jungbunzlauer und Terranova, das Bankhaus Guttmann und zahlreiche Beteiligungen. Sein gewinnträchtigster Coup war der Erwerb der Mehrheit an der Veitscher Magnesit um rund 800 Millionen Schilling, die er wenige Jahre später um das Drei- bis Vierfache weiterverkaufte.

Der Rat des Parade-Unternehmers hatte internationales Gewicht. Bruno Kreisky zählte ebenso zu seinen Freunden wie der später ermordete ägyptische Präsident Sadat.

Multimilliardär Karl Kahane

Amokläufer mit Pumpgun kidnappt zwei Autofahrer und erschießt seinen Schwager

Neunstündige Jagd nach Geiselgangster

Neun Stunden jagen Sondereinheiten der Exekutive in der Nacht zum 20. Juni einen Geiselgangster, der nach einem Streit mit einem Hausmeister Amok läuft: Zwei Autofahrer kidnappt, seinen Schwager mit einer Pumpgun erschießt und den Gendarmen ein Feuergefecht liefert. Im Morgengrauen wird er überwältigt.

Als der 32mal vorbestrafte Adolf Ch. von einer Zechtour zurückkommt und der Hausbesorger seiner Wohnung in Wien-Brigittenau nicht gleich aufsperrt, dreht der 110 kg-Riese durch. Er tritt die Tür ein, setzt dem Hauswart den Lauf einer Pumpgun an die Kehle und bedroht ihn mit dem Umbringen. Als der Mann um Hilfe schreit, knüppelt ihn der Gewalttäter nieder.

Dann läuft der Irre auf die Straße und nimmt einen Lenker als Geisel. Mit dem Gewehr im Anschlag zwingt er sein Opfer nach St. Pölten zu fahren. Bei einer Tankstelle kidnappt der Verbrecher einen weiteren Autofahrer und rast mit ihm zum Haus seiner Schwester. Weil ihn sein Schwager abwimmeln will, erschießt er den sechsfachen Familienvater kaltblütig und fährt mit seinem Gefangenen davon.

Erst nach einer halsbrecherischen Verfolgungsjagd und wildem Schußwechsel mit der Gendarmerie bleibt das Auto auf einer Böschung stecken. Eine Hubschrauberbesatzung entdeckt den Amokläufer in einer Au bei Obergrafendorf (NÖ), und Männer der Sondereinheiten überwältigen ihn.

Der Geiselgangster wurde von 190 Gendarmen gejagt und gefaßt

Grand Prix der Volksmusik wird zum „Kasperltheater“

In einem totalen Chaos endet der Grand Prix der Volksmusik in Rostock. Nach einem Computerausfall bei der Stimmenwertung sind die ZDF-Verantwortlichen hilflos und lassen die drei Präsentatoren allein im Regen stehen. Zum vollen Erfolg hingegen wird das „Woodstock der Volksmusik“ in Schäffern (NÖ).

▲ Musikantenstadl-Präsentator Karl Moik kann sich wegen der Pannen beim „Grand Prix der Volksmusik“ in Rostock seine Kritik nicht verkneifen. Umjubelte Stars beim „Woodstock der Volksmusik“: Das Stoakogler Trio ▶

„Jetzt schaut's schon langsam aus wie im Kasperltheater“, ätzt Karl Moik. Trotz zahlreicher Pannen beim Volksmusik-Preis wird der 21. Juni für Österreich dennoch ein großer Tag. Die „Jungen Klostertaler“ aus Vorarlberg landen mit dem Lied „An a Wunder hob i glaubt“ nicht ganz überraschend auf Platz eins. Die „Gschwandtner Buam“ aus Gmunden werden hinter den „Geschwistern Hoffmann“ aus Deutschland Dritte. Schon ganz im Rostocker Grand-Prix-Fieber werden die Sieger und das „Stoakogler Trio“ beim „Woodstock der Volksmusik“ in Schäffern von den tobenden Fans gefeiert.

Richter: „Woody Allen ist unzuverlässig"

Mia triumphiert im Sorgerechts-Prozeß

◀ *Mia: „Bin stolz auf meine Kinder, die zueinander und zu mir gehalten haben." Woody Allen: Darf seine Tochter nur unter Aufsicht sehen.* ▼

„Sie sind selbstsüchtig, unzuverlässig und haben keinerlei elterliche Kenntnisse." Mit diesen Worten lehnt Richter Elliott Wilk Woody Allens Anspruch auf das Sorgerecht für dessen fünfjährigen Sohn Satchel und die beiden Adoptivkinder mit Mia Farrow, Tochter Dylan (7) und Sohn Moses (15), ab.

Außerdem bekommt der Star-Regisseur die Kinder künftig kaum zu sehen. Moses lehnt jeden Kontakt ab, Dylan darf Woody nur unter Aufsicht eines Psychiaters besuchen. Für seinen Sohn Satchel werden Allen nur drei zweistündige Treffen pro Woche zugesprochen.

Siegerin des schmutzigen Sorgerechts-Prozesses ist Allens Ex-Lebensgefährtin, die Schauspielerin Mia Farrow. Zwar konnte sie ihre Behauptung, Woody habe Dylan und Satchel sexuell mißbraucht, nicht beweisen, dennoch triumphiert sie: „Ich bin stolz auf meine Kinder, die zueinander und zu mir gehalten haben."

Fünf Schüsse auf Lehrerin in Tirol

Eifersuchtsdrama vor einer Schule in Wörgl (Tirol): Weil sich eine 32jährige HAK-Professorin für ihren Ehemann entschied, dreht ihr 46jähriger Freund durch und feuert nach Unterrichtsschluß fünf Schüsse auf sie ab. Danach will er sich selbst richten. Beide werden schwer verletzt.

Alle 15 Sekunden eine AIDS-Infektion

Mit erschütternden Statistiken wird in Berlin der 9. Internationale AIDS-Kongreß eröffnet: Weltweit kommt es alle 15 Sekunden zu einer Infektion. Etwa 14 Millionen Menschen haben das tödliche Virus im Blut, im Jahr 2000 werden es 40 Millionen sein.

Japans Kronprinz heiratet Diplomatin

Tradition wird großgeschrieben, als der japanische Kronprinz Naruhito (33) die 29jährige Diplomatin Masako Owada heiratet. Im Kaiserpalast in Tokio legt das Paar sein Eheversprechen vor der Sonnengöttin Amaterasu ab. Zudem werden 30.000 Gesetzesbrecher begnadigt.

Alarmierende Zahlen, negative Tendenz ist stark steigend:

Schon mehr als 400.000 wegen Krankheit in der Frühpension

Das sind Daten, die speziell bei Gesundheitspolitikern und Krankenversicherern Alarm auslösen: Im Juni 1993 überschreitet die Zahl jener Österreicher, die wegen Invalidität, Berufs- beziehungsweise Erwerbsunfähigkeit in Frühpension gehen müssen, erstmals die 400.000er-Grenze. Die Tendenz: stark steigend . . .

So sind zwar in den vergangenen Jahren die vorzeitigen Alterspensionen wegen Arbeitslosigkeit oder langer Versicherungsdauer zurückgegangen, Frühpensionen wegen Krankheit jedoch seit 1988 um 40.000 (das sind elf Prozent) auf mehr als 400.000 angestiegen. Insgesamt stehen per Juni 513.942 Frühpensionen 709.163 Alterspensionen (Frauen ab dem 60. und Männer ab dem 65. Lebensjahr) gegenüber.

Das bedeutet, daß von gesamt 1,223.105 Eigenpensionen bereits 42 Prozent Frühpensionen sind.

Diese alarmierende Zahl läßt die Forderung nach einer Verstärkung der Vorsorgemedizin, wirkungsvollen Maßnahmen gegen „krankmachende" Arbeitsplätze und den Ausbau der Rehabilitationsmöglichkeiten laut werden. Die Krankenversicherer wiederum meinen, daß Berufstätige auch selbst mehr auf ihre Gesundheit achten müßten . . .

Die Höhepunkte des 10. Insel-Spektakels: Superkonzerte mit Falco und Italo-Rockerin Gianna Nannini plus Riesenfeuerwerk

Krone-Chronik Juni '93

- Sieger im Tennis-GP von Paris wird der Spanier Sergi Bruguera, der im Finale den Amerikaner Jim Courier besiegt. Thomas Muster scheidet im Achtelfinale aus.
- Weltweit wachsen die Befürchtungen, daß Funktelefone gesundheitliche Schäden bis hin zu Herzrhythmusstörungen verursachen. Seriöse wissenschaftliche Beweise gibt es aber nicht.
- Erstmals springt eine österreichische Leichtathletin über sieben Meter – und zwar Ljudmila Ninova in Sevilla (Spanien) mit 7,06 Metern.
- Der Brite James Hunt, Formel 1-Weltmeister 1976, stirbt in London an Herzschwäche.

2,2 Millionen Besucher ● Falco und Gianna auf „Krone"-Bühne

Bombenstimmung trotz trüben Wetters: Inselfest der Rekorde

Drei Tage ungetrübte Freude trotz trüben Wetters – das ist die Bilanz des Wiener Donauinsel-Festes 1993. Das größte Freiluft-Spektakel Österreichs feiert sein Zehn-Jahres-Jubiläum und lockt insgesamt 2,2 Millionen begeisterte Besucher an – nicht nur aus Wien, sondern aus ganz Österreich. Das ist ein Rekordergebnis.

Kein Wunder: Geben doch auf der „Krone"-Hauptbühne Weltstars wie Liedermacher Konstantin Wecker, Austro-Popstar Falco, und Italo-Rockerin Gianna Nannini ihre Superhits zum Besten.

Ein bereits traditioneller Höhepunkt ist natürlich einmal mehr das beeindruckende Riesenfeuerwerk. Für „Insel-Kaiser" Harry Kopietz, den geistigen Vater der Monsterparty, hat es eine ganz besondere Bedeutung: Das Insel-Fest ist zehn Jahre alt und jung zugleich. Es ist zur „Wiener Institution" gereift . . .

Auch Frauen sollen Zivildienst machen

Die Vertreter der österreichischen Offiziersgesellschaft sorgen für heftige Diskussionen: Sie fordern, daß in Anbetracht zunehmenden Wehrunwillens „zum Schutz des Heeres" der Zivildienst von zehn auf 16 Monate verlängert wird und auch Frauen herangezogen werden.

ORF-Konkurrenz: Neue Privatsender

Bitter für den unter chronischem Seherschwund leidenden ORF, schön für alle Kabel-TV-Konsumenten: Das Programmangebot im Süden und Osten Österreichs wird um den Popsender „MTV", den Nachrichtensender „ntv" und das Kulturprogramm „arte" kräftig erweitert.

Krone-Chronik Juni '93

● Am selben Tag (5. Juni), als eine 19jährige Innsbruckerin vergewaltigt wird, fällt ein Tiroler Gericht ein exemplarisches Urteil: Ein 23jähriger Mann, der eine Bekannte am Heiligen Abend mißbraucht hatte, wird zu fünf Jahren Haft verurteilt.

● Im wahrsten Sinne des Wortes Feuer fängt Dagmar Koller in Kärnten. Bei Dreharbeiten zu „Hochwürden erbt das Paradies", entzünden sich Haarteile einer Perücke der Gattin des Wiener Bürgermeisters an der Flamme einer Kerze. Der „Brand" wird rasch gelöscht.

__Bussi, Bussi__ zum 75er: Gunther Philipp, der flotte Jubilar ist ja ans „Damenroulette" gewöhnt. Im Gespräch mit Roman Schliesser verrät der promovierte Psychiater, sechsfache Schwimmeister und Rennsport-Staatsmeister, daß er eigentlich gar nicht mit den Ohren wackeln kann: „Beim Film ham schon viele aufgrund der Beweglichkeit eines Körperteils Karriere g'macht. Zum Glück war's bei mir die Kopfhaut. Es sind ja nicht die Ohren, die wackeln."

Mord an Wiener Prominentenwirt

Vor den Augen seiner Lebensgefährtin wird der Wirt des Wiener Prominenten-Lokales „Hebenstreit" erschossen. Miguel Cespedes (43) ist gerade bei der Abrechnung, als ein Räuber in das Cafe stürmt und auf ihn feuert. Aufgrund eines Computer-Phantombildes wird der 46jährige Ungar Istvan St. als mutmaßlicher Mörder verhaftet.

Jörg Haider beim Papst in Rom

Jörg Haider wird von Papst Johannes Paul II. zu einer Privataudienz empfangen. Der Heilige Vater redet über die Europapolitik und die Situation am Balkan, die er sehr pessimistisch beurteilt. Angesprochen auf die Situation der Kirche in der Alpenrepublik erklärt der FP-Chef: „Die österreichische Kirche ist in ganz guten Händen."

Sechs Elefanten vor dem Ertrinken gerettet

Mit einer Tiertragödie endet beinahe der „Freigang" von sechs Elefanten des „Österreichischen Nationalcircus" im steirischen Fürstenfeld: Als sich die Dickhäuter im Feistritz-Bach abkühlen wollen, versinken sie im Schlamm und drohen zu ertrinken. Binnen Minuten stecken die tonnenschweren Tiere einen Meter, also bis zum Bauch, im Sumpf. Während fünf Elefanten von der Feuerwehr rasch gerettet werden können, droht der drei Tonnen Koloß „Sharon" vor den Augen des Zirkus-Betriebsleiters Jacki Althoff im Morast unterzugehen. In einem dramatischen Wettlauf um das Leben des neun Jahre alten Tieres, von dem bald nur noch der Rüssel zu sehen ist, gelingt es den Einsatzkräften dem hilflosen grauen Riesen einen Bergegurt anzulegen. Mit Hilfe eines Krans kann „Sharon" schließlich aus der Feistritz gehievt werden.

Wettlauf auf Leben und Tod der im Schlamm versunkenen sechs Elefanten

GEISELDRAMA

Polizistenmörder starb im Kugelhagel

Lit 2400,- / Dr 400,- / TL 15.000.- / Ft 120,- / HrD 3300,- / SIT 140,- Pts 210,- / Kanar. Inseln Pts 240,- / DM 3,- / sfr 2,70 / KC-SK 20.-

Dienstag, 15. Juni 1993 / Nr. 11.882, S 8,-

7 Seiten in Wort und Bild

Neue Kronen Zeitung UNABHÄNGIG

Wien 19, Muthgasse 2, Telefon 36 01-0

• Straßenschlacht nach Bankraub und Geiselnahme in Wien-Döbling

***Erschossen** wurde dieser Polizist in Wien-Döbling von einem Bankräuber auf der Flucht. Dann lief der Verbrecher in ein Kindermodengeschäft und brachte vier Menschen in seine Gewalt. Nach sechseinhalb Stunden töteten Alarmeinheiten den Geiselnehmer.*

Foto Andi Schiel

Muster schafft Tennis-Hattrick

15. Turniersieg für Thomas Muster! Gegen den Spanier Burillo holte er sich mit 6:1, 7:5 in 68 Minuten zum dritten Mal hintereinander das ATP-Turnier von Florenz. Ein Tennis-Hattrick! (Sport)

Dalai-Lama darf reden

Wien. – Überraschende Wende in der Dalai-Lama-Affäre: Das tibetische Oberhaupt darf nun doch anläßlich des UNO-Menschenrechtsgipfels seine Rede halten (S. 3).

Das „Geiseldrama von Döbling" hält Österreich sechs Stunden in Atem. Unter Einsatz seines Lebens gelingt es einem Kripo-Oberst, vier Frauen aus der Gewalt des Polizistenmörders zu befreien.

Blutiger Schauplatz des Geiseldramas: Hinter Autos und Hauseingängen verschanzt, belagern Scharfschützen der Sondereinheit „Wega“ das Kindermodengeschäft „Mary“ mit dem Polizistenmörder. Die Döblinger Hauptstraße wird weiträumig abgeriegelt.

Polizistenmörder jagt

Der getötete Gerhard Rippl (26), mit Leib und Seele Polizist

Bankräuber erschießt einen Polizisten ● Nach Bluttat mit vier Geiseln verschanzt ● Drama endet mit wildem Feuergefecht

Kaltblütig schießt ein Bankräuber auf der Flucht einen Polizisten in Wien-Döbling auf offener Straße nieder. Während der ins Herz getroffene Beamte zusammenbricht, stürmt der Verbrecher in ein Kindermodengeschäft und nimmt drei Frauen und ein sechsjähriges Mädchen als Geiseln. Als Funkstreifenbeamte ihrem Kollegen zu Hilfe kommen wollen, schießt der Kidnapper auf die Straße.

Passanten flüchten sich in Hauseingänge und sind dann dort „gefangen“. Die Gegend wird hermetisch abgeriegelt. Der Maskierte verlangt eine Million, einen Fluchtwagen und freies Geleit. Verhandlungsleiter Oberst Maringer redet gerade mit dem Unbekannten, als das Gespräch zu kippen droht: Aus dem Radio erfährt der Geiselgangster, daß der angeschossene Polizist gestorben ist. – Nun hat er nichts mehr zu verlieren.

Maringer schafft die präkere Situation dennoch. Es gelingt ihm, daß der Mann die Mutter und ihr Kind freiläßt. Nach stundenlangen Telefonaten scheint es, als ob das Geiseldrama unblutig enden würde. Der Kidnapper läßt auch die beiden Frauen frei. Doch schon im nächsten Moment feuert er auf den Kriminalisten. Ein Schutzengel rettet dem Polizeioberst das Leben: Das Projektil bleibt im Mobiltelefon, das er in der Brusttasche hat, stecken. Sekunden später durchsieben Scharfschützen die Auslagenscheibe, um ihrem Kollegen Feuerschutz zu geben. Der Geiselgangster, der vorzeitig aus der Haft entlassene Schwerverbrecher Robert Sedlacek (41), jagt sich selbst eine Kugel in den Mund und stirbt.

Oberst Maringer bricht zusammen. Das Mobiltelefon (kl. Bild) rettet ihm das Leben. Ein Projektil bleibt in der Tastatur stecken.

Entsetzt, geschockt: Nach 2 Stunden läßt der Geiselgangster die ersten beiden Geiseln, eine Mutter mit ihrer 6jährigen Tochter, frei

Die Auslagenscheiben: Mit 1400 Kugeln durchsiebt, um den verletzten Oberst im Feuerschutz aus der Schußlinie holen zu können

sich Kugel in den Kopf

Dramatische Szenen kurz nach dem Überfall: Polizisten feuern auf den Bankräuber. Neben ihnen liegt ihr sterbender Kollege, der den Schwerverbrecher stellen wollte.

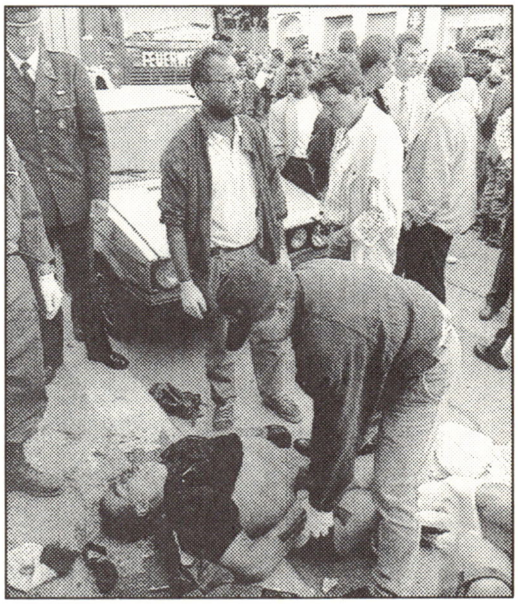

Der Polizistenmörder und Geiselgangster richtet sich mit einem Schuß in den Mund selbst.

Rainhard Fendrich übernimmt von Rudi Carrell die Moderation der TV-Kupplungsserie „Herzblatt" – und findet, wie sein schelmisches Lächeln beweist, sichtlich Gefallen daran: „Ich bin froh, daß es in Zeiten der Scheidungs-Shows eine so positive Sendung gibt, in der Leute einander kennenlernen wollen."

Während Staatsschulden explodieren:

Jährlich 30 Milliarden Steuern hinterzogen

Finanzminister Lacina enthüllt in einer Anfragebeantwortung, wieviel Steuern jährlich in Österreich hinterzogen werden: 30 Milliarden Schilling! Gleichzeitig wird bekannt, daß unsere Staatsschulden erstmals die 1000-Milliarden-Grenze durchbrochen haben.

Von der FPÖ-Abgeordneten Helene Partik-Pablé in einer parlamentarischen Anfrage unter Druck gesetzt, kündigt Finanzminister Ferdinand Lacina im Juli 1993 eine „Aktion scharf" gegen Steuerhinterzieher, vor allem aber auch gegen Schwarzarbeiter und deren Auftraggeber an. Immerhin erreicht der Einnahmenentgang durch Steuerhinterziehung bereits fast die Hälfte des Budgetnettodefizits.

Gleichzeitig platzt eine weitere Bombe: Erstmals haben die Staatsschulden des Bundes die 1000-Milliarden-Grenze gesprengt und betragen exakt 1062 Milliarden Schilling. Auf jeden Österreicher, vom Säugling bis zum Urgroßvater, entfallen damit 127.000 Schilling Schulden.

Natürlich wird dadurch auch der Budget-Spielraum immer kleiner – denn der Staat muß allein für die Zinsen ein Fünftel (!) der Nettoeinnahmen aufwenden.

Mord kostet nur 25.000 Schilling

Seit dem Sturz der Kommunisten herrschen in Moskau die Gesetze der gefürchteten Russenmafia: In einem Interview erklärt ein Berufskiller, daß Rachemorde an Geschäftsleuten „nur" 25.000 Schilling kosten. 1992 gab es in Moskau 1500 Mordopfer.

Der Schaden beträgt gigantische 150

Ganze Städte stehen metertief unter Wasser, die Menschen müssen in den Supermärkten mit der Badehose einkaufen gehen.

Soldat tötet mit „schießendem Kuli" eine Salzburger Taxlerin

Ein 19jähriger Präsenzdiener aus Oberösterreich tötet in Salzburg eine bildhübsche 28jährige Taxifahrerin mit einem „schießenden Kugelschreiber", nachdem er sich von ihr zu einem entlegenen Schotterwerk chauffieren ließ.

Drei Tage nach der Tat wird der junge Soldat verhaftet und gesteht nach anfänglichem Leugnen das Verbrechen.

„Ich wollte vom Bundesheer abhauen und habe deswegen dringend Geld gebraucht", erzählt der gelernte Installateur im Verhör, „aber ich habe wirklich nur das Geld wollen. Töten: Das nie, niemals."

***Auf der Flucht** vor dem Matador versucht dieser kraftstrotzende Stier, sich mit einem gewaltigen Satz aus der Arena in den Zuschauerraum zu retten. Ein geistesgegenwärtiger Fotograf drückte genau in diesem dramatischen Augenblick auf den Auslöser seiner Kamera . . .*

„aaaaaa . . ." ist 1. im Telefonbuch

„aaaaaaaaaaaaaaaaaa" – nein, werte Leser, hier hat nicht der Druckteufel zugeschlagen. Vielmehr läßt ein Schlüsseldienst im deutschen Elmshorn sich gleich 18mal „a" als Firmennamen eintragen, um im Telefonbuch sicher an erster Stelle zu stehen.

Milliarden Schilling ● 8 Staaten zum Notstandsgebiet erklärt

Hochwasserkatastrophe in den USA fordert Hunderte Todesopfer

Eine Flutkatastrophe sucht im Juli 1993 acht Bundesstaaten im mittleren Westen der USA heim. Hunderte Menschen kommen dabei ums Leben, der Sachschaden beträgt gigantische 150 Milliarden Schilling.

Bedingt durch tagelange sintflutartige Regenfälle schwellen der Mississippi, der Missouri und Hunderte Nebenflüsse an und treten aus den Ufern. Insgesamt sind acht Bundesstaaten von verheerenden Überflutungen betroffen, weite Teile müssen zu Notstandsgebieten erklärt werden. In der Großstadt St. Louis in Missouri erreicht der Mississippi mit 14,1 Meter einen Rekordhöchststand und durchbricht im Norden zwei Dämme. Mehrere zum Glück bereits evakuierte Ortschaften werden überflutet. Dennoch fordern die enormen Wassermassen Hunderte Menschenleben und Zehntausende Verletzte.

Besonders hart trifft es Des Moines im US-Bundesstaat Iowa. Dort sind 250.000 Menschen ohne Trinkwasserversorgung, da die Überflutungen das Grundwasser verunreinigt haben.

Präsident Bill Clinton muß seinen Urlaub abbrechen und kehrt in die USA zurück, um die verzweifelten Menschen in den Katastrophengebieten zu besuchen.

Krone-Chronik Juli '93

- Heli Lantschner, Tiroler Abfahrtsweltmeister 1939, stirbt 84jährig.
- Mit einer Maschinenpistole stürmt ein 50jähriger eine Anwaltskanzlei in der US-Metropole San Francisco und richtet ein Blutbad mit neun Todesopfern an. Das Motiv: ein verlorener Prozeß.
- Ferrari engagiert mit dem Franzosen Jean Todt, der von Peugeot kommt, einen neuen Rennleiter. Niki Lauda bleibt weiterhin Kosulent.
- Deutsche Abgeordnete brüten in der Sommerhitze eine Schnapsidee aus: In einem Interview fordern sie ernsthaft, Spanien das Urlaubsparadies Mallorca abzukaufen.
- Zwei österreichische Fußballer landen in der deutschen Bundesliga: Peter Pacult bei 1860 München und Toni Polster beim 1. FC Köln.

Alpen-Rolls Royce. *Mit fünfzig Traum-Oldtimern der legendären „Silver Ghosts" starten deren Besitzer zu einer Reise in die Vergangenheit. Auf der gleichen Route wie im Jahre 1913 bestreiten die Fahrer der 80 Jahre alten Luxuskarossen die Alpenfahrt Wien-Salzburg-Lienz-Innsbruck-Klagenfurt und zurück in die Bundeshauptstadt.*

Milliardenschaden durch Ladendiebe

Handel, Sicherheitsexperten und Polizei schlagen Alarm. Die Zahl der Ladendiebstähle hat sich in zwei Jahren verdoppelt und erreicht 1993 die Schadenshöhe von acht (!) Milliarden Schilling. Hauptgrund: Die Russenmafia schickt professionelle Ladendiebe nach Österreich.

FP verläßt Liberale Internationale

Die FPÖ kommt ihrem Ausschluß aus der Liberalen Internationalen (LI) wegen angeblicher „nationalistischer Tendenzen" zuvor: Sie tritt vor der LI-Sitzung aus dem Dachverband aus. FPÖ-Abgeordneter Holger Bauer: „Die Ausschlußbegründung ist lächerlich und an den Haaren herbeigezogen".

Unglücksursache: Leichtsinn und Alkohol

Inn-Schleuse wird zur tödlichen Falle !

Eine Inn-Schleuse mit einer gefährlichen Wasserwalze wird für die Besatzungen von drei Raftingbooten im Unterengadin (Schweiz) zur Todesfalle: Neun Urlauber, darunter ein Österreicher, ertrinken in den Fluten, 17 Sportler werden verletzt. Die Ursachen: Leichtsinn, Alkohol und unzureichende Ausrüstung.

Mit drei für die Wildwasserfahrt ungeeigneten Schlauchbooten startet eine 26köpfige Urlaubergruppe am 11. Juli von Scuol aus eine feuchtfröhliche Raftingtour auf dem Inn. Ohne ortskundigem Bootsführer und mit zu wenigen Schwimmwesten und Sturzhelmen an Bord, lassen sich die Rafting-Amateure flußabwärts treiben. Ignorieren drei Fahrverbotstafeln und geraten in einer Schleuse in eine Wasserwalze - eine Art Strudel - aus der es kein Entrinnen mehr gibt. Im acht Grad kalten Innfluß werden Boote und Besatzung wie in einer riesigen Waschmaschine hin und her geschleudert.

Eine Mutter ist 20.000 S wert

Exakt 19.931 Schilling und 26 Groschen pro Monat - das ist der „Wert" einer zweifachen Mutter und Hausfrau. Volkswirtschaftlich gesehen und höchstgerichtlich abgesegnet. Zu diesem Urteil kommen die Obersten Richter. Geklagt hat ein Familienvater, dessen Gattin bei einem Verkehrsunfall getötet wurde und der deshalb eine Haushaltshilfe braucht. Da es in Österreich kein Schmerzensgeld für seelische Not gibt, klagt der zweifache Vater beim schuldtragenden Autofahrer und dessen Versicherung die Kosten der Haushaltshilfe ein. Die Versicherung lehnte ab, doch die Höchstrichter geben dem klagenden Witwer recht.

Die Schlauchboote der Amateur-Sportler waren für Wildwasserfahrten völlig ungeeignet

Pikante Gerüchte um Herrenbesuche in der Frauenabteilung

Sex-Skandal im Gefangenenhaus Striptease durchs Zellenguckloch

Hochnotpeinliche Befragungen laufen am 5. Juli im Gefangenenhaus des Landesgerichts Wiener Neustadt (NÖ). Weibliche Häftlinge sollen Justizwachebeamte mit Strip-Vorführungen erfreut haben. Angebliche „Gegenleistung" für diese Peep-Shows durchs Zellenguckloch: „Herrenbesuche" aus dem Männertrakt.

„Bitte, verlegen S' mich in eine andere Zelle. Bei uns geht's zu wie im alten Rom", wendet sich eine verzweifelte Gefangene an eine Beamtin. Als die Gefängniswärterin dann auch noch Hemdchen, Höschen und BHs, die nur aus Spitze bestehen, findet, glaubt sie den Angaben der Frau, daß weibliche Insassen männliche Justizwachebeamte durch das Zellen-Guckloch mit Striptease-Vorführungen erfreuen.

Bei den Untersuchungen kommt ein pikantes Gerücht zu Tage, das die Behauptungen der Inhaftierten untermauert: Die Stripperinnen sollen von den Wärtern nicht bloß mit Beifall bedacht worden sein, sondern als „Gegenleistung" auch nächtliche Besuche aus dem Männertrakt in ihrer Zelle empfangen haben dürfen.

Das Justizministerium schaltet sich in die Affäre ein. Fazit: Künftig darf der Frauentrakt des Gefängnisses ausschließlich von Justizwachebeamtinnen überwacht werden . . .

Rekordpreis für Michelangelo

Für achtzig Millionen Schilling wird in London eine Kreide-Tusch-Zeichnung Michelangelos versteigert. Das zuletzt 1836 öffentlich gezeigte Kunstwerk heißt „Rast der Heiligen Familie auf dem Weg nach Ägypten". Eine Münchner Kunsthändlerin erwirbt das Bild für das Getty-Museum.

Ferienbeginn: Schulstreit!

Unterrichtsminister Rudolf Scholten schlägt zu Beginn der Sommerferien vor, daß Schüler mit einem Nichtgenügend im Zeugnis automatisch aufsteigen können. Er tritt auch für „Verbundmodelle" zwischen Hauptschule und AHS-Unterstufe ein. Scholten will weiters die Übertrittsmöglichkeiten von der Hauptschule in die AHS-Oberstufe verbessern. FP-Bildungssprecherin Karin Praxmarer empfiehlt Scholten, im Urlaub Nachhilfeunterricht zu nehmen. Bei seinen Leistungen gäbe es keine Aufstiegsmöglichkeiten in die nächste Legislaturperiode.

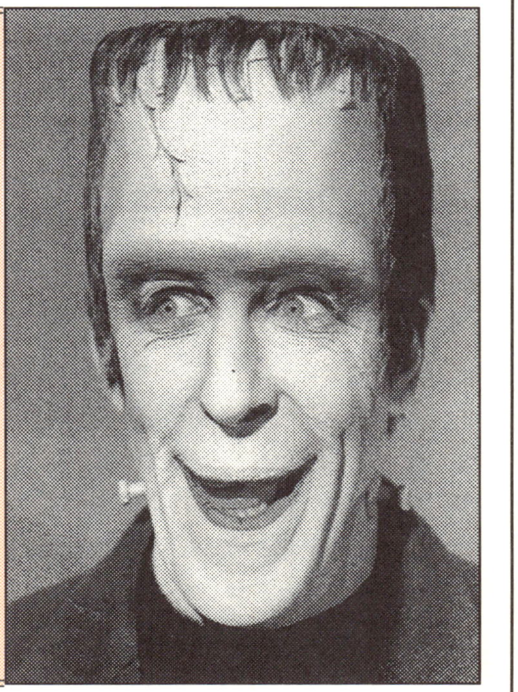

***Herman Munster** ist tot. Der US-Schauspieler Fred Gwynne, der als frankensteinähnliches Oberhaupt der wunderlichen Fernseh-Familie „The Munsters" Weltruhm erlangt hat, stirbt im Alter von 66 Jahren an Krebs. Der Filmstar war vier Jahrzehnte lang Mitglied am Broadway in New York.*

Große Besorgnis über Kriege im Ausland

Österreicher haben immer mehr Angst

Die Angst wächst in Österreich – immer mehr Menschen sind wegen der Konflikte und Kriege im Ausland beunruhigt und fühlen sich bedroht. Das ergibt eine Meinungsumfrage des „market"-Instituts im Juli 1993. Noch im November des Vorjahres haben die Österreicher die Lage nicht so ernst eingeschätzt.

Die Ergebnisse im Detail: Zwei Drittel der Bevölkerung sind, was die Geschehnisse im Ausland anlangt, „sehr beunruhigt", wobei zu dieser Personengruppe vor allem Frauen, ältere Personen und Menschen mit höherer Bildung zählen. 28 Prozent sind der Meinung, die Vorgänge sind „weniger beunruhigend", nur sieben Prozent sind überhaupt nicht besorgt.

Hauptgrund dafür, daß die Angst so zunimmt, ist die Dauerkrise am Balkan. Was sich auch auf das Urlaubsverhalten auswirkt: Österreich ist absolut „in".

Weltrekord für Autofahrersendung

Das gibt es nur einmal - die beliebte Radiosendung „Autofahrer unterwegs" gibt es am 2. Juli 1993 zum 13.000sten Mal. Das ist Weltrekord! Grund genug für „Chef-Autofahrer" Kurt Votava, eine glanzvolle Jubiläumsausgabe durch den Äther zu jagen. Und anschließend gehörig zu feiern – mit dem Nationalzirkus, der eine Benefiz-Gala veranstaltet.

Autogramm statt Strafzettel

Nein, diese hübsche französische Politesse stellt dem Spanier Miguel Indurain keinen Strafzettel aus – sie läßt sich von dem Superstar ein Autogramm geben. Der Modellathlet und Superstar gewinnt im Juli 1993 zum drittenmal die „Tour de France", das spektakulärste, längste und damit auch kräfteraubendste Radrennen der Welt.

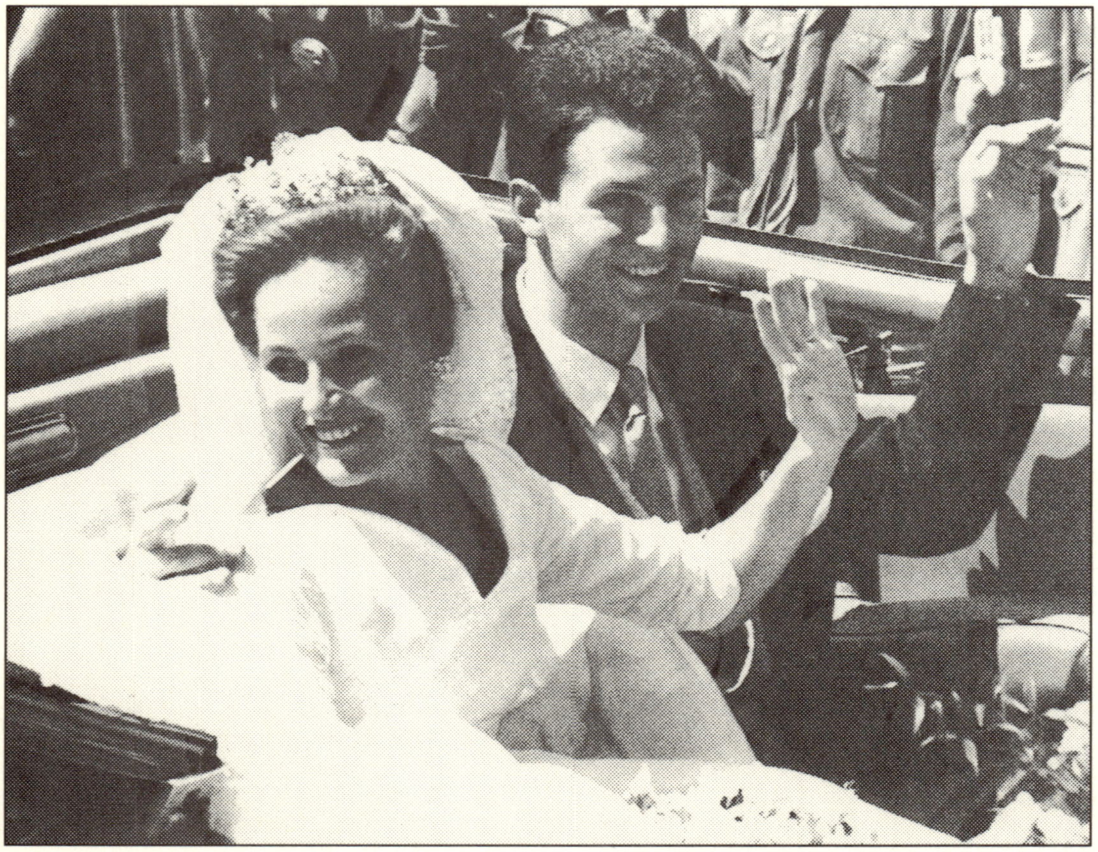

Strahlend und – wie alle Welt sehen konnte – verliebt: Sophie und Alois von Liechtenstein

Traumhochzeit im Fürstentum Liechtenstein

„Gott sei Dank . . ." Hoch droben, auf dem Schloß in Vaduz, atmet die fürstliche Familie auf. Die Queen hat in letzter Minute wissen lassen, daß ihr ehebrecherischer Sohn Prinz Charles es vorzieht, nicht zu erscheinen. Und somit fällt am 3. Juli nicht der kleinste Schatten eines Skandälchens auf die Vermählung seiner Durchlaucht Erbprinz Alois von und zu Liechtenstein mit Ihrer Königlichen Hoheit Herzogin Sophie in Bayern. 25 Millionen Schilling soll das „Festchen" gekostet haben. Und zur Bewachung der blaublütigen Ehrengäste aus aller Welt reichen 77 Polizisten – mehr gibt es in Liechtenstein nämlich nicht.

Verschuldeter Inspektor wird bei Überfall von einem Gendarm in Zivil erschossen

Bankräuber war Wiener Polizist

Mit Pistolen bewaffnet überfallen zwei maskierte Männer eine Raika-Filiale in Niederösterreich. Womit sie nicht rechnen: Ein Gendarm in Zivil bewacht die Bank. Und schießt einen der Räuber nieder, als dieser auf ihn zielt. Stunden später stellt sich heraus: Der Tote war ein Wiener Polizist.

Zwölfaxing bei Schwechat: Die beiden maskierten Männer stürmen die Raika-Filiale. Einer sichert den Fluchtweg, der andere herrscht den Kassier an: „Geld her!" Plötzlich sieht er, wie ein Mann aus einem Hinterzimmer tritt, eine Pistole in der Hand – es ist der Gendarm in Zivil. Der Räuber spannt den Hahn seiner Waffe, legt an. Doch der „Kollege" ist schneller und streckt ihn mit drei Schüssen nieder. Der Maskenmann wird im Bauch und in der Brust getroffen. Er stirbt am Tatort. Sein Komplice flüchtet.

Es dauert Stunden, bis die Identität des Toten geklärt ist. Dann die unglaubliche Nachricht: Es handelt sich um einen 35jährigen Revierinspektor der Wiener Polizei. Seine Frau erkennt ihn auf dem in der „Krone" veröffentlichten Foto wieder.

Erst nach drei Tagen wird das Auto des kriminellen Inspektors gefunden. Doch die Hoffnungen der Fahnder, darin eine heiße Spur zum Komplicen zu finden, erfüllen sich nicht. Die Kriminalisten stellen lediglich die privaten Notizbücher des toten Polizisten sicher.

Aber im Zuge der Ermittlungen werden weitere haarsträubende Details bekannt: Etwa, daß der Hundeführer schwer verschuldet war und mit großer Wahrscheinlichkeit noch andere Banküberfälle in Niederösterreich und Wien auf dem Konto hat. Außerdem nutzte er seine Polizeifunktion, um für eine Detektei zu arbeiten.

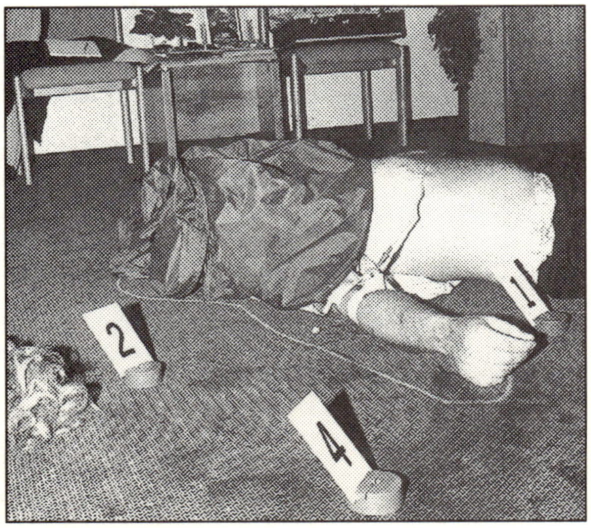

Die Leiche des erschossenen Wiener Polizisten

Auch ein Wüstenschiff *braucht einmal ein Service – könnte man zumindest beim Betrachten dieses Fotos meinen. Tatsächlich aber mietete ein deutscher Tankstellenbesitzer das Tier für Werbezwecke. Übrigens: Kamele baden nicht, lieben es eher trocken und wollen schon gar nicht in einer Waschstraße gebürstet oder poliert werden.*

Alarmierende Studie: Die Kinder sind viel zu dick

Alarm wegen des Gesundheitszustandes unserer Kinder im allgemeinen und um Fettleibigkeit und Haltungsschäden im besonderen: Tests ergeben, daß mehr als 40 Prozent der 15jährigen Buben an Übergewicht leiden, fast die Hälfte aller Volksschüler haben Haltungsschäden. Die Oppositionsparteien forden von SP-Unterrichtsminister Rudoif Scholten Gesundheitsberater an Schulen.

Freudentränen und Tränen der Verzweiflung

Tennishöhepunkt 1993 im „All England Club" von Wimbledon: Die Sieger heißen Pete Sampras und Steffi Graf. Mit 7:6, 7:6, 3:6, 6:3 über Jim „Kappl" Courier holt sich der 21jährige Amerikaner das zweite Grand-Slam-Turnier seiner Karriere und bestätigt sich damit eindrucksvoll als die Nummer Eins im Herrentennis.

Zum insgesamt fünftenmal wird die Deutsche Steffi Graf strahlende Siegerin der All England-Meisterschaften. Im zweitlängsten Damen-Finale der Geschichte triumphiert „Steffi" mit 7:6,1:6, 6:4 über Jana Novotna. Als ihr die Herzogin von Kent bei der Siegerehrung Trost zuspricht, kann die Tschechin die Tränen nicht halten und schluchzt hemmungslos. Den Matchball vor Augen, war sie in ein Desaster geschlittert.

Die Herzogin von Kent muß die bitterlich weinende Wimbledon-Finalistin Novotna trösten

▲ Walter Schachner ist bei der „Copa Pele" der Held unseres Teams und wird mit acht Treffern Torschützenkönig des Turniers. Waren das noch Zeiten: Unser Erfolgsteam beim Oldie-Turnier – wie ein guter Wein: je älter, desto besser . . . ▶

Sensationeller 2. Platz bei der „Copa Pele"

Für immer jung: Unsere „Oldboys" geigen auf

Sieg über Deutschland, Sieg über Uruguay und Brasilien, Unentschieden gegen Argentinien – verrückte Fußballwelt? Ja und nein. Was das „aktive" Nationalteam nicht schafft, schaffen unsere Oldies bei der „Copa Pele": Sie geigen auf.

Österreichs Erfolgsteam der WM 1978 darf erstmals an der „Copa Pele", der Weltmeisterschaft der Fußballsenioren, teilnehmen – weil wir im Juli 1993 Veranstalterland des publikumsträchtigen Turniers sind. Vor Tausenden begeisterten Fans beweisen in Klagenfurt Hans Krankl, Herbert Prohaska, Willi Kreuz, Josef Sara & Co., daß sie nichts verlernt haben. Nach dem Motto „für immer jung" schlagen sie die Ex-Weltmeister Deutschland 4:2, Uruguay 6:2 und Brasilien 3:1. Gegen Argentinien erreichen sie ein 1:1-Unentschieden. Endstation ist erst im Finale, das unsere kämpferischen Oldies gegen eine groß aufspielende italienische Elf mit 0:2 verlieren. Schützenkönig des Turniers wird aber ein Österreicher: Walter Schachner, 36 Jahre jung, erzielt insgesamt acht Tore.

Besoldungsreform droht zu scheitern

Beamte wollen ihre Titel nicht hergeben

Die Besoldungsreform für den öffentlichen Dienst droht zu platzen: Die Beamten laufen gegen den Plan von Staatssekretär Kostelka Sturm, alle Titel, die keine Funktion bezeichnen, ersatzlos zu streichen. Denn damit würde es keine Ministerialräte, Hofräte oder Amtsräte mehr geben.

Die Besoldungsreform, die 1994 in Kraft treten soll, würde den riesigen Beamtenapparat in einen modernen Dienstleistungsbetrieb umwandeln: mit leistungsorientierter Entlohnung, längeren Probezeiten für die Pragmatisierung, leichterer Versetzbarkeit der Beamten und der Abschaffung der Dienstklassen.

„Die Amtstitel werden derzeit", so Peter Kostelka, „quasi als Alterserscheinung mit der Beförderung in die einzelnen Dienstklassen verliehen." Künftig sollen diese Dienstklassen durch eine Basislaufbahn und Funktionen ersetzt werden, so daß es keine Titel, sondern nur noch reine Funktionsbezeichnungen gibt. Dazu der Gewerkschafts-Chef: „Ich halte nichts davon, traditionelle Titel, wie Hofrat oder Ministerialrat, abzuschaffen, weil sie ein Stück Kultur unseres Landes sind. Das ist ein Versuch, das unabhängige Beamtentum zu demontieren."

Helmpflicht für „Pedalritter"?

Radfahren als Freizeitsport erfreut sich zwar zunehmender Beliebtheit, fordert aber auch immer mehr Opfer, schlagen die Ärzte der ÖAMTC-Notarzthubschrauber Alarm: „Wir fliegen schon mehr schwerverletzte Radler als Motorradfahrer!" Meist handle es sich um lebensgefährliche Kopfverletzungen. Verkehrsexperten und Mediziner fordern daher eine Helmpflicht für „Pedalritter".

Ein Zeppelin stürzt bei einem Werbeflug über New York auf das Dach eines Hauses mitten in Manhattan, nachdem sich ein Teil des Heckruders gelöst und ein Leck in die heliumgefüllte Hülle gerissen hat. Der Absturz geht glimpflich aus, da der Pilot und sein Kopilot sich leicht verletzt aus der Gondel retten können.

Burg-Doyen Fred Liewehr †

Abschied von Fred Liewehr

Abschied vom Doyen des Burgtheaters: Kammerschauspieler Fred Liewehr stirbt 84jährig am 20. Juli 1993 in Wien an einer Lungenentzündung. Er war das Idol zweier Generationen von Burgtheaterschauspielern und der Liebling des Wiener Theaterpublikums. Unvergeßlich bleiben seine „klassischen" Helden, von Schillers Don Carlos bis zum Shakespeare-Romeo. 60 Jahre gehörte Liewehr der Burg an und spielte an 8000 Abenden 260 Rollen.

100.000 S für Mord an Frau

Ein 29jähriger Türke aus Wien-Penzing benutzt seine Freundin, um einen Mord an seiner Ehefrau zu bestellen. Aus blinder Liebe zu dem Hilfsarbeiter heuert dessen Gespielin, eine 30jährige Wienerin, um 100.000 Schilling einen 49jährigen Mann an, der die Tat ausführen soll. Doch das Mordkomplott fliegt nach einem vertraulichen Hinweis an die Polizei rechtzeitig auf. Der Türke und seine Geliebte werden in einem Kaffeehaus verhaftet.

Krone-Chronik Juli '93

- Nach 1000 Sendungen nimmt „Oberkellner" Alfred Böhm Abschied vom „Seniorenclub". Sein Nachfolger wird Alfred Buczolich.
- Im italienischen Meazza wird die Grazerin Uschi Profanter Weltmeisterin im Wildwasserpaddeln.
- Der Kärnter Stefan Koubek holt sich in Villach den Europameistertitel der Tennis-Junioren Unter 16.
- Das schwerste Erdbeben in Japan seit 25 Jahren verwüstet die Insel Okushiri und fordert Hunderte Todesopfer.
- In seinem Gemüsegarten entdeckt ein Klagenfurter ein 2000 Jahre altes keltisches Skelett: Jetzt hat auch Kärnten seinen „Ötzi".
- Nach siebenjähriger Haft wird in Israel ein Todesurteil aufgehoben, und John Demjanjuk (73) kann den Gerichtssaal als freier Mann verlassen. Es gab Zweifel, daß er „Iwan der Schreckliche", ein Nazi-Verbrecher, sei.
- Kaltblütig wie ein Profikiller ermordet ein Immobilienmakler aus der BRD in Spanien zwei Österreicher und einen Landsmann, da ihm die Männer ein wertloses Grundstück verkauften.

Geständnis von Andreas Berger: „Wir waren alle vier gedopt!"

Am 26. Juli wird der größte Doping-Skandal im österreichischen Sport eingestandene Sache. In einem Interview gibt der Sprinter Andreas Berger zu, daß er und seine Staffelkollegen Thomas Renner, Franz Ratzenberger und Gernot Kellermayr verbotene Mittel zur Leistungssteigerung genommen haben.

„Es wurde immer enger und enger. Jetzt wollten wir dem Spiel ein Ende bereiten und legen die Karten offen auf den Tisch", erklärt Berger. Weil sich die Dopinggerüchte im Anschluß an eine vom Weltverband durchgeführte Trainingskontrolle verdichten, treten Österreichs Paradesprinter die Flucht nach vorne an und geben die Einnahme von Anabolika zu. Die vier Athleten verzichten sogar auf die ihnen zustehende Gegenanalyse und werden für vier Jahre gesperrt. Für Berger und Ratzenberger bedeutet dies gleichzeitig das Ende ihrer Karrieren.

Auch Bergers glanzvolle Triumphe wie die Goldmedaille bei der Hallen-Europameisterschaft 1989 oder sein 100-Meter-Rekord (10,15) erscheinen durch die Doping-Affäre nun in einem ganz anderen Licht.

Die Dopingsünder Andreas Berger und Ben Johnson: Trotz Rekorde in eine Sackgasse gesprintet.

Wien: Bürgermeister Helmut Zilk kündigt für 1994 Rücktritt an !

In der politischen Sommerpause läßt Wiens Bürgermeister Helmut Zilk eine politische Bombe platzen: Er kündigt seinen Rücktritt für 1994 an, setzt sich für eine große Koalition in der Bundeshauptstadt ein und fordert eine gewaltige Erhöhung des Spitalsbehaltes.

Zilk übt auch heftige Kritik an der kommenden Steuerreform. Sie brächte den meisten Arbeitnehmern nichts, koste den Staat aber Milliarden, die beim Wohnbau oder Ausbau des öffentlichen Verkehrs dringend benötigt würden.

Nicht zu rütteln ist an Zilks Rücktritt im kommenden Jahr. Ob er allerdings vor oder nach der Nationalratswahl abtreten werde, müsse die Wiener SP bestimmen.

Rücktritt '94 : Helmut Zilk

Phantom der Oper als „Bankräuber"

Nachdem ein maskierter Räuber eine Filiale der „Bank Austria" in Wien-Penzing überfallen hat, wird ausgerechnet das „Phantom der Oper" - Musicalstar Alfred Pfeifer - als Verdächtiger festgenommen. Bis die Verwechslung geklärt wird, taucht der echte Räuber wie ein Phantom im Verkehrsgewühl unter.

Polizeihund „D.J." wird wegen seiner allzu großen Sanftmut pensioniert. Dafür findet er im englischen Tiergarten „Guilsborough Grange" eine passende Lebensaufgabe. Der Schäferhund betreut dort liebevoll von ihren Müttern verstoßene Raubkatzen. Tigerbaby „Jenny" ist immerhin schon sein viertes Ersatzbaby.

Irreführende Information sorgt für totale Verunsicherung

Wirbel um „Fleischskandal": Viele Täter, aber keine Opfer

Einen Riesenwirbel löst das Ergebnis einer Untersuchung der Arbeitkammer in Supermärkten aus, wonach ein Teil der angebotenen Fleischware verdorben ist – und gleich ist die Rede von einem „Fleischskandal". Doch bald stellt sich heraus: Es gibt zwar viele Täter, aber keine Opfer. Wie beim „Weinskandal" . . .

Denn nach Tagen stellt sich heraus, daß lediglich ein kleiner Teil der gezogenen Proben verdorben ist. „Lediglich" deshalb, weil die Lebensmittelprüfer prinzipiell nur verdächtige Ware untersuchen. Keine Rede also davon, daß ein Großteil des in Österreich überhaupt angebotenen Fleisches verdorben ist oder gar gesundheitsschädlich – wie unser kritischer „Staberl" auch sofort messerscharf feststellt. Was bleibt, ist eine totale Verunsicherung der Konsumenten und ein schwerer Imageverlust Österreichs im Ausland.

Pikanterweise hat ein Redakteur des staatlichen ORF mit einem völlig übertriebenen Beitrag den „Fleischskandal" ausgelöst. Was nicht nur in Wirtschafts-, sondern auch in Regierungskreisen für verständnisloses Kopfschütteln sorgt.

Abgesehen vom enormen Schaden, den die Affäre verursacht, gibt es immerhin auch positive Konsequenzen zum Vorteil der Konsumenten: Das Umpacken von Fleisch- und Wurstwaren wird ebenso verboten wie Manipulationen am Ablaufdatum oder das Vordatieren.

Japans Botschafter stirbt bei Bergtour

Der japanische Botschafter in Österreich, Seine Exzellenz Ryoji Onodera (58), wird im Südtiroler Ortler-Gebiet Opfer eines tragischen Bergunfalls. Gemeinsam mit dem erfahrenen Bergführer Kurt Fritz (33) wird der Diplomat knapp unterhalb des Gipfels von einer Lawine erfaßt und in den Tod gerissen.

„Der Ferrari der Traktoren", steht in Stadt Haag (NÖ) - zwar nur auf dem Papier, aber auf einem amtlichen: Denn laut Strafmandat der Polizei soll die Besitzerin des „Steyr"-Veterans Baujahr 1955 mit der Zugmaschine mit 70 Stundenkilometern in eine Radarfalle gerast sein. Der Irrtum: Der Traktor hat ein ähnliches Kennzeichen wie der Wagen des tatsächlichen Rasers, der ungeschoren bleibt.

Im Brennpunkt

Hannelore Mezei

Atemgift Ozon – das kleinere Übel . . .

Lange keinen schlechten Witz gehört? Nun, vielleicht kennen Sie den noch nicht: „Ozonalarm. Panische Mütter holen ihre Kinder vom Spielplatz nach Hause, wo der Herr Papa sich gerade das zehnte Zigaretterl anzündet . . .“ Kürzlich, „zum besten gegeben“ von Ärztekammerpräsident und Lungenfacharzt Dr. Michael Neumann als Beitrag zur Diskussion über Ozon-Grenzwerte. Nicht besonders witzig, finden Sie? Ganz meine (und seine) Meinung. Wohl eher ist es eine traurige und absurde Tatsache, daß Eltern ihre Kinder vor dem Atemgift Ozon schützen wollen und es einem weitaus gefährlicheren, dem Zigarettenrauch, aussetzen.

Keineswegs soll hier die Gefährlichkeit bodennahen Ozons verharmlost werden. Nicht zu rütteln ist an der Tatsache, daß bereits bei der Vorwarnstufe (100ppb Ozon) Lungenfunktionsstörungen auftreten können, und es bei einer Belastung von 200ppb sogar zu bleibenden Schäden der Atemwege kommen kann. Nicht zu rütteln ist allerdings auch an der weniger bekannten Tatsache, daß ein Kind in einem Raucherhaushalt zuhause einer weitaus größeren Gefahr ausgesetzt ist als bei stark erhöhten Ozonwerten und Abgasen im Freien.

Bevor rauchende Väter und Mütter sich in Diskussionen über Ozongrenzwerte und sonstige Umweltbelastungen wichtig machen, sollten sie erst einmal den allerletzten Giftstengel ausdämpfen! Denn: Ozon ist in diesem Fall das kleinere Übel.

Rekordunwetter in Österreich: 26.000 Blitze in zwei Tagen!

Mit 26.000 Blitzen in zwei Tagen wird in Österreich Ende Juli ein neuer „Blitz-Rekord“ registriert. Eine Begleiterscheinung katastrophaler Unwetter, die dazu führen, daß im Kärntner Drautal der Notstand ausgerufen wird. Ein Ort muß evakuiert werden, weil der Dorfbach zu einem reißenden Fluß wird.

Nach verheerenden Unwetterschäden im Kärntner Gurktal muß auch das Obere Drautal zum Notstandsgebiet erklärt werden, weil sich der Bach der Ortschaft Gelamoos in einen reißenden Fluß verwandelt hat und ganze Häuser unter tonnenschweren Geröllmassen begräbt.

Katastrophale Überschwemmungen suchen auch weite Teile Oberösterreichs heim. Sintflutartige Regenfälle vernichten einen Teil der Ernte.

Im Burgenland toben orkanartige Stürme, decken Hausdächer ab und wirbeln sogar den Wohnwagen eines Wiener Urlaubers 20 Meter durch die Luft.

Doch die Wetterkapriolen sorgen auch für ein faszinierendes Naturschauspiel: 26.000 Blitze werden innerhalb von 48 Stunden in Österreich elektronisch registriert – das ist absoluter Blitz-Rekord.

◄ *Mittlerweile lebenswichtig: Wirksame Schutzmittel, auch bei kurzen Sonnenbädern. Zur Mittagszeit, wenn die UV-Strahlung am intensivsten ist, sollten vor allem Kinder an schattigen Plätzen bleiben* ►

Trübe Zeiten für
Reizgas

Die Freude über heiteres Sommerwetter wird immer mehr getrübt: Die Zunahme des bodennahen Reizgases Ozon bei gleichzeitiger Abnahme der schützenden Ozonschicht der Erdatmosphäre läßt den Lebensspender Sonne zum ernsthaften Gesundheitsrisiko werden.

Angst vor der Sonne geht um, im Sommer 1993. Das Reizwort: Ozon. Die Meßwerte des bodennahen Atemgifts (verursacht durch Autoabgase und andere Umweltschadstoffe) nähern sich bereits im Frühling der Vorwarnstufe. Das Reizgas kann in höheren Konzentrationen die Atemwege von Kindern, alten Menschen und Kranken schädigen.

Doch während sich Ozon in Bodennähe anreichert, wird die schützende Ozonschicht der Erdatmosphäre

Sonnenanbeter: Umwelt- und Gesundheitsexperten schlagen im Sommer Alarm

Ozon – die unsichtbare Gefahr

Schon Mitte April schlagen Wissenschafter Alarm:

VON EVA ROHRER

Die Sonne ist bereits so stark wie sonst im Juli. Und so mancher, der sich die erste Bräune holen will, wundert sich über den „frühen" Sonnenbrand.

Während wir uns erst an die neue Situation gewöhnen müssen, gehört die Angst vor dem wachsenden Ozonloch über der Antarktis (es erreicht bisweilen die Größe Nordamerikas) in Australien und Neuseeland zum Alltag. Neuseeland verzeichnet die höchste Hautkrebsrate der Welt, in Australien erkranken jedes Jahr Hunderttausende Personen.

immer dünner (Hauptverursacher: Fluorchlorkohlenwasserstoffe aus Sprays und Kühlgeräten). Immer mehr schädliche UV-Strahlen dringen zur Erde. Die Sonne brennt unbarmherzig . . .

Der Lebensstil der Menschen hat sich durch diese dramatische Entwicklung inzwischen geändert. Bräune ist „out". Ohne Sonnenbrille, Kopfbedeckung und Sonnenschutz mit Lichtschutzfaktoren bis zu 45 geht kaum noch jemand ins Freie. Schüler dürfen nur morgens Sport betreiben. In Fernsehen und Radio wird täglich die sogenannte „burn time" durchgegeben. Also jene Zeitspanne, in der man sich ungeschützt der Sonne aussetzen kann. Sie schwankt zwischen 15 und 20 Minuten.

Die Sonne: Tödliche Gefahr?

Erste Befürchtungen bestätigen sich in Gebieten Südamerikas, daß auch die Pflanzenwelt zu Lande und im Meer durch die hohe UV-Einstrahlung Schaden nimmt.

Und bei uns? Österreich bleibt vorerst von dieser dramatischen Entwicklung verschont, obwohl Ärzte ebenfalls ein starkes Ansteigen der Hautkrebsrate verzeichnen. Für den Bräunungsboom der vergangenen Jahrzehnte bekommen wir jetzt die Rechnung präsentiert.

Doch während Unverbesserliche weiterhin im prallen UV-Licht rösten, sperren Überängstliche ihre Kinder in der Wohnung ein. Beides ist falsch. Ärzte warnen vor Panik: Nicht die Sonne ist gefährlich, sondern unser Verhalten. Wir müssen wieder lernen, mit der Sonne umzugehen. Nutznießer der „Gefahr aus dem Himmel": Die Kosmetikindustrie verzeichnet enorme Umsätze an Sonnenschutzmitteln.

Die Aktion „Sonne ohne Reue" der Österreichischen Krebshilfe findet regen Zuspruch. Tausende Österreicher nützen die kostenlose Vorsorge-Untersuchung.

Bei mehr als 200 Menschen werden verdächtige Hautveränderungen entfernt und vielen damit möglicherweise das Leben gerettet.

Endlich wieder eine Medaille für Österreich

Österreichs „springende Lehrerin" Sigrid Kirchmann erkämpft bei der Weltmeisterschaft der Leichtathleten in Stuttgart Bronze im Hochsprung der Damen – und damit die erste Medaille einer Österreicherin bei einer Freiluft-WM! Die 27jährige Frau Magister segelt bei 1,97 Meter über die Latte, das ist zugleich neuer österreichischer Rekord.

Um einen ähnlichen Erfolg zu finden, muß man im Buch unserer Sportgeschichte weit zurückblättern: Zuletzt gewann Ilona Gusenbauer bei den Olympischen Spielen 1972 in München in der gleichen Disziplin ebenfalls Bronze.

Herausragende Leistungen der WM '93 sind drei Weltrekorde durch Sally Gunnell (GB) über 400 m Hürden der Damen in 52,74 Sekunden und Colin Jackson (GB) über 110 m Hürden der Männer in 12,91 Sekunden sowie schließlich die Traumzeit der 4 x 400 m-Staffel der US-Herren von 2:54,29 Minuten.

Minister Löschnak

Wirbel

In ein Polittheater artet die Diskussion um das neue Aufenthaltsgesetz für Ausländer in Österreich aus. Die Grünen und ÖVP-Justizsprecher Michael Graff werfen SP-Innenminister Franz Löschnak eine „schikanöse und zynische" Fremdenpolitik vor. Die Auseinandersetzung um die neuen Bestimmungen löst fast eine Koalitionskrise aus.

Kernpunkt des Gesetzes ist eine Sechs-Wochen-Frist, innerhalb der Ausländer nach Ablauf der bestehenden Genehmigung um eine Verlängerung ihrer Aufenthaltsbewilligung ansuchen müssen. Andernfalls werden sie abgeschoben. Außerdem sehen die Bestimmungen künftig eine restriktivere Handhabung bei der Erteilung von Aufenthaltsbewilligungen vor. Wobei nicht die in Österreich lebenden und dringend benötigten Gastarbeiter betroffen sind. Das Gesetz richtet sich vielmehr an die rund 100.000 illegalen Ausländer.

Löschnak, als Innenminister „Vater" der neuen Be-

Krone-Chronik August '93

- Der frühere Rapid-Tormann Dieter Pflug stirbt 58jährig in Wien.
- Ronald Biggs (64), legendärer Postzug-Räuber, sucht aus Brasilien die britischen Behörden nach 30 Jahren Flucht um Begnadigung an.
- Während einer Fahrscheinkontrolle in der Wiener Straßenbahnlinie „67" erleidet eine 72jährige Pensionistin einen Herzinfarkt. Der Kontrollor holt die Frau ins Leben zurück.
- Schnellstes K.o. in der Boxgeschichte: McClellan (USA) schlägt in der WM im Mittelgewicht (WBC-Version) seinen Landsmann Jay Bell in Puerto Rico nach 20 Sekunden.
- Der 73jährige italienische Starregisseur Federico Fellini muß nach einem Schlaganfall in ein Krankenhaus bei Rimini eingeliefert werden, nachdem er sich erst vor kurzem in der Schweiz einer Bypass-Operation unterzogen hat.
- Nikola Hartmann (18) aus Vorarlberg erreicht in Norwegen Österreichs erste Goldmedaille im Damen-Ringen.

Korruption und Dummheit statt Hilfsaktionen

Skandal: UNO-Bürokraten verschwenden Milliarden

Die UNO entwickelt sich zunehmend zur weltgrößten „Skandal-Organisation": Nach Aussagen von Mitarbeitern wurde der Beamten- und Diplomatenriese mit seinem Jahresbudget von 119 Milliarden Schilling (Österreich gehört zu den bravsten Beitragszahlern) zu einer gewaltigen Geldvernichtungsmaschine.

Bürokratie, Korruption und schlichte Dummheit ließen jährlich 4,6 Milliarden in dunkle Kanäle fließen, während die UNO wiederholt erklärt, sie könne den bosnischen Kriegsopfern nicht helfen, weil ihr dazu 3,5 Milliarden fehlen . . .

Wie aufgebläht der Apparat ist, beweist ein Blick auf die Gehaltslisten. Als Hoffnungsträger einer friedlichen Weltorganisation gegründet, arbeiteten 1945 nur 1500 Beamte für die UNO-Bürokratie. Heute sind es stolze 51.600 Personen!

im Kreuzfeuer der Opposition ● Ein Eklat jagt den anderen

um Ausländer-Gesetze

stimmungen, steht im Kreuzfeuer der Kritik. Die Grünen werfen ihm eine „menschenverachtende Politik" vor. ÖVP-Justizsprecher Michael Graff, der dem Gesetz im Parlament zugestimmt hat, will es plötzlich nicht gelesen haben. Selbst FP-Chef Jörg Haider ist mit der neuen Regelung „nicht glücklich" und tritt für eine „differenziertere Betrachtung" ein.

Doch Bundeskanzler Franz Vranitzky stärkt Löschnak den Rücken, ruft den kleinen Koalitionspartner ÖVP zur Ordnung und hält fest, daß an dem Aufenthaltsgesetz „nicht gerüttelt" werde – was prompt zum nächsten Eklat führt.

Denn Caritas-Präsident Helmut Schüller brüskiert den Kanzler, indem er sich weigert, mit Vranitzky an einer TV-Diskussion in den Inlandsreport-Sommergesprächen teilzunehmen. Die Begründung Schüllers: In der kurzen Sendezeit (45 Minuten) sei es unmöglich, dieses „so sensible Thema" zufriedenstellend abzuhandeln.

Bleibt konsequent: Löschnak

Der Nebenbuhler sollte „Ablöse" zahlen

Eifersüchtiger Kärntner entführt seine Ehefrau

100.000 Schilling fordert ein 35jähriger Kärntner als „Ablöse" für seine bildhübsche russische Ehefrau Olga von seinem 26jährigen Nebenbuhler.

Weil der neue Freund des 18jährigen Ex-Models jedoch nicht zahlen will, greift der Eifersüchtige zu einer Pistole, schießt auf den Liebhaber, verfehlt diesen aber. Dann nimmt der Rasende die eigene Ehefrau als Geisel und hält sie stundenlang in einem Wald fest. Sondereinheiten der Gendarmerie können das Geiseldrama schließlich unblutig beenden.

Im Verhör gibt der gehörnte Ehemann an, daß er sich Olga vor einem Jahr aus einem Farbkatalog eines Partnerinstitutes „ausgesucht" habe und „lediglich seine Spesen" ersetzt haben wollte.

◄ Schön wie die Sünde: Das russische Ex-Modell Olga (18), das der 35jährige Kärntner aus einem Farbkatalog eines Partnerinstitutes „ausgesucht" und geheiratet hat. Das Glück währte genau ein Jahr . . . ►

Sensibilität

Nationalratspräsident Fischer und mit ihm alle, die sich in dieser materiell ausgerichteten Zeit auch nur einen Hauch von Humanität erhalten haben, sind der Meinung, daß es legitim ist, sensibel zu sein und in der Ausländerfrage jedes einzelne Schicksal wichtig zu nehmen.

So gesehen, muß man sich das neue Ausländergesetz schon genau ansehen. Kann aber Sensibilität nicht auch sehr einseitig sein? Wo bleibt hier die Sensibilität für die Interessen und Gefühle der eigenen Bevölkerung, wenn man in der Vergangenheit bemerken mußte, daß selbst solche Ausländer, die schon wiederholt straffällig geworden waren, Österreich nicht verlassen mußten? Geständnisse, bei der Polizei abgelegt, sollen künftig vor Gericht nicht mehr ins Gewicht fallen. Straftaten wie Kaufhausdiebstähle werden immer weiter bagatellisiert. Das sieht fast schon wie eine Aufforderung zur Kriminalität aus!

Wenn sich dann Innenminister Löschnak geradezu im Alleingang gegen solchen Humanitätsdilettantismus stemmt, so sehen wir darin einen einsamen Fall von Zivilcourage. Nur das Wissen, die Mehrheit der Bevölkerung hinter sich zu haben, macht es dem Innenminister möglich, sich auch gegenüber einem Teil der Parteigenossen durchzusetzen.

Ein Problem kann in Österreich aber nie so ernst sein, daß es nicht zu kabarettistischen Marginalien käme. ÖVP-Justizsprecher Graff, dessen Felle in der Volkspartei davonzuschwimmen drohen, schert plötzlich aus und sagt, er habe zwar für das Ausländergesetz gestimmt, es aber vorher nicht gelesen. Seine virtuose Vielseitigkeit zwingt ihn offenbar dazu, honorarträchtige Beschäftigungen jenen vorzuziehen, mit denen er sich als Abgeordneter eigentlich vorrangig beschäftigen müßte.

Cato

Erschienen am 19. August 1993

***Vera im Höhenflug!** Eine ganz große Zukunft prophezeit Holm Dressler (Bild), deutscher Fernseh-Guru und Fädenspinner, Österreichs Fernsehstar und „Krone"-Kolumnistin Vera Russwurm. Nach Veras TV-Spielshow „Duell" zum Thema „Seitensprung – pro und kontra" sagt der Ideenlieferant, der „Bildschirmgötter" wie Thomas Gottschalk oder Rudi Carrell „gemacht" hat: „Sie hat das Zeug, die verödete deutsche Fernsehlandschaft von Wien aus aufzurollen. Der seltene Glücksfall einer geborenen Moderatorin, bei der sich journalistisches Können mit Charisma und Show-Talent paaren."*

Mörder fordert seine eigene Hinrichtung

„Für das schlimmste Verbrechen muß es auch die schlimmste Sühne geben!" Der Mann, der das sagt, ist ein fünffacher Mörder: David Mason (36) will an sich selbst das Prinzip der Abschreckung demonstrieren und verlangt, in der Gaskammer von San Quentin (Kalifornien) zu sterben.

Gegner der Todesstrafe und sogar seine eigenen Anwälte, die um Aufschub kämpfen , kanzelt Mason als „Justizbetrüger" ab.

Seine Vergangenheit sieht der zum Tode Verurteilte mit brutaler geistiger Klarheit: „Ich wuchs als mißhandeltes Kind ohne Liebe auf, mein einziges Ziel im Leben war, ein Krimineller zu werden." 1980 erdrosselte er vier alte Leute und später einen Zellengenossen. Am 24. August wird der Fünffachmörder exekutiert.

In nur sechs Monaten 66 Atom-Störfälle!

Ein alarmierender Bericht schockt im August die Welt: Allein im ersten Halbjahr 1993 haben sich in russischen Atomkraftwerken 66 (!) Störfälle ereignet. In 26 Fällen mußte der Reaktor abgeschaltet werden. Spitzenreiter der „Kernkraft-Pannen" ist das AKW Kola in Nordrußland, wo 26 Defekte registriert wurden. Insgesamt sind in Rußland neun Atomkraftwerke mit 29 Reaktoren in Betrieb.

Arbeitsamt-Groteske: Stelle für eine Million

An einen verspäteten Aprilscherz denkt eine 50jährige Wienerin, als sie vom Arbeitsamt am Esteplatz einen Job angeboten bekommt, für den sie eine Million Schilling als „Managment Buy In" hinblättern soll. Doch die Stellenbeschreibung der Behörden ist amtlich: Bewirbt sich die Frau nicht um den „Millionenjob", wird ihr die Streichung der Arbeitslosen-Unterstützung angedroht.

Geisterfahrerdrama auf der Südautobahn
Drei Todesopfer fordert ein tragischer Verkehrsunfall bei Traiskirchen (NÖ). Im Regen streift ein 46jähriger Tischler aus Wien mit seinem Auto einen Laster. Worauf sich sein Wagen mehrmals dreht und der Familienvater gegen die Fahrtrichtung der „Süd" zum Stehen kommt. Im Schock verliert er die Orientierung, wird zum Geisterfahrer und kracht gegen den Pkw einer 26jährigen Krankenschwester. Die Frau, ihre fünfjährige Tochter und der Geisterfahrer sterben in den Autowracks.

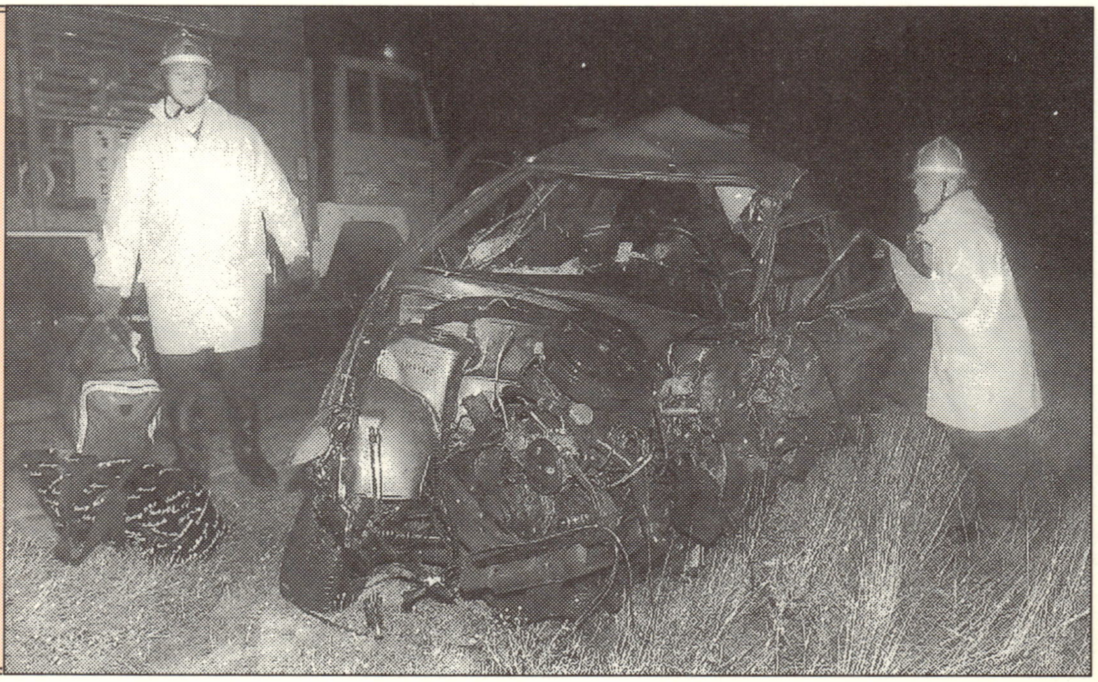

Verwechslung: Die Augenzeugin hielt die entlaufenen Hunde eines Süßwarenproduzenten für Löwen

Krone-Chronik August '93

- Der Tscheche Jan Zelezny schraubt seinen eigen Speerwurf-Weltrekord auf 95,66 Meter.
- Ein 45jähriger Landwirt erschießt in Tainach (Kärnten) seine beiden Kinder und jagt sich anschließend selbst eine Kugel in den Kopf. Der Auslöser: ein Hitzekoller.
- Zum 16. Todestag von Elvis Presley kommt in den USA ein Buch über seine „tödliche Leidenschaft" heraus: Der „König des Rock'n'Roll" habe sich zu Tode gefressen.
- Österreichs Fußballteam gewinnt in Wien das WM-Spiel gegen Finnland 3:0 und revanchiert sich für die 1:3-Niederlage im Auswärtsspiel.
- Aufgebrachte Autofahrer verprügeln in der Wiener City Kurzpark-Kontrollore der Gemeinde.

Ein ganzer Ort ist auf „Löwenjagd" !

Nachdem eine Eisverkäuferin Alarm schlägt, weil sie glaubt, zwei Löwen gesehen zu haben, geht in Traiskirchen tagelang die Angst vor den Raubkatzen um. Hunderte Anrufer melden ihre Beobachtungen von der „Löwenjagd". Doch dann entpuppen sich die gesuchten „Könige der Tiere" als zwei lammfromme Hunde.

Die Löwen sind los! Zwei entlaufene „Dogo Argentinos" – eine großwüchsige Hunderasse – sorgen in dem niederösterreichischen Ort für eine regelrechte „Raubtierpanik".

Hunderte „Löwenjäger" rufen bei der Gendarmerie an. Der eine will Abdrücke von Pranken, der andere einen Schweif hinter einem Busch entdeckt haben. Mit Fernrohren und Betäubungsgewehren „bewaffnet" gehen die Gendarmen auf Großwildjagd, bis sich der Hundebesitzer meldet und den Irrtum aufklärt.

Bankeinbrecher von Tür erdrückt

Zwischen den beiden Panzerglasflügeln einer Bank in Nettingsdorf (OÖ) erstickt ein 25jähriger Einbrecher qualvoll. Der arbeitslose Kellner zwängte die Schiebetür mit einem Jausenmesser auf und blieb dabei mit dem Kopf in dem Spalt stecken. Als ihn die Kräfte verließen, erdrückten die tonnenschweren Türen den Bankeinbrecher.

Der traurige König ist tot

Ganz Belgien trauert um seinen König Baudouin I. Der Regent mit dem Beinamen „Der traurige Monarch" stirbt 62jährig in seinem spanischen Feriendomizil an einem Herzinfarkt. Da Baudouins Ehe mit Fabiola (Bild) kinderlos geblieben ist, wird ihm sein 59jähriger Bruder, Prinz Albert von Lüttich, auf dem Thron folgen. Bei der Totenmesse würdigt Kardinal Godfried Danneels Baudouin als „König nach dem Herzen der Menschen, einem Herzen, so weit wie der Sand am Strand des Meeres". Der Monarch habe immer die „Armen und Vergessenen bevorzugt".

Die „Krone"-Sportschlagzeile am Sonntag: „Kitzbühel umjubelt Muster wie einst Franz Klammer!"

Journalistische Übertreibung?

Nein. Keine andere Stadt kann ihre Sportheroen so feiern wie Kitzbühel. Die unvergleichliche Hahnenkammstimmung übertrug sich auch ins Tennisstadion.

Woran wird man sich eigentlich später einmal erinnern, wenn man die Karriere des Tennis-Pensionisten Thomas Muster Revue passieren läßt? Sofern er in den nächsten Jahren nicht Paris gewinnt, klarerweise ans Daviscup-

Sport STOPPLICHT

VON MICHAEL KUHN

Wie Klammer & Lauda

Spektakel gegen die Amis im Prater mit Toms Triumph über Agassi – und an seinen Turniersieg in Kitzbühel.

Letzteres ist eigenartig. Würden etwa die Schweizer einen Erfolg Jakob Hlaseks im heimischen Gstaad feiern wie wir Musters Triumph am Fuße der Streif – wir würden schmunzeln über soviel Kantönligeist. Weder vom Preisgeld her noch von der Besetzung zählt der Head-Cup zu den Mega-Turnieren. Trotzdem hat sich Muster mit seinem Sieg in Kitz endgültig unter die Großen des österreichischen Sports gereiht. Unter die Klammers und Laudas.

In der TV-Sportarena sagte Thomas Muster: „Ich übe meinen Beruf aus wie jeder andere, der ins Büro geht." Untertrieben. Oder kommen einem Beamten, der einen Akt besonders sorgfältig erledigt hat, etwa auch Tränen der Freude?

Erschienen am 11. August 1993

Sektbad für den glücklichen Kitzbühel-Sieger Muster

Im längsten Finale, das je in Kitzbühel gespielt wurde, sorgt Thomas Muster für den ersten Sieg eines Österreichers in der Geschichte des Tennis-Head-Cups. Nach 25 Stunden und 10 Minuten – das Finale mußte wegen Regens unterbrochen werden – ringt der Steirer den Spanier Javier Sanchez mit 6:3, 7:5, 6:4 nieder und wird „Internationaler Meister von Österreich". Mit Tränen der Rührung in den Augen strahlt „Tom" über den 17. Erfolg seiner Karriere und meint: „Ein Traum ist in Erfüllung gegangen. Dieser Sieg ist noch schöner als die Titel von Rom und Monte Carlo. Ich glaub', der liebe Gott hat etwas auf mich herabgeschaut."

Neun von 100 Arbeitnehmern über 50 Jahre sind arbeitslos!

Herr Strudl

„Des ORF-Sommerprogramm is a Hit. Da kann man so richtig abschalten."

Trotz der höchsten Arbeitslosenrate seit 40 Jahren befürchtet das Wirtschaftsforschungsinstitut eine weitere Kündigungswelle. Anfang 1994 soll die Arbeitslosigkeit ihren Gipfel erreichen.

Im Vergleich zum Vorjahr ist die Zahl der Arbeitslosen um mehr als 30.000 gestiegen. Wobei sie Arbeitnehmer, die über 50 Jahre alt sind, besonders hart trifft: Beträgt die Arbeitslosenrate im Durchschnitt 5,6 Prozent, so liegt sie bei den Älteren bei neun Prozent.

Die Unternehmer begründen verstärkte Kündigungen älterer Mitarbeiter mit den im Vergleich zu Neueinsteigern doppelt so hohen Lohnkosten. Daran geknüpft sind menschliche Schicksale: Ältere Arbeitnehmer sind schwer vermittelbar, die Hälfte von ihnen sucht länger als ein Jahr einen Job.

Arbeiterkammer-Präsident Heinz Vogler kritisiert die Haltung der Unternehmer als Vorurteil: „Am stärksten betroffen sind jene Arbeiter, bei denen das Einkommen mit zunehmendem Alter nicht so steigt wie bei Angestellten."

EX-Boxchampion Mike Tyson bleibt hinter Gittern !

Die Berufung des prominentesten Gefangenen der USA, Mike Tyson, gegen die sechsjährige Haftstrafe wegen Vergewaltigung wird abgeschmettert. Der 27jährige ehemalige Weltmeister im Schwergewichtsboxen kommt frühestens 1995 frei. Vorderhand verbringt er sein Leben im gleichen Trakt mit 84 Mitgefangenen – mit Mördern, Dealern und Sexattentätern.

Massaker an Indianern im Amazonasgebiet

Bei einem Massaker schlachten brasilianische Goldsucher im Amazonasgebiet 50 Indianer regelrecht ab. Die Massenmörder geben sich als Freunde der Yanomamis aus und halten Geschenke in die Höhe. Als die Indianer ihnen arglos entgegenkommen, eröffnen die Killer das Feuer und verstümmeln ihre Opfer, darunter zahlreiche Kinder, mit Macheten – alles nur wegen des Goldes.

Das von Experten geforderte Rauch- und Telefonierverbot im Auto stößt auf wenig Gegenliebe

Sicherheitsexperten lösen mit Forderung Diskussionen aus:

Rauchen und Telefonieren beim Autofahren soll verboten werden

Für einen Streit der Sicherheitsexperten sorgt der Vorschlag des „Kuratoriums für Verkehrssicherheit", Rauchen und Telefonieren beim Autofahren zu verbieten. Seitens des Verkehrsministeriums ist man dagegen, „jeden Handgriff zu regeln", und VP-Politiker Kukacka spricht sich gegen den „Raucherkannibalismus" aus.

Auch die beiden Autofahrerklubs sind sich einig und lehnen das vom Kuratorium geforderte Rauch- und Telefonierverbot strikt ab. Chefjurist Mag. Peter Soche vom ÖAMTC: „Das Verbotsprogramm ist eine realitätsfremde Utopie." In die selbe Kerbe schlägt der Pressesprecher des ARBÖ, Dr. Christian Jörg: „Ich glaube, daß der Vorschlag ein sehr bedenkliches Sommerthema ist, da diese Verbote nicht kontrolliert werden können und dadurch Aggressionen geschürt werden."

Ein Sprecher des Innenministeriums hält legistische Maßnahmen für nicht zweckmäßig: „Beim Ruf nach Vorschriften ist es wesentlich, die Unfallrelevanz zu betrachten." Gegen „jede Art von Zwangsbeglückung" spricht sich VP-Mann Helmut Kukacka aus: „Ich glaube, das geht zu weit und bringt nichts."

„Old Surehand" stirbt an Krebs

„Wenn das mein Ende ist, dann soll es so sein. Ich habe ein schönes Leben gehabt", tröstet Stewart Granger (80) seine Verwandten noch vom Totenbett aus. Am 17. August verliert der Hollywood-Haudegen und Held unzähliger Action-Filme seinen letzten Kampf: Er stirbt in Santa Monica (USA) an Krebs. Der Schauspieler wurde vor allem als „Old Surehand" in Karl-May-Verfilmungen sehr populär.

Hitzetod nach 30 Krügel Bier

Bei 28 Grad im Schatten genehmigt sich ein 33jähriger arbeitsloser Oberösterreicher 30 Krügel Bier und etliche Stamperl Schnaps. Eine tödliche Dosis Alkohol: Der Mann stirbt an Herzversagen im Obstgarten des Elternhauses, wo er im Schatten eines Baumes seinen Riesenrausch ausschlafen wollte.

Rainer-Museum in Manhattan

Mitten im New Yorker Manhattan entsteht ein eigenes Museum für Arnulf Rainer, Österreichs international bekanntesten Maler. 199 Bilder und Objekte des 64jährigen Künstlers, der auch Professor an der Wiener Akademie ist, sollen dort ausgestellt werden und die Amerikaner zu Rainer-Fans machen.

Tausende warten vergebens auf das kosmische Feuerwerk.

Der „Schweif" des Kometen ist zu klein

In der Nacht vom 12. auf den 13. August 1993 kreuzt die Erde den Schweif des Kometen „Swift Tuttle". Dabei, so die Wissenschafter, wirkt die Anziehungskraft unseres Planeten wie ein gigantischer Staubsauger, der Abertausende Meteoriten in die Atmosphäre stürzen läßt. Meteoriten, die verglühen und als Sternschnuppen sichtbar werden – ein Ereignis, das nur alle 135 Jahre eintritt. Die Experten versprechen euphorisch eine „Nacht der tausend Sternschnuppen", ein „kosmisches Feuerwerk".

Zehntausende Menschen harren in Österreich aus, um das für Mitternacht angekündigte Schauspiel zu beobachten. Mit Fernrohren, auf Bergen und sogar in fünf Sondermaschinen der AUA. Allein: Die „Nacht der tausend Sternschnuppen" (und auch der tausend Wünsche) bleibt aus. Die Erklärung der ebenfalls enttäuschten Forscher: Der Schweif des Kometen war zu klein.

„Maximale" Sorge um Ottos Herz!

Schwerer Schock für Austria Salzburg und alle Fußballfans: Trainer Otto Baric muß nach Herz- und Atembeschwerden ins Spital und vier Wochen pausieren. Libero Heribert Weber schlüpft während dieser Zeit – übrigens sehr erfolgreich – in die Rolle eines Spielertrainers. Dann aber großes Aufatmen – Otto kehrt nach einem Kuraufenthalt erholt zurück und sitzt mit „maximalem" Einsatz wieder auf der Bank . . .

Schwarze wird Miß Südafrika

Der Apartheid geht es jetzt auch im gesellschaftlichen Bereich an den Kragen. In Sun City wird mit der 21jährigen Jacqui Mofokeng erstmals eine Schwarze zur „Miß Südafrika" gewählt. Die 1,74 große Wirtschaftsstudentin mit Traummaßen verspricht denn auch, sich aktiv für den Frieden in ihrem nach wie vor von blutigen Rassenunruhen gezeichneten Land einsetzen zu wollen.

Krone-Chronik August '93

- Neunte WM-Medaille für Österreichs Rad-Steher Roland Königshofer. In Hamar (Norwegen) gewinnt er diesmal Silber.
- Bei einer Razzia auf der Baustelle zur Errichtung des Donaukraftwerkes Freudenau (Staustufe Wien) werden 24 Schwarzarbeiter aus der Slowakei verhaftet.
- Zwei österreichische Schwimmerinnen erreichen erstmals bei einer EM den Einzug ins Finale: Martina Nemec (200 m Lagen) und Judith Draxler (50 m Kraulen).
- Reinhard Kamitz, als früherer Finanzminister und Notenbank-Präsident der „Vater des harten Schillings", stirbt im 86. Lebensjahr.

Österreicher ärgern sich über Arbeitslosigkeit und Verbrechen

Was ärgert die Österreicher am meisten? Das parteiunabhängige Meinungsforschungsinstitut IMAS präsentiert im August 1993 eine „Hitliste des Unbehagens" – die vor allem auch die Politstrategen in Hinblick auf die Nationalratswahlen 1994 – und den erwartet hitzigen Wahlkampf – interessieren wird ...

Nach dieser Studie steht das Problem der Arbeitslosigkeit im Gefolge der Weltwirtschaftskrise an erster Stelle der „Kummer-Liste". Den zweiten Platz nimmt der Ärger über die Preissteigerungen ein. An bereits dritter Stelle steht die Sorge, Österreich werde durch die Zuwanderung von Ausländern „überfremdet".

Weitere Reizthemen, über die sich die Österreicher ärgern: die Wohnungsknappheit, die speziell in den Städten für jüngere Menschen zu einem immer größeren Problem wird. Und schließlich die steigende Kriminalitätsrate, wobei vor allem ältere Personen sich laut IMAS-Untersuchung mehr Recht und Ordnung wünschen.

16jähriger U-Bahn-Dieb wird zum Volkshelden

Weil er einen New Yorker U-Bahn-Zug gestohlen hat und damit gefahren ist, muß sich ein 16jähriger vor einem US-Gericht verantworten. Das Urteil fällt milde aus. Der Richter „verdonnert" den Burschen, dem die Sympathien der Bevölkerung gehören, zu drei Jahren bedingt und – zur Ausbildung als U-Bahn-Fahrer.

Polizisten in Badehosen auf Verbrecherjagd

In den Bädern der Stadt Wien wird der Boden für Langfinger heiß: Im August machen dort nämlich Polizisten Jagd auf Kriminelle – getarnt mit Badehose, Sonnenbrille und Liegestuhl. Als Gegenleistung dürfen die „entblößten Uniformierten" die Gemeindebäder gratis benutzen.

Führerschein für Besitzer von „Killer-Hunden"

Elf Rassen gelten nach einem neuen Gesetz als „Killer-Hunde" – unter ihnen Doggen und Rottweiler. Der Besitz solcher Vierbeiner ist in der Steiermark künftig verboten, kann aber in Ausnahmefällen behördlich genehmigt werden. Der Halter bekommt dann einen „Führerschein", den er stets bei sich tragen muß.

Adabei

Michael Jeannée

Christine „Mörteline“ Lugner als Moderatorin bei Mißwahl

Nicht einmal „ä littl Inglisch“ . . .

Missen-Vater Erich Reindls fernmündliche Protest-Prognose – „A Frechheit, diese Wiener Mißwahl! Weil die meisten Hasen kommen doch aus Tschechien oder Polen . . .“ – traf voll ins Schwarze: Von 15 Mädchen, die Montag nacht in Peter Wajdas Wiener Innenstadt-Disco „Queen Anne“ um die Wette wackelten, sprachen zehn kein Wort Deutsch, sondern „onli ä littl Inglisch“. Was wiederum die Moderatorin der Schönheitskonkurrenz namens Christine „Mörteline“ Lugner zur phasenweisen Sprachlosigkeit verdammte – sie kann kein Wort „Inglisch“. Nicht einmal „onli ä littl“ . . .

Aber sonst war's a Hetz. Zumal in der Jury kein geringerer als Baulöwe Richard „Mörtel“ Lugner saß, den seine moderierende Gattin, als er in der Hitze des Gefechts kurz eingenickt war, über das Mikro zur Ordnung rief: „Was ist mit deiner Wertung, Mörtel!?!“

Da schlugen sich die Promis Niki Lauda und Peter „Fäustling“ Peter auf ihre Schenkel und waren sich einig: „A Wahnsinn!“

Filmstars zittern vor Enthüllungen

Hollywood zittert vor Heidi Fleiss, Callgirl-Chefin. Die wegen Zuhälterei und Drogenbesitzes Verhaftete droht, die Namen ihrer prominenten Kunden - Filmstars und Produzenten - vor Gericht auszuplaudern.

In der Hitze der Nacht: Christine „Mörteline“ Lugner & Miß

„Geisterfahrt“ mit zwei Linienbussen

Ein „Hobby-Chauffeur“ schleicht sich in eine Garage der Wiener Verkehrsbetriebe und „borgt“ sich gleich zweimal Linienbusse aus. Er kurvt munter durch die Stadt und fährt zum Heurigen auf einen G'spritzten.

Ein Cowboy, der die „Prawda“ liest? *Dafür gibt es eine logische Erklärung: Weil die Produktionskosten in Rußland günstiger sind, werden Western jetzt dort gedreht - mit russischen Cowboys und Indianern. Ob wohl statt Whiskey Wodka als Feuerwasser getrunken wird?*

Wochenmagazin „erfindet“ Rauschgift-Skandal

Gerüchte über angebliche Kokain-Affäre Jörg Haiders

Empört zeigt sich FPÖ-Chef Jörg Haider über Kokain-Gerüchte und mobilisiert seinen Anwalt. Zu den von einem Wochenmagazin in Umlauf gebrachten Behauptungen, es gebe eine Kokain-Affäre im Dunstkreis der Kärntner FPÖ und von Parteichef Haider, wobei allerdings keine Beweise, sondern nur Vermutungen vorliegen, meint Haider, daß „diesem Magazin nichts mehr zu schlecht ist“.

Er habe seinen Anwalt beauftragt, sich diese Geschichte anzusehen. Was ihn betreffe, so sei er nur eine viertel- oder halbe Stunde bei der Eröffnung eines sogenannten In-Lokales gewesen, dessen Inhaber mit Kokain in Verbindung gebracht wird. Das sei, so Haider, alles. Im übrigen habe dasselbe Magazin ihm schon einmal unterjubeln wollen, daß er illegal Flüchtlinge beschäftigte. Auch dieser Vorwurf habe sich dann aber als haltlos herausgestellt.

Nach 17 Jahren kehrt Direktor Bernhard Paul mit seinem „Circus Roncalli" nach Wien zurück. Er gastiert mit der „Aufführung in zwei Akten auf Sägemehl in 18 Aufzügen zwischen vier Masten" vor dem Rathaus. Bernhard Pauls Wun-

Das Wunder „Circus Roncalli"

der „Roncalli" ist mehr als ein Zirkus: ein faszinierendes Mirakel. Die Premiere wird zum Triumph. „Gestern bin ich vor der Burg gestanden, sah den Rathausmann und darunter mein Zelt, mir sind die Tränen gekommen", bedankt sich der Direktor bei Bürgermeister Helmut Zilk, der den „Roncalli" auf dem Rathausplatz möglich gemacht hat.

Wahnsinnstat eines geistig verwirrten Arztes im Kaiser-Franz-Josef-Spital in Wien:

Todesspritze für Krebspatientin

Unter dem Vorwand, eine 74jährige Krebskranke von ihren Schmerzen zu erlösen, verpaßt ein Wiener Narkosearzt der Patientin eine tödliche Dosis eines Betäubungsmittels. „Endlich ist sie von ihren Schmerzen erlöst", steht der 44jährige Anästhesist völlig geistesabwesend neben der Leiche seines Opfers im Kaiser-Franz-Josef-Spital.

Kollegen des Mediziners versetzen ihn in einen künstlichen Tiefschlaf. Erst acht Stunden nach der Todesspritze wird durch einen anonymen Anruf in einem Wachzimmer Mordalarm ausgelöst. Der Arzt wird noch im Spital verhaftet. Tests ergeben, daß er 1,7 Promille Alkohol im Blut hat. Da der Verhaftete aber angibt, nur zwei Biere getrunken zu haben, muß die Mordkommission klären, wie der Mediziner während der Arbeitszeit zu der Alkoholisierung gekommen ist.

Denn die Erhebungen hängen von einer Kernfrage ab: War der Arzt zum Zeitpunkt der Tat alkoholisiert, oder hat er sich nach der Todesspritze betrunken? Die Antwort entscheidet, ob der Mann wegen Mordes oder fahrlässiger Tötung angeklagt wird.

***Kondome** und hundert Flaschen Weißwein sind die aufregendsten „Fundstücke" im Rumpf eines vor Dänemark gehobenen, im Mai 1945 versenkten deutschen U-Bootes. Ein dänischer Verleger ließ das Wrack des „U-534" mit Millionenaufwand heben, um angebliche Nazi-Goldschätze zu bergen.*

Semmering-Tunnel wird gebaut!

Verkehrsminister Viktor Klima hebt trotz heftiger Proteste den Baustopp für den Semmeringtunnel auf. Am 27. August präsentiert er eine Studie, die das Sechs-Milliarden-Schilling-Projekt positiv beurteilt. Tunnel-Gegner wie etwa Erwin Pröll bleiben bei ihrer Ablehnung.

Mord nach Autostreit

Ein 19jähriger Fleischhauergehilfe aus dem niederösterreichischen Waldviertel erschlägt nach einem Disco-Besuch seinen 21jährigen Freund mit einer Eisenstange. Das haarsträubende Motiv: Seit Monaten stritten die beiden darüber, wessen Auto das bessere sei – der VW Golf des Täters oder der Opel Manta des Opfers. Als sein geliebtes Vehikel streikt, dreht der Fleischhauer durch.

Krone-Chronik August '93

- Claudia Schiffer klagt eine spanische Agentur, die ein Nacktfoto des Topmodels verbreitet, auf 70 Millionen Schilling.
- Die Oberösterreicherin Britta Grebe gewinnt ihren bereits vierten EM-Titel im Wasserski-Springen.
- In Los Angeles (USA) stehlen Einbrecher aus einem privaten Reihenhaus neun Gemälde im Wert von 110 Millionen Schilling.
- Sabine Tröger läuft in Lienz mit 11,28 Sekunden neuen österreichischen Rekord über 100 m.
- Die Ordeninflation in Österreich gerät ins Schußfeld der Kritik, speziell die „automatischen" Auszeichnungen, wie sie Politikern nach acht Jahren als Abgeordnete zustehen.
- Der Texaner Lance Armstrong wird in Oslo Rad-Straßenweltmeister der Profis. Harald Maier (Ö) belegt Rang 19.

Angelika stürzt in den Filmtod

Anja Kruse hat genug von ihrer Rolle in der populären TV-Serie „Forsthaus Falkenau", will nicht länger das treusorgende Förster-Weibchen Angelika spielen, Hunde streicheln und Kinder schaukeln. Autoren werden beauftragt, einen Abgang zu finden. Was dabei herauskommt, ist mehr als lächerlich: Ein aus einem Käfig entwichener Panther läßt bei einem Ausritt das Pferd scheuen, Angelika stürzt in den Filmtod. Ihre letzten Worte: „Diese Stille, ich bin so glücklich ..." – kitschiger geht es nicht mehr.

Alarm um Drogenopfer

Die Polizei schlägt Alarm: In Wien nimmt die Zahl der Drogentoten beängstigend zu, im August 1993 sind es bereits 65. Hauptgründe dieser Schreckensbilanz sind der kaum kontrollierbare Import billigen Heroins aus dem früheren Ostblock und die immer aggressiveren Methoden der Dealer. Auch das Einstiegsalter der Süchtigen sinkt: Sogar Zwölfjährige hängen schon an der Nadel.

VP-Chef Busek fordert 12 Monate Zivildienst

Vizekanzler Erhard Busek fordert eine Verlängerung der Zivildienstzeit von zehn auf zwölf Monate, um die Zahl der Wehrunwilligen nicht noch weiter explodieren zu lassen. Tatsächlich ist das Bundesheer kaum mehr in der Lage, seinen Verteidigungsauftrag zu erfüllen.

Denn dem österreichischen Heer laufen immer mehr Wehrdienstpflichtige davon, die Zahl der Zivildienstanträge explodierte in einem Jahr um 163 Prozent auf 12.000. „Ich weiß, meine Forderung ist nicht populär", räumt der VP-Chef ein, „aber unsere Verteidigungsfähigkeit muß gesichert bleiben."

Gen ist schuld an Übergewicht

Wer dick ist, kann nichts dafür: Eine englische Forscherin entdeckt ein Gen, das auch bei ganz normaler Ernährung Fettpolster aufbaut, festhält und daher schuld an Übergewicht ist.

Tierschutzhaus total überfüllt

Alle Jahre wieder dasselbe traurige Schauspiel: Wenn Herrchen und Frauchen auf Urlaub fahren, ist für Hund und Katz kein Platz. Viele lassen ihre „geliebten" Vierbeiner unbeaufsichtigt zu Hause oder setzen sie einfach aus. Im August muß das Wiener Tierschutzhaus zu einer dramatischen Maßnahme greifen: Weil es mit 600 Katzen und 200 Hunden „überquillt", wird eine Aufnahmesperre verfügt.

Die Tierschützer fordern aus diesem Anlaß vehement harte Strafen für verantwortungslose Tierbesitzer und eine weit strengere Zuchtkontrolle.

Viele sind sich der Verantwortung für Tiere nicht bewußt.

Dem Zauber der Uniform erliegen auch hübsche Mädchen

Puppen in Uniform regeln den Verkehr

Wunderwaffe gegen Raser

Eine originelle Idee zur Verkehrsberuhigung verwirklicht der Bürgermeister des niederösterreichischen Kurortes Reichenau an der Rax: In Italien läßt er bei einer Spezialfirma Schaufensterpuppen anfertigen, kleidet diese in Uniformen von pensionierten Gendarmen und stellt sie jeden Morgen an einem anderen Einsatzort am Straßenrand auf. Die Wunderwaffe wirkt: Autoraser steigen beim Anblick der „Papp-Inspektoren" sofort auf die Bremse. Selten werden mit den Puppen Scherze getrieben, wie der eines Spaßvogels, der einem stummen Ordnungshüter eine Bierflasche in die Uniform steckt . . .

Edith Klinger:

Tierecke

Tel. 36 26 79, Montag bis Freitag von 12 bis 17 Uhr

Vor einigen Tagen hat mich eine Tierfreundin angerufen und am Telefon geweint, weil zwei von ihren Katzen erkrankt sind. Im Gespräch erfuhr ich dann, daß die Frau mit ihren Katzen züchten wolle.

Bei diesem Wort werden alle Tierschützer nervös. Wir wissen, daß es einige seriöse Züchter geben muß, sonst würden ja die Rassetiere aussterben, aber wir sind sehr böse, wenn wir hören, daß man es tun will, um eine Lebensaufgabe zu haben. Und das war der Grund, den diese Dame für ihr Vorhaben angab.

Da wüßte ich viel bessere Möglichkeiten. Die eine wäre zum Beispiel den Menschen in der Tierschutzarbeit zu helfen, die dann dafür sorgen müssen, daß die Haustiere, die unbedacht genommen und dann wieder weggegeben werden, wieder ein Zuhause finden. Es gibt nämlich viel zu viele Hunde und Katzen, und gerade der, der sie wirklich liebt, wünscht sich, daß es weniger davon gäbe.

Der Katzenüberschuß ist fast überall das größte Problem in den Tierheimen. Die große Fruchtbarkeit dieser Tiere und die geringe Bereitschaft ihrer Halter, eine Vermehrung durch Kastration zu verhindern, sorgt dafür, daß Tierschützer oft vor unlösbaren Problemen stehen.

Bitte züchten Sie nicht! Gehen Sie, bevor Sie sich zu so einer „Lebensaufgabe" entschließen, in das nächstgelegene Tierheim, und schauen Sie, wie viele Tiere – auch Rassetiere! und besonders Katzen – dort hausen müssen, und fragen Sie die Tierheimleiter, wie schwer es ist, verläßliche Plätze für diese Tiere zu finden.

Für jedes gezüchtete Tier muß so ein armes Luder aus einem Heim sterben, denn die Aufnahmekapazität der Tierfreunde wird immer geringer.

Fragen Sie jeden Tierschützer, der keinen Urlaub kennt und kein Wochenende und auch privat immerzu das ausbaden muß, was andere falsch gemacht haben.

Edith Klinger

Erschienen am 11. August 1993

Tennisteam bleibt in der Weltgruppe

Matchball abgewehrt, Disqualifikation verhindert! Alexander Antonitsch ist der Tennisheld von Christchurch: Mit seinem 7:6, 4:6, 6:7, 7:6, 6:2 gegen Neuseelands Kelly Evernden fixiert der Kärntner den 3:2 Sieg unseres Daviscup-Teams und damit den Klassenerhalt in der Weltgruppe.

Schatz in altem Gasherd entdeckt

Golddukaten und Sparbücher im Wert von 400.000 Schilling entdeckt ein Wiener Medizinstudent beim Renovieren seiner Wohnung in einem alten Gasherd. Der ehrliche Finder meldet sich bei der Vormieterin, einer betagten Dame, und gibt der Eigentümerin den „Goldschatz" zurück.

Zeugen Jehovas verbieten Bluttransfusion:

Sekten-Eltern lassen ihr Baby sterben !

Fassungslosigkeit und Empörung löst im September die Entscheidung eines oberösterreichischen Ehepaares aus, seinem Baby aus religiösen Gründen eine lebensrettende Bluttransfusion zu verweigern. Wenige Tage später stirbt der Säugling. Die Eltern gehören den „Zeugen Jehovas", einer umstrittenen Sekte, an.

In der Linzer Kinderklinik muß ein Baby sterben, weil die Eltern - sie gehören der Sekte der „Zeugen Jehovas" an - nicht wollen, daß die Ärzte dem Säugling rettende Blutkonserven geben.

Da die Glaubensgemeinschaft Bluttransfusionen strikt ablehnt, unterschreiben der Vater und die Mutter des kleinen Simon einen Revers und damit das Todesurteil für das Kind.

Elf Tage später ist das Baby, bei dem eine sogenannte Rhesus-Unverträglichkeit festgestellt wurde, tot. „Mit einem Blutaustausch wäre das Kind leicht zu retten gewesen", dazu ein Experte.

Die Eltern, die aus ihrer Überzeugung den Tod des Kindes in Kauf genommen haben, erwartet eine Anklage wegen „Vernachlässigung von Unmündigen". Gegen die verantwortlichen Ärzte wird wegen fahrlässiger Tötung erhoben.

Am 23. September verübt ein religiöser Eiferer offensichtlich ein Racheattentat und feuert in Innsbruck auf Zeugen Jehovas, die sich zum Gebet versammelt haben: Vier Mitglieder werden angeschossen, der Schütze entkommt unerkannt.

J. Gilbey: Freund der Prinzessin

Camilla: Freundin des Prinzen

Liebesgestammel des Thronfolgers: 1574 Worte der Peinlichkeit . . .

Adeliges

Das Haus Windsor hat schon viele „Skandaljahre" überlebt. Doch 1993 wird mit „Camillagate" - dem Telefon-Sex-Skandal des Jahrzehnts - zum Schreckensjahr . . .

Als der Inhalt des delikaten Telefonates, das der Thronfolger, Prinz Charles, mit einer verheirateten Dame der Londoner Gesellschaft führte, an die Öffentlichkeit dringt, droht die Monarchie endgültig zu stürzen: Das Verhältnis wird zur Staatsaffäre.

Denn verglichen mit Andrew Mortons Enthüllungs-Biograhphie „Diana - Ihre wahre Geschichte", liest sich das Protokoll des telefonischen Bettgeflüsters wie ein billiger Sex-Roman: 1574

Die Veröffentlichung von Dianas Biographie war der Anfang vom Ende.

Ein Hof-Experte: „Britische Monarchie ist dem Sturz gefährlich nahe!"

Charles und Diana entfremden sich immer mehr. Seit den Telefon-Sex-Affären leben sie getrennt.

Telefongeflüster

Worte der Peinlichkeit . . .

Ein Funkamateur veröffentlichte das bereits 1989 aufgenommene Liebesgestammel von Thronerbe Charles mit Camilla Parker-Bowles.

Minutenlang wird auf dem Tonband gestöhnt, gequietscht, geschnurrt und geseufzt. Zwischendurch macht das nach außen so ehrbare Paar - immerhin wird Charles einmal Oberhaupt der Anglikanischen Kirche - typisch pubertäre Scherze: Charles wünscht sich, als Camillas Höschen oder als ihr Tampon wiedergeboren zu werden, vergleicht den Knopf am Telefon mit ihrer Brustwarze . . .

Prinzessin Diana - 1992 in einem ähnlichen „Tonbandskandal" von ihrem Freund James Gilbey „Mäuseschwänzchen" genannt - spielt die „Camillagate-Aufzeichnungen" ihrer Schwiegermutter vor und erzwingt damit ihre offizielle Trennung von Charles. Durch die Veröffentlichung in britischen Zeitungen erreicht sie aber auch, daß ihr Mann nie König werden kann.

„Das Haus Windsor ist dem Sturz nahe. Kann der Prinz die Situation nicht retten, so gibt es im nächsten Jahrhundert keine Monarchie mehr", erklärt Hof-Experte Harold Brooks-Baker im September.

Dementieren kann das belauschte Liebespaar seine Affäre wohl nicht, so peinlich sie auch ist. Camilla Parker-Bowles stöhnt, als man ihr das Tonband vorspielt, nur entsetzt: „Ich kann es nicht glauben, ich muß mit meinem Mann darüber reden", bestreitet jedoch die Echtheit der Aufnahme nicht.

Prinz Charles, der sich der Öffentlichkeit als besorgter Vater, Familienmensch und eifriger Kirchgänger präsentiert hat, schweigt. Daß er jetzt zumindest seinen Ruf als einsamer Exzentriker, der nur mit seinen Pflanzen spricht, los ist, dürfte ihm kein Trost sein.

Luxusreisen der Prinzessin mit ihren Söhnen empören die Briten

Diana tröstet sich mit Luxusreisen und versucht sich mit „Traumferien" für ihre Söhne als besonders gute Mutter zu zeigen. Doch auch das geht schief: Zeitungen rechnen nach, daß William (11) und Harry (8), heuer schon fünf Traumreisen hinter sich haben.

Bei einer Blitzumfrage des „Daily Mirror" erklären zudem vier von fünf Briten, daß Diana eine Heuchlerin sei, die nur aus Publicity-Gründen Mitgefühl für Arme und Obdachlose zeige, selbst aber ein verschwenderisches Leben führe.

Für 1994 kann man den heißblütigen Blaublütigen des Hauses Windsor jedenfalls eines wünschen: „God save the Queen!"

***Krokodil-Alarm** in Wien-Hütteldorf! Eine Hausfrau hält in der Badewanne ihrer Gemeindebauwohnung ein junges Nil-Krokodil, das ihr Mann im Urlaub in Ägypten gekauft hat. Der neunjährige Sohn schmuggelte „Sim Sim" als lebendes Souvenir im Flugzeug.*

„Mikrophon-Affäre" endet mit Austritt Burgstallers aus der ÖVP

Zu einem „Sittendrama" entwickelt sich die Behauptung der Grün-Mandatarin Terezija Stoisits, wonach der VP-Abgeordnete Paul Burgstaller sie im Parlament aufgefordert habe, ein Mikrophon in den Mund zu nehmen und daran zu lutschen. Der Steirer sieht sich gezwungen, aus seiner Partei auszutreten.

Vor laufenden Fernsehkameras gibt Burgstaller, der alle Vorwürfe über eine sexistische Äußerung zurückweist und als „wilder Abgeordneter" weiter im Parlament bleibt, zwei Gründe für seinen Parteiaustritt an: Erstens hätte die ÖVP-Spitze andere Probleme zu lösen, als sich mit einem Zwischenruf, den er nicht gemacht habe, zu befassen.

Und zweitens hätten ihm die Vorwürfe der stellvertretenden ÖVP–Obfrau Helga Rabl-Stadler ein Verbleiben in der Volkspartei unmöglich gemacht: Rabl-Stadler hatte Burgstallers umstrittene Äußerung als „sexuelle Belästigung am Arbeitsplatz" bezeichnet.

***Krachend und berstend** bricht die Turmspitze ab und stürzt in die Tiefe. Vermutlich durch Blitzschlag geht die katholische Pfarrkirche in Fort Weyne im US-Bundesstaat Indiana in Flammen auf. Das Gotteshaus stammt aus der Mitte des vorigen Jahrhunderts und ist das Wahrzeichen der Stadt.*

Hunderte Menschen werden evakuiert:

Irrer Feuerteufel legt Brand in Gemeindebau

Nach dem dritten Brandanschlag eines irren Feuerteufels auf einen Wiener Gemeindebau müssen 250 Mieter aus giftigem Rauch, der durch Lüftungsschächte dringt, evakuiert werden. Tausende Bewohner haben Angst vor einem weiteren Attentat und sind verzweifelt, weil etliche Wohnungen nicht beziehbar sind.

Krone-Chronik September '93

- Gleich acht Spiele gesperrt wird der zum FC-Köln österreichische Fußball-Legionär Toni Polster für einen umstrittenen Ausschluß in der deutschen Bundesliga.
- In dessen Haus in Unterwart (Burgenland) wird die Leiche eines schwerreichen, 68jährigen Viehhändlers gefunden. Der Mann war erschlagen worden. Wahrscheinliches Motiv für den Mord: Raub.
- Zwei maskierte, mit Pistolen bewaffnete Deutsche rauben einer 30jährigen Frau an einer Kreuzung am Wiener Gürtel um 1 Uhr früh deren 500.000 Schilling teuren Mercedes, werden aber Stunden später an der Grenze verhaftet.

In den frühen Morgenstunden des 1. September bricht im Keller eines Gemeindebaus am Wiener Handelskai ein Brand aus. Minuten später stehen fünfzig Abteile in Flammen. Lackdosen und Benzinkanister explodieren, giftige Dämpfe und Rauchschwaden dringen durch die Lüftungsschächte in die Wohnungen. Mehr als 250 Menschen sind in Lebensgefahr.

Während die Löschmannschaften gegen den Großbrand ankämpfen, werden Kinder mit Rauchgasvergiftungen in Spitäler eingeliefert. Dutzende Familien müssen in Ersatzquartiere des Bundesheeres übersiedeln. Erst nach fünf Stunden hat die Feuerwehr die Flammen unter Kontrolle.

Am Tag nach der Katastrophe steht fest: Es war Brandstiftung. Genauso wie im Jänner und Mai. Konkrete Hinweise gibt es nicht, da jeder als Täter gilt, der einen Kellerschlüssel hat. Also mehr als 3000 Personen!

Mit Schlagzahl 39 *pro Minute erreicht der österreichische Leichtgewichts-Doppelvierer bei der Ruderweltmeisterschaft in Roudnice bei Prag einen sensationellen Sieg. Das rot-weiß-rote Team (Walter Rantasa, Christoph Schmölzer, Gernot Faderbauer und Wolfgang Sigel) „schlägt" mit seinem Wahnsinns-Rhythmus die Konkurrenz k.o. und gewinnt die Gold-Medaille.*

„Wurlitzer-Lizzys" Doppelgängerin. *Lizzy Engstler (Bild links), die gutgebaute Kärntnerin, mausert sich zur beliebtesten Präsentatorin des ORF-Wunschprogrammes „Wurlitzer". Doch derart freizügig, wie die junge Engländerin auf dem Bild oben, die dem „Wurlitzer-Starlet" so verblüffend ähnlich sieht, daß man sie für eine Zwillingsschwester halten könnte, war Lizzy bisher noch nie in der Nachmittagssendung zu sehen. Dabei liegt es keinesfalls an der Figur, daß die ehemalige Songcontest-Teilnehmerin mit ihrer britischen Doppelgängerin nicht konkurrieren könnte – vielmehr hat man am Küniglberg für solche Auftritte wenig Verständnis.*

Das größte Sorgenkind der Verstaatlichten: die konkursreife Branchenholding Austria Metall AG (AMAG)

„Wir haben uns verschätzt."
ÖMV-Chef Richard Schenz auf die Frage, wieso man sich beim Jahresergebnis der ÖMV um 4,6 Milliarden geirrt hat.

„Über Details möchte ich mich nicht äußern."
ÖIAG-Chef Oskar Grünwald auf die Frage, ob es bei der ÖMV einen vierstelligen Personalabbau geben wird.

„Das ist schön, daß die etwas zum Verzichten haben . . ."
Ein Linzer Betriebsrat zur Ankündigung der Manager, auf Gehaltsteile zu verzichten.

„1992 haben wir keine Verlustbetriebe mehr."
Hugo Michael Sekyra 1990

„Ich bin nur die Feuerwehr."
Verstaatlichten-Minister Viktor Klima

Milliardenverluste bedeuten das Aus für die Austrian Industries ● Der Konzern wird

Manager versagen: Totalabsturz

Wie erklär ich es dem österreichischen Steuerzahler? Verstaatlichten-Minister Klima, hier mit Finanzminister Ferdinand Lacina

Während Politiker mit immer neueren Konzepten auffahren, um das Verstaatlichten-Debakel in den Griff zu bekommen, rutscht der Staatskonzern immer tiefer in die roten Zahlen. 1992 setzte die Austrian Industries 2,6 Milliarden Schilling in den Sand. Und im September 1993 steht fest: Es werden noch wesentlich mehr.

Nicht nur die weltweite Rezession, die Stahlkrise und der Verfall der Rohstoffpreise sind für den katastrophalen Zustand der Verstaatlichten verantwortlich. Schuld an der Misere haben auch grobe Fehlentscheidungen des Managements,

VON JULIA KISTNER

nicht zuletzt die jahrelang praktizierten Firmen-Einkaufsfahrten, ohne daß hierfür das notwendige Kapital vorhanden gewesen wäre.

Die fehlenden Milliarden (die AI ist mit rund 28 Milliarden Schilling verschuldet) waren, sind und werden noch lange die Eckpfeiler unseres gigantischen Budgetdefizits sein. Alleine in den 70er und 80er Jahren flossen in Summe 59 Milliarden Schilling an Steuergeldern in die Verstaatlichte.

Milliardenschulden noch im nächsten Jahrtausend

Noch im nächsten Jahrtausend werden die Rückzahlungen aus dem Steuersäckl den Staatshaushalt mit mehr als fünf Milliarden Schilling jährlich belasten. Und auch wenn im Koalitionsabkommen die Parteien unterschrieben haben, daß keine weiteren Steuergelder in die Verstaatlichte fließen werden (was höchstwahrscheinlich vor dem Super-Wahljahr 1994 auch nicht der Fall sein wird), so ist immerhin schon keine Rede mehr von der im Übereinkommen festgeschriebenen „Dividende" aus den AI

„Aussteigen, bitte! Wir haben uns im Kurs geirrt."

privatisiert ● Tausende Arbeitsplätze sind jetzt gefährdet

der Verstaatlichten!

an den Eigentümer Staat. Ob Österreichs größter Klotz am Bein wirklich ohne einen weiteren Griff nach Steuermitteln Überlebenschancen hat, ist angesichts der erschreckenden Tatsachen zu bezweifeln:

● Das größte Sorgenkind der Verstaatlichten, die konkursreife Branchenholding Austria Metall AG (AMAG), wird bis Ende 1994 rund 13,5 Milliarden Schilling zur Abdeckung der Mega-Verluste verschlingen, da mit einer Erholung der Aluminiumpreise nicht gerechnet werden kann.

● Daß sich der riesige Schuldenberg der AMAG alleine mit dem Verkauf des Energie- und Chemiekonzerns ÖMV abbauen läßt, ist zu bezweifeln. Das einstige Paradeunternehmen der Verstaatlichten ist nämlich selbst zum Sanierungsfall geworden. Die angeschlagene ÖMV-Gruppe fährt 1993 einen Verlust von 4,7 Milliarden Schilling ein. Wegen der schlechten Konjunktur- und Währungssituation, den niedrigen Öl- und Gaspreisen und dem Problembereich Chemie Linz will man 1.250 Mitarbeiter abbauen und Anlagen in der Chemie stillegen oder verkaufen.

● Hohe Verluste werden auch aus Linz gemeldet. Wegen der drastischen Lira-Abwertung mußte die VOEST-Alpine Stahl auf ihrem zweitgrößten Exportmarkt Italien massive Preisnachlässe gewähren. Man befürchtet bei den Linzer Stahlkochern einen Abgang von mindestens 1,2 Milliarden Schilling.

● Zu weiteren Miesen in Milliardenhöhe trägt auch der kapitalschwache Edelstahlkonzern Böhler-Uddeholm bei. Für dessen Überleben benötigt Viktor Klima neben den 13,5 Milliarden „frischen" Staatsgarantien für die AMAG weitere milliardenschwere Staatshaftungen.

Die Rechnung geht an die Steuerzahler

Jetzt soll das Verstaatlichten-Monster endgültig zerschlagen und bis 1997 zur Gänze privatisiert werden. Die Privatisierung der Verstaatlichten wird aber nur schleppend vorangehen, denn den starken politischen Einfluß in den Staatsbetrieben wird man nicht so schnell zurückdrängen können.

Wie auch immer nach dem größten Industriedesaster der Nachkriegszeit weitergewurstelt werden mag, die Milliarden-Rechnung zahlt letztendlich der Steuerzahler . . .

Apropos

Dr. Georg Wailand

Verstaatlichte: Betrug am Bürger

Als das „Krone"-Wirtschaftsmagazin im März dieses Jahres darüber berichtete, daß die Verstaatlichte zu einem Faß ohne Boden wird und sich die Verluste im heurigen Jahr gegenüber den ursprünglichen Schätzungen verdoppeln werden, gab es wütende Dementis. Heute ist die katastrophale Situation aktenkundig. Der Traum vom beschäftigungsintensiven Staatskonzern hat sich als Betrug am Bürger herausgestellt. Weit über hundert Milliarden Schilling werden wir Steuerzahler dafür zahlen müssen – nicht für neue Arbeitsplätze etwa, sondern „nur" um die unfaßbaren Fehlentscheidungen der Vergangenheit abzudecken.

Hätte die Privatwirtschaft so gearbeitet wie die verhätschelte Verstaatlichte – unser Land wäre längst pleite. Die Blutspur der Staatskonzerne ist atemberaubend. Vom VÖEST- und Intertrading-Debakel über den AMAG-Megaflop bis hin zur ÖMV-Katastrophe. Das läßt sich nicht mit der Rezession begründen, diese Mißerfolge sind Teil des Verstaatlichtensystems in Österreich. Nichts von dem, was versprochen wurde, ist eingehalten worden: Weder wurden Arbeitsplätze „gesichert", noch „Sanierungen" durchgezogen.

Daher gibt es nur eine Konsequenz: Wenn uns und vor allem den dort Beschäftigten Wut, Schweiß und Tränen nicht erspart bleiben, so muß jetzt wenigstens das Kapitel „Staatsindustrie" in Österreich kompromißlos und endgültig beendet werden.

Wirtschaftlich ist das der einzige Weg. Was offen bleibt ist die Frage der Verantwortung: Ist es bei uns tatsächlich möglich, über 100 Milliarden an Steuergeldern zu verjuxen, ohne daß die Verantwortlichen dafür geradestehen müssen?

Airbus über Linz in Turbulenzen:

Panik und Chaos bei AUA-Schreckensflug

Chaos, Schreie, Todesangst - Panik wie vor einem Absturz! Diese Schreckensszenen spielen sich an Bord eines AUA-Airbusses ab, der über Linz in Turbulenzen gerät. Die Maschine sackt ab und ist für eine halbe Minute kaum manövrierbar.

„Wir wurden wie von einer Riesenfaust geschüttelt", schildert ein Passagier den Horrorflug, bei dem 17 Personen zum Teil schwerstens verletzt werden.

Fluggäste wie Crew-Mitglieder werden durch die Kabine katapultiert. Sie prallen gegen die Decke und bleiben am Boden liegen. Da die „Clear Air Turbulences" - wie die Luftwirbel in der Fachsprache heißen - am Radar nicht erkennbar sind, gab es keine Vorwarnungen.

Per Funk alarmiert der Kapitän die Rettungsmannschaften am Flughafen Schwechat, die sofort bereit stehen und sich um die Opfer kümmern.

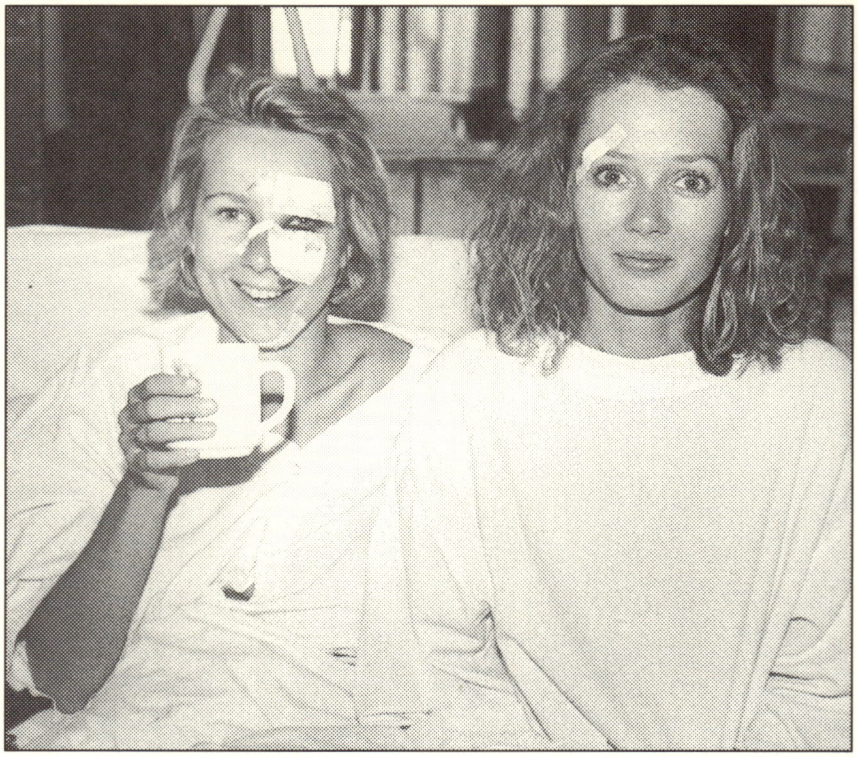

Zwei Stewardessen des Horrorfluges: „Zum Glück haben wir alle überlebt!"

Giftdrama: Ehepaar nimmt Tochter mit in den Tod !

Zwei arbeitslose Wiener Eheleute, die an ihren Schulden von 400.000 Schilling verzweifeln, begehen mit Schlaftabletten und Alkohol Selbstmord und nehmen dabei ihre siebenjährige Tocher mit in den Tod: Auch das kleine Mäderl mußte eine Überdosis an Medikamenten schlucken. Ein 71jähriger Nachbar entdeckt die Leichen und alarmiert die Polizei.

US-Open: Pete Sampras als König von New York

Pete Sampras (USA) beherrscht das teuerste Grand Slam Turnier und erringt im Finale mit einem Sieg über Cedric Pioline (Frankreich) seinen zweiten Titel nach 1990. Bei den Damen gewinnt Steffi Graf (BRD). Thomas Muster scheitert im Viertelfinale nach einem vergebenen Matchball an dem Russen Alexander Wolkow.

Bärenmutter „Mira" im Ötschergebiet abgestürzt

Am Fuße eines steilen Hanges im Naturschutzgebiet bei Lunz am See (NÖ) wird die siebeneinhalb Jahre alte und 105 Kilo schwere Bärenmutter „Mira" tot aufgefunden. Das Tier dürfte von einem Autolenker angefahren worden sein. Die Überlebenschancen der drei neunmonatigen Braunbären-Waisenkinder sind über Winter sehr schlecht.

Schlangenjagd: Mamba-Fieber in Bad Aussee!

Eine der gefährlichsten Giftschlangen der Welt, eine Grüne Mamba, entkommt im Kurmittelhaus von Bad Aussee bei einer Ausstellung und hält den Kurort für fünfTage in Atem. Feuerwehrmänner, Förster und Jäger suchen das hochgiftige Reptil. Erst ein Wünschelrutengeher kann die Mamba „aufspüren" und der Schlangenaussteller fängt sie ein. Kosten der Jagd: 250.000 Schilling.

Spezialtrupps der Polizei schlugen bei der Razzia im Morgengrauen zu.

Größte Razzia seit

Polizei

Hunderte Polizisten sprengen in der größten Razzia der 2. Republik die chinesisch-vietnamesische Schleppermafia. Jenen Verbrecher-Clan, der von Wien aus den internationalen Menschenschmuggel und die Geldwäscherei kontrolliert. Bilanz der generalstabsmäßig geplanten Aktion: 70 Verhaftete, unter ihnen der europaweit gesuchte Boß des Syndicates.

Krone-Chronik September '93

● Der dreifache Motorradweltmeister Wayne Rainey (USA) stürzt bei einem Rennen in Misano (Italien). Dabei zieht sich der Amerikaner die Durchtrennung des Rükkenmarkes zu und wird für den Rest seines Lebens an den Rollstuhl gefesselt sein.

● Mit einer Schießerei endet in Wien die Jagd nach einem der gefährlichsten Bankräuber Österreichs. Der flüchtige „Pumpgun-Günther" wird vor seinem Stammlokal von einem Polizisten niedergeschossen und verhaftet.

● Drei von vier gestarteten österreichischen Fußballvereinen kommen in den Europacup-Bewerben in die zweite Runde: Austria-Wien, Austria-Salzburg und FC-Innsbruck. Nur Admira scheitert im UEFA-Cup an Dnjepropetrowsk.

● Bei einer Abstimmung des Olympischen Komitees wird Sydney (Australien) zum Austragungsort der Sommerspiele für das Jahr 2000 gewählt.

Ernst Wolfram Marboe: Vom einstigen mächtigen ORF-Intendanten zum Privatmann „abgewählt".

Erfinder der Aktion „Licht ins Dunkel" gerät in schiefes Licht

Krieg im ORF: Intendant Marboe muß den Küniglberg verlassen!

Mit 21:0 Stimmen wird Ernst Wolfram Marboe als ORF-Intendant wegen seiner Vermittlerrolle bei der Aufzeichnung der Mörbischer „Lustigen Witwe" durch die UNITEL und die Firma seines Sohnes vom Kuratorium abberufen. Wolfgang Lorenz wird mit der provisorischen Wahrnehmung der Geschäfte beauftragt.

Nachdem das Duo Pius Strobl - Hilmar Kabas den Mißtrauensantrag gegen Marboe einbringt, zieht die ÖVP-Fraktion geschlossen aus, und hofft so, das Gremium beschlußunfähig zu machen. Doch das stellt sich als Irrtum heraus, als es der SPÖ binnen kürzester Zeit gelingt, drei ihrer fehlenden Kuratoren herbeizuholen.

Hat man ursprünglich mit einer Rüge Marboes gerechnet, so beginnt sich im Laufe des 17. Septembers das Blatt zuungunsten des Intendanten zu wenden.

ÖVP-Sprecher Heribert Steinbauer meint zwar: „Die ORF-Spitze ist als Team gewählt worden. Es ist daher darüber nachzudenken, ob nicht die gesamte Geschäftsführung abgelöst werden sollte." Doch die 18 verbliebenen Kuratoriumsmitglieder sind davon nicht überzeugt und beschließen die Ablöse Marboes. Ein neuer ORF-Krieg beginnt.

Kriegsende ● Schlepper verdienten Milliarden mit Flüchtlingen

zerschlägt China-Mafia

Im Morgengrauen des 10. September gelingt Elitetruppen der Polizei der bisher größte Schlag gegen eine Mafia-Organisation. Nach monatelangen Vorbereitungen und Abhöraktionen bei den „Paten" des Syndicates schlagen 396 Spezialisten unter Führung der Einsatztruppe zur Bekämpfung des Terrorismus (EBT) in sieben Bundesländern gleichzeitig zu. An den Schwerpunkten, vom Wiener Prater bis zu den Außenbezirken, sind Reporter der „Krone" dabei.

In nur vier Stunden ist die Aktion erfolgreich beendet. Die Drahtzieher der Verbrecherorganisation, die auch für das Flüchtlingsdrama auf der Südautobahn mit fünf Toten verantwortlich sind, sitzen hinter Gittern.

Weiters werden Kisten voll getürkter Reisepässe, Waffen und Fälscherwerkzeug sowie Sparbücher mit Millioneneinlagen sichergestellt. Schwarzgeld, das wohl in die „Geldwaschmaschinen" der 347 Chinarestaurants geflossen wäre.

Innenminister Franz Löschnak zieht denn auch höchstpersönlich eine „süßsaure" Bilanz: Süß, weil seinen Männern ein Riesenfang geglückt ist - 7500 von der China-Mafia nach Österreich geschmuggelte und in ganz Europa „weitergelieferte" Flüchtlinge wurden ausgeforscht. Sauer, weil aufgrund schwacher gesetzlicher Bestimmungen Schleppern maximal drei Jahre Haft drohen. Zumal die 20 Schlepperbosse 1,2 Milliarden umgesetzt haben.

Paul McCartney begeistert 12.000 Fans in der ausverkauften Wiener Stadthalle mit einem zweieinhalb Stunden langen Konzert. 31 Songs gibt Paul, der vor seiner Show mit Ehefrau Linda und den Bandmitgliedern noch die „Krone"-Redaktion besuchte, zum Besten. Die größte Stimmung kommt natürlich bei den Beatles-Klassikern auf.

ÖSTERREICH INTIM: 70.000 „Krone"-

Seele, Sex und

Dank der Mitarbeit der „Krone"-Leser, die 70.000 Fragebögen ausgefüllt zurücksandten, konnten Dr. Gerti Senger und Dr. Walter Hoffmann erforschen, wie die Österreicher leben und lieben. Die Ergebnisse dieser größten sozialwissenschaftlichen Erhebung seit Jahrzehnten in Kurzform: Es geht uns gut . . .

Die Auswertung der Antworten der treuen, fleißigen „Krone"-Leserfamilie wird im September 1993 präsentiert. Hier die teils erstaunlichen Ergebnisse:

Auch wenn zwischen dem Neusiedler- und dem Bodensee viel geraunzt wird, ist mehr als die Hälfte der Österreicher mit ihrem Leben zufrieden. Trotz seiner erwiesenen Neigung zur Melancholie scheint der Österreicher eine Begabung zum Glück zu haben, denn in die Wiege gelegt wird es ihm nicht: Fast 40 Prozent aller Österreicher fühlten sich als Kind oft traurig und einsam! Hier mag ein Grund dafür liegen, daß 43,5 Prozent der angeblich „gemütlichen" Österreicher „Häferln", also unbeherrscht und aufbrausend sind und mehr als ein Drittel unter Schüchternheit leidet.

Erfreulicher sieht es in Sachen Sex aus: 82,6 Prozent

Dr. Gerti Senger erforschte das Intimleben der Österreicher

Die neue „ZiB" flimmert über unsere Bildschirme

Nach monatelanger Geheimniskrämerei ist es am 27. September soweit: Über Österreichs Bildschirme flimmert die neue, vom umstrittenen Stardesigner Neville Brody entworfene „ZiB". Allzu hohe Erwartungen werden allerdings nicht erfüllt – abgesehen von einem gründlichen „Facelifting" bleibt fast alles beim alten.

Auch die Doppelmoderation, die einer Umfrage zufolge 72 Prozent der TV-Zuseher wünschen, wird beibehalten. Allerdings gesellt sich zu den bekannten Sprecherduos mit Hannelore Veit und Wolfram Pirchner eine neues, viertes Pärchen.

Die reformierte „ZiB" unterschiedet sich in folgenden Merkmalen von ihrer Vorgängerin: Blaues Studio, die Erdkugel als Hintergrund, kräftigere Headlines, der Donauwalzer als Signation, mehr Live-Einstiege.

In neuem Gewand präsentiert sich auch die „ZiB 2". Sie wurde um fünf Minuten verlängert und nennt sich fortan „ZiB-Abendstudio".

◀ Das neue Moderatorenpärchen Hannelore Veit und Wolfram Pirchner im „ZiB"-Studio – vor einem „Scherzel" der Erdkugel, sozusagen über den Wolken.

Leser beteiligen sich an Gerti Sengers Studie

Partnerschaften

der Frauen – mehr als in Deutschland und Amerika – erreichen problemlos einen Höhepunkt. Die Männer stehen mehr unter Druck – gut ein Drittel hat Potenzprobleme. Am besten geht es noch den Salzburgern – dort sind die potentesten Männer zuhause.

Wenn es allerdings klappt, dann spielen die österreichischen Männer ihre amerikanischen und deutschen Brüder an die Wand: Rund 50 Prozent unserer Männer dehnen den Liebesakt bis zu einer halben Stunde aus.

Die Deutschen und Amerikaner schaffen es im Durchschnitt nur bis zu zehn Minuten. Die bevorzugten Sex-Termine sind übrigens abends vor dem Einschlafen und das Wochenende.

Jeder zweite Mann geht fremd . . .

Glauben Sie, daß der österreichische Mann treu ist? Keineswegs – er ist ein Hallodri! Fast jeder zweite geht nämlich fremd. Wenn die Amerikaner nicht lügen, dann ist dort nur jeder dritte ein Seitenspringer, wie in einer neuen US-Umfrage 1993 behauptet wird.

Die österreichischen Frauen sind zwar – wie man sieht – mit Recht! – eifersüchtiger als die Männer, aber auch wesentlich treuer: Nur jede vierte wird schwach. Noch etwas ist auffallend: Die österreichischen Frauen sind um vieles selbstbewußter als die Männer.

Von Lustlosigkeit ist keine Rede

Die hochgespielte Sado-Masochismus-Welle erwies sich als Medienereignis: „SM" läßt die Österreicher ebenso kalt wie die angebliche allgemeine Lustlosigkeit. Nur 28,6 Prozent klagen über mangelndes sexuelles Interesse, nur sechs von 100 Österreichern erwärmen sich für sado-masochistische Spiele. Dafür steht das „Speanzeln" hoch im Kurs. Mehr als ein Drittel der Österreicher findet es erregend, andere beim Sex zu beobachten. An Gruppensex sind 28,4 Prozent interessiert, wobei die Frauen im Gegensatz zu den Männern lieber zusehen als mitmachen würden. Nicht mehr tabu ist der Oralsex, fast zwei Drittel der Österreicher praktizieren die Reizung der Geschlechtsorgane mit den Lippen. Vor Jahrzehnten noch galt diese Liebestechnik als Perversion. Was die Selbstbefriedigung anlangt, so masturbieren zwei Drittel der Frauen und Männer regelmäßig, wobei Männer den „Orgasmus Marke Eigenbau" häufiger anwenden, was auf ihr stärker drängendes sexuelles Bedürfnis zurückzuführen ist.

Alles bestens: Österreichs Liebespärchen sind überraschend aktiv – wobei die Frauen wesentlich treuer sind als die Männer . . .

Hätten Sie erwartet, daß die österreichischen Männer viel heiratsfreudiger als die Frauen sind? Tatsächlich, sie sind es! Die Hochburg der Heiratsfreudigkeit ist übrigens das Burgenland.

Wobei die Wahl der Männer in Zukunft seltener auf knabenhafte Frauen fallen wird: Nur 154 Prozent begeistern sich für diesen Typ, während jeder zweite Österreicher Frauen mit großer Oberweite bevorzugt . . .

▲ *Boris Jelzin (oben) ließ seinen ewiggestrigen Gegenspielern, allen voran Alexander Ruzkoj (unten), keine Chance.* ▼

„Zar Boris" kämpft um sein Russland und schlägt Aufstand nieder

Panzergranaten gegen Parlament – mit Unterstützung des Volkes!

Stunden, Tage der Dramatik in Moskau: Wieder einmal proben die unverbesserlichen kommunistischen Stahlhelme den Aufstand gegen „Zar" Boris. Setzen den russischen Präsidenten kurzerhand ab und küren mit Alexander Ruzkoj willkürlich ein neues Staatsoberhaupt. Doch Jelzin, die Armee und Mehrheit des Volkes im Rücken, wehrt den Putschversuch ab.

Zerbombt: Das „Weiße Haus" in Moskau, einst Sitz des „Parlaments"

Liebe ist stärker als der Krieg: Die Russen haben genug von Putschversuchen - ein Plus für „Zar Boris"

Das Vorspiel: Jelzin will nicht länger dulden, daß die Apparatschiks seine Wirtschaftsreformen blockieren. Er löst das Parlament auf, ruft den Ausnahmezustand aus und kündigt per TV Neuwahlen und eine demokratische Verfassung an.

Dann überschlagen sich die Ereignisse. Jelzins Gegner unter Führung des Parlamentspräsidenten Ruslan Chasbulatow setzen „Zar Boris" ab, verurteilen ihn zum Tode und ernennen Jelzins früheren Vize Alexander Ruzkoj zum Staatschef.

Boris Jelzin zögert anfänglich, trifft letztlich aber eine historische Entscheidung. Er, der sich mittlerweile der Loyalität der Elitetruppen der Armee sicher sein darf, läßt einen Blockadering um das „Weiße Haus", dem Sitz des aufständischen Parlaments, errichten. Und beordert Panzerdivisionen sowie Luftlandetruppen nach Moskau.

Mit Unterstützung des eigenen Volkes, sämtlicher westlicher Regierungen und der russischen Armee gelingt es Jelzin, Massendemonstrationen Ewiggestriger niederzuschlagen und auch das strategisch wichtige Fernsehzentrum und den Sitz des Moskauer Bürgermeisters, die kurzfristig besetzt waren, zu befreien.

Dann läßt er das „Weiße Haus", in dem sich nach tagelanger Aushungerung außer den Abgeordneten auch Tausende zivile „Hardliner" verschanzt haben, mit Panzergranaten beschießen.

Jelzin läßt seine Gegner, die entnervt aufgeben, „ausradieren". Er ersetzt sämtliche Ex-Kommunisten – auch in den Republiken des Riesenreiches – durch Vertraute. Fazit: Jelzin hält das Ruder und die Macht fester in der Hand als zuvor.

Freitag, 13. September 1993 – ein Tag, der die Welt veränderte: US-Präsident Clinton mit den einstigen Todfeinden Arafat und Rabin

PLO-Chef Arafat und Israels Premier Rabin zeichnen Friedensvertrag und schwören:

Genug des Blutes und der Tränen

Ein Hauch von Geschichte weht am Freitag, dem 13. September 1993, über den Rasen vor dem Weißen Haus in Washington: PLO-Chef Arafat und Israels Premier Yithsak Rabin haben nach Jahrzehnten blutiger Auseinandersetzungen und Terroranschlägen einen möglicherweise historischen Friedensvertrag unterzeichnet. „Möglicherweise" deshalb, da das Abkommen ein Akt ohne Illusionen ist, sondern ein erster Schritt zur stufenweisen Lösung des Nahost-Konfliktes.

Und das steht in dem Autonomievertrag:

● Am 3. Dezember 1993 beginnt das israelische Militär mit dem Totalrückzug aus Gaza und Jericho. Gleichzeitig wird eine palästinensische Polizei aufgestellt.

● Am 7. Juli 1994 sollen die Palästinenser einen Autonomierat für die gesamten besetzten Gebiete wählen. Er übernimmt alle Regierungsaufgaben mit Ausnahme der Verteidigungs- und Außenpolitik und hat auch keine Kontrolle über israelische Siedlungen. Die Araber Ostjerusalems dürfen sich an der Wahl beteiligen, die Autonomie gilt jedoch nicht für Jerusalem.

> ***„Der Kampf unseres Volkes wird fortgesetzt, aber es wird ein Kampf für den Frieden werden!"***
> PLO-Chef Arafat

● Am 10. Juli soll sich die israelische Armee von allen palästinensischen Bevölkerungszentren auf einige Überlandstützpunkte zurückgezogen haben.

● Spätestens in drei Jahren müssen die Verhandlungen über die endgültige Lösung begonnen haben, die wirksam wird, sobald das Mandat des Autonomierates in fünf Jahren erloschen ist.

Viele heiße Eisen bleiben vorläufig aber unangetastet: Was wird aus Jerusalem? Dürfen die palästinensischen Flüchtlinge zurückkehren? Immerhin äußern 800.000 von jenen vier Millionen, die im Exil leben, diesen Wunsch. Wird es Reisedokumente für die Palästinenser in den Autonomiegebieten geben, darf sich Arafat frei bewegen? Und – wie werden die fanatischen islamischen Fundamentalisten reagieren?

> ***„Aus dem Nahen Osten hören wir den Schrei nach dem Wunder eines normalen Lebens..."***
> US-Präsident Bill Clinton

Arafat und Rabin haben jetzt die Fäden des Schicksals in ihren Händen . . .

Hochpeinliche Grapschaffäre

Streit zwischen Frauenministerin Johanna Dohnal und Sozialminister Josef Hesoun: Weil letzterer einer SP-Abgeordneten vor sechs (!) Jahren angeblich auf den Busen gegriffen haben soll, fordert Dohnal Hesouns Rücktritt. Kanzler Vranitzky beendet die hochpeinliche Grapschaffäre mit einer Aussprache aller Beteiligten.

Schlägerei bei Kurden-Demo

Am Rande des Europaratsgipfels im Wiener Austria-Center kommt es zu Ausschreitungen kurdischer Demonstranten, bei denen 16 Randalierer festgenommen und 19 Polizisten verletzt werden. Der Gipfel endet mit der Erklärung von 32 Regierungschefs, die kulturellen Rechte von Minderheiten künftig stärker zu schützen.

Immerhin: Der Wille zur Mülltrennung ist vorhanden, bei Glas und Papier funktioniert's schon

Bürger verunsichert, Wirtschaft ratlos, Ministerium planlos

Neues Gesetz zur Mülltrennung: Der ganz normale Wahnsinn

Ein gutgemeintes Gesetz zur Abfalltrennung und Müllvermeidung löst einen gewaltigen Politwirbel aus: Weil es am 1. Oktober vorschnell in Kraft gesetzt wird. Ohne Information der Betroffenen, ohne flächendeckende Versorgung mit den notwendigen Sammelbehältern, dafür aber gleich mit der Androhung von Strafen.

Umweltministerin Maria Rauch-Kallat steht denn auch gleich im Kreuzfeuer der Kritik – nicht nur seitens der Oppositionsparteien, sondern auch der Arbeiterkammer, des Handels, vieler Produzenten und der Umweltstadträte von Salzburg und Wien.

Die Bevölkerung wiederum ärgert sich über die fehlende Aufklärung. So ist etwa die aufwendige Informationsbroschüre des Umweltministeriums auch Tage nach Inkrafttreten der sogenannten Verpackungsverordnung noch in Druck, obwohl sie vor Wochen hätte ausgeliefert werden sollen. Dafür gibt es eine telefonische „Info-Hotline“, die aber stets besetzt ist . . .

Ein weiterer Kritikpunkt der Bürger: Die Bestimmungen sehen die Trennung von Papier, Glas, Kunststoffen, Metall, Biomüll, Restmüll und Problemstoffen vor. Wozu theoretisch sechs bis sieben verschiedene Behälter notwendig sind, die in vielen Haushalten – vor allem in kleinen Wohnküchen im städtischen Bereich – keinen Platz finden.

Stichwort Stadt: Ungelöst bleibt das Problem des Biomülls in dichtverbautem Gebiet. Meist nach kürzester Zeit übelriechend, ist der Kompost oft unbrauchbar. Und daher, wie Wiens Umweltstadtrat Michael Häupl (SP) weiß, „bestenfalls als Sautrank verwendbar“.

***Stolzer Brautvater** ist Bundeskanzler Franz Vranitzky, der seine Tochter Claudia zum Traualtar führt. In der Kirche von Perchtoldsdorf gibt sie ihrem Auserwählten Joachim Knehs – laut und sicher, wie „Krone“-Adabei feststellt – das Ja-Wort. Obwohl sich der Bräutigam am Standesamt etwas verspätet hat. Was Kanzlergattin Christine mit einem trockenen „Joachim verspätet sich immer“ kommentiert.*

Sex-Vorwürfe gegen den US-Megastar:

Ist Michael Jackson ein Kinderschänder?

Fünf Ex-Angestellte belasten den amerikanischen Megastar Michael Jackson schwer und behaupten beobachtet zu haben, wie der Popsänger Buben sexuell mißbraucht habe. „Jacko" bestreitet jede Anschuldigung und zieht sich zu seiner mütterlichen Freundin Liz Taylor vor der US-Justiz in die Schweiz zurück.

„Wir verloren unsere Stellung als Köche, weil wir erkannten, wie Jackson wirklich war", erklären die Zeugen Philippe und Stelle Le-Marque. „Wir sahen, wie Michael Buben, auch Kinderstar Macaulay Culkin, liebkoste."

Ein mexikanischer Gärtner, selbst Vater dreier Kinder, alarmierte die Fürsorgebehörden, weil er Jackson bei „ungesunden Dingen mit kleinen Gästen überrascht hatte". Der Angestellte wagte, den Popstar deshalb zur Rede zu stellen, und wurde daraufhin sofort entlassen.

Krone-Chronik Oktober '93

- Die georgischen Regierungstruppen erleiden in der Schlacht um die abchasische Stadt Suchumi eine schwere Niederlage. Georgien verliert damit den strategisch und wirtschaftlich wichtigsten Hafenzugang zum Schwarzen Meer.
- Vernichtender Rechnungshofbericht über das Burgtheater in der Peymann-Ära: Alles ist zurückgegangen – die Zahl der Besucher, Abonnenten, Einnahmen, Neuinszenierungen, usw. Gestiegen sind dagegen die Bezüge des umstrittenen Direktors ...

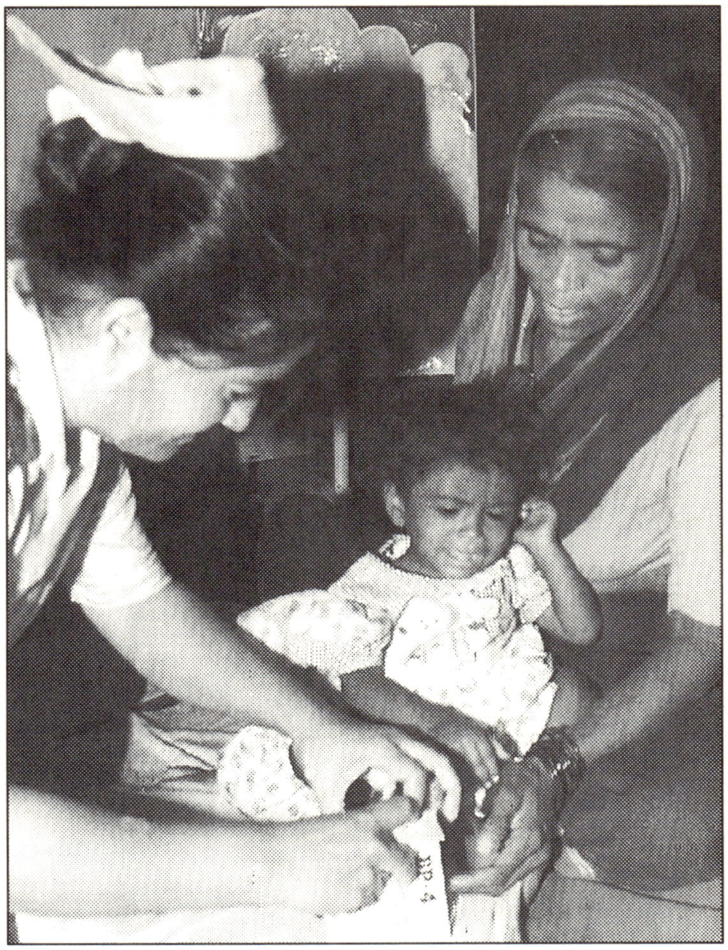

Sechs Tage nach dem Beben wird ein Mädchen lebend geborgen

Chaos bei Bergung: Keine Ärzte, keine Nahrung, Seuchengefahr

Verheerendes Erdbeben in Indien fordert 30.000 Todesopfer !

Verzweifelte Suche nach Überlebenden der Naturkatastrophe

Beim verheerendsten Erdbeben in Südostasien seit 50 Jahren werden im indischen Bundesstaat Maharashtra mehrere Städte völlig zerstört und etwa 30.000 Menschen getötet. Da es im Katastrophengebiet keine Ärzte, keine Nahrung und kein Brennholz zur Einäscherung der Leichen gibt, besteht Seuchengefahr.

Für die meisten unter den Trümmern ihrer Häuser Verschütteten kommt jede Hilfe zu spät. Nachbeben versetzen Überlebende und Bergungstrupps in Panik, außerdem setzen noch heftige Monsunregen ein. Aus Mangel an Nahrungsmitteln und Medikamenten sterben auch verwundet Geborgene massenweise.

Um den Ausbruch von Seuchen zu verhindern, beginnt ein dramatischer Kampf gegen die Zeit: Tausende Leichen werden in Massengräbern beigesetzt und die Hindus nach alter Sitte verbrannt. Da es kein Holz mehr für Scheiterhaufen gibt, werden die Toten mit Benzin übergossen und angezündet.

Sechs Tage nach der Naturkatastrophe finden französische Helfer, die mit bloßen Händen Leichen aus Bergen von Schutt holen, ein 18 Monate altes Mädchen lebend unter den Trümmern seines Elternhauses.

Saurierfieber nach „Jurassic Park"

Für ein weltweites „Dinosaurier-Fieber" sorgt Steven Spielbergs Actionthriller „Jurassic Park" und wird binnen Wochen zum erfolgreichsten Film aller Zeiten: Der Streifen spielt binnen weniger Wochen weltweit 1,245 Milliarden Schilling ein. In dem utopischen Filmabenteuer werden mittels High-Tech-Apparaturen die Urweltriesen, die unsere Welt vor 65 Millionen Jahren beherrschten, zum Leben erweckt. Die 14jährige Schauspielerin Ariana Richards (Bild rechts) wird über Nacht zum Megastar.

Opfer mit Monatsrenten abgespeist ● Pharmafirma haftet nicht

AIDS-Drama in Österreich: 120 Bluter durch Arzneien verseucht

AIDS-Drama in Österreich: 80 Bluter, die über Arzneien mit AIDS-Viren verseucht wurden, erhalten in aller Stille eine monatliche „Entschädigung" von 3000 Schilling. 35 Opfer der insgesamt 120 Infizierten sind bereits gestorben. Da das Produkthaftungsgesetz erst später beschlossen wurde, haftet die Pharmafirma nicht.

Kurz nachdem in Deutschland wegen ähnlicher Mißstände Minister ihren Abschied nehmen müssen, deckt „Krone"-Reporter Richard Schmitt jun. auch in der Alpenrepublik einen AIDS-Skandal auf.

Bluter benötigen zur Behandlung schmerzhafter Spontanblutungen Präparate zur Verbesserung der Blutgerinnung. Zwischen 1979 und 1983 wurden mit aus fremden Blutplasma gewonnenen Arzneien nachweislich 120 Hämophilie-Kranke mit AIDS infiziert. Die Folgen: 35 der behandelten Patienten starben, weitere 80 erkrankten an der Todesseuche.

Doch die Betroffenen – die Mehrheit von ihnen stammt aus Oberösterreich – werden mit einer geringen Entschädigung abgespeist: Sie erhalten 3000 Schilling monatlich aus einem Bundes-Fonds und die Familienangehörigen einen Ersatz der Begräbniskosten . . .

Dr. Klaus Lechner vom AKH-Wien bedauert die Situation seiner Patienten: „Tragisch, daß das Produkthaftungsgesetz erst später beschlossen wurde, die Geschädigten haben deshalb mit Klagen kaum Erfolg."

USA befürchten in Somalia ein Vietnamdebakel

Schock in den USA über zwölf tote amerikanische UNO-Soldaten. Ihre Leichen werden vom Mob durch die Straßen von Mogadischu geschleift. Ein Pilot wird von Rebellen-Milizen als Geisel genommen und im Fernsehen gedemütigt.

Der US-Kongreß spricht von einem drohenden „Vietnamdebakel" der USA im „Dschungel" von Süd-Mogadischu, wo nicht mehr als ein paar zehntausend Menschen leben. Präsident Clinton jedoch kündigt eine ehrenvolle Auftragserfüllung und eine Verstärkung der Truppen in Ostafrika an.

Beamte immer früher in Pension

Weil immer mehr Beamte von der Möglichkeit der Frühpensionierung Gebrauch machen, schlägt Staatssekretär Peter Kostelka Alarm: In den vergangenen drei Jahren ist das Durchschnittsalter, in dem Beamte in Pension gehen, auf 57,4 Jahre gesunken. Kostelka fordert deshalb die Änderung der bisherigen Richtlinien.

13jähriger jagt verhaßtem Lehrer Kugel in den Kopf und verübt dann Selbstmord

Schüler schießt Direktor nieder!

Ein 13jähriger Schüler lauert vor der Hauptschule in Hausleiten (NÖ) seinem Direktor auf und jagt ihm von hinten eine Kugel aus einem abgesägten Kleinkalibergewehr in den Kopf. Anschließend verübt der Bub Selbstmord. Der Lehrer hat den Schüler am Vortag beim Rauchen erwischt und seinen Vater zu einer Aussprache vorgeladen.

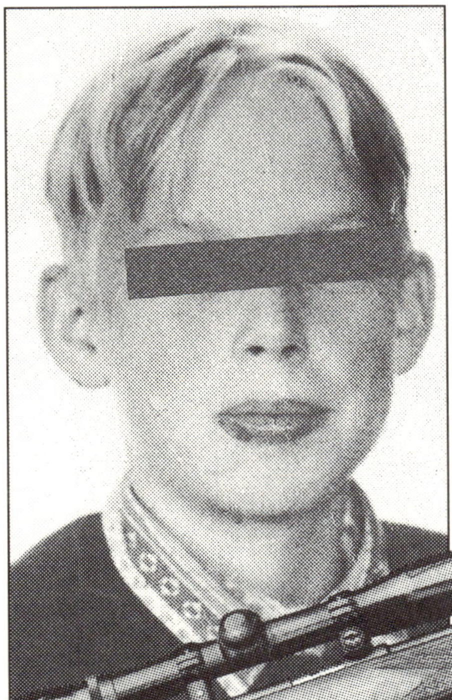

◀ Der 13jährige Hauptschüler Norbert H., der von seinem Lehrer Josef Haukner aus Hausleiten ▶ beim Rauchen erwischt wurde, schießt aus unbändigem Haß auf den Direktor. Anschließend jagt sich der Bub eine Kugel in den Kopf und stirbt.

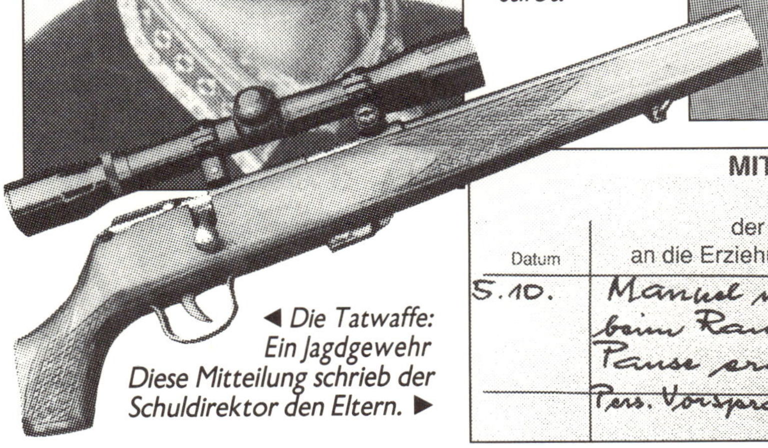

◀ Die Tatwaffe: Ein Jagdgewehr

Diese Mitteilung schrieb der Schuldirektor den Eltern. ▶

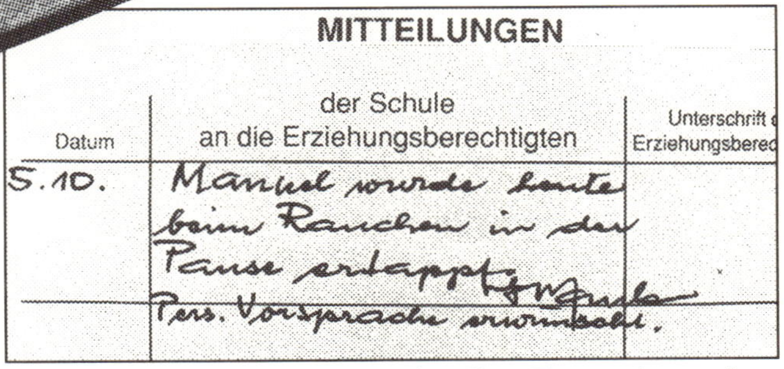

MITTEILUNGEN

Datum	der Schule an die Erziehungsberechtigten	Unterschrift d. Erziehungsberec[htigten]
5.10.	Manuel wurde heute beim Rauchen in der Pause ertappt. Pers. Vorsprache erwünscht.	

Am 6. Oktober erschüttert die Wahnsinnstat eines Schülers, der sich an dem für ihn verhaßten Pädagogen rächen will, unser Land. Zwanzig Meter vor dem Haupteingang der Schule legt sich der 13jährige Norbert B. vor Unterrichtsbeginn auf die Lauer, um den 58jährigen Direktor Josef Haukner kaltblütig zu töten.

Unter der Jacke hat der Bub ein Jagdgewehr seines Vaters, das er eigens für seinen Racheplan an Schaft und Lauf abgesägt hat, versteckt. Der Schüler grüßt den Lehrer noch freundlich, wartet, bis dieser an ihm vorbei ist, visiert ihn durch das Zielfernrohr an und drückt ab. Direktor Haukner bricht blutüberströmt zusammen.

Als Klassenkollegen zu schreien beginnen: „Der da war's, der Norbert!", läuft der 13jährige davon, setzt sich die Waffe an die Schläfe und jagt sich eine Kugel durch den Kopf. Der Pädagoge überlebt den Anschlag, das Kind stirbt.

Professor Max Friedrich von der Wiener Universitäts-Klinik für Kinderpsychologie sieht in der Bluttat einen spektakulären, tragischen Einzelfall: „Ich kann mir nicht vorstellen, daß der Bub die Tragweite seines realen Tuns erfaßt hat." Für VP-Gesundheitssprecher Dr. Günther Leiner schrillen die Alarmglocken: „Die Zahl der verhaltensgestörten Kinder ist im Steigen."

Karl Farkas, „der Gescheite" und Ernst Waldbrunn, „der Blöde"

Farkas: 100. Geburtstag des Großmeisters des Kabaretts

Wien, 28. Oktober 1893. Der Schuhfabrikant Moriz Farkas und seine Gattin Franziska geben die Geburt ihres jüngsten Sohnes bekannt. Der stolze Vater wird gefragt: „Wie soll er denn heißen, der Bub?" Moriz Farkas antwortet: „No, wie wird er heißen? Professor Karl Farkas natürlich!"

Wie anders als kabarettistisch hätte Karl Farkas auf der Bühne des „Simpl" seine Geburt kommentieren sollen. Zum 100. Geburtstag des größten Kabarettisten Österreichs veröffentlicht Georg Markus eine Biographie des „Lachens des Jahrhunderts" mit unvergesslichen und immer noch aktuellen Zitaten. Wie jenes: „Bei uns hat de facto jede Partei zwei Flügel: Politiker sind also die reinsten Engel . . ."

Karl Wendlinger: lahmes Auto

Ausfälle, Unfälle: Lange Gesichter bei Niki, Gerhard & Karl

Mißglückte Rennsaison für unsere Formel 1-Österreicher

Der Kleinste war wieder einmal der Größte: Zum viertenmal durfte sich Alain Prost nach seinem 2. Platz in Estoril als Weltmeister feiern lassen. Stunden, nachdem er die Formel-I-Welt geschockt hatte: „Ich trete auf dem Höhepunkt meiner Karriere ab, nach dieser Saison ist Schluß", erklärte er nach dem Taining.

Zum zweitenmal hintereinander verliert damit die Formel 1 ihren Champion – 1992 Nigel Mansell, jetzt Prost. Doch im Gegensatz zum Engländer werden dem Giftzwerg aus Frankreich nur wenige nachweinen.

Gerhard Berger: Frust im roten Ferrari, unheimliche Unfallserie

Für die Österreicher war es ein hartes Jahr – nicht ganz unerwartet: „Wenn wir Pech haben", hatte Gerhard Berger nach den Wintertests gefürchtet, „können wir uns in den ersten Rennen nicht einmal qualifizieren." So schlimm wurde es zwar nicht – doch auf Erfolge muß man wenigstens bis 1994 warten: Wenn das neue Reglement die „aktive Radaufhängung", mit der Ferrari heuer von einer Pleite in die andere rumpelte, verbietet. 50 Rennen ohne Sieg – die schwärzeste Serie der roten Renner.

Die Schlagzeilen hatten mit sportlichen Erfolgen nichts zu tun: Der 260-km/h-Unfall Bergers in Hockenheim, der Crash des Tirolers mit seinem Teamkollegen Jean Alesi in Monza, nach dem er mit 330 Sachen von der Strecke kreiselte, der Horror-Unfall von Estoril, als der Computer Gehards Auto nach der Boxenstraße plötzlich rechtwinkelig abbiegen ließ – es schien, als wären alle Schutzengel nur für Berger unterwegs . . .

Unzufrieden auch Karl Wendlinger: Zu hoch gesteckt waren die Hoffnungen nach den sensationellen Testfahrten im Winter gewesen – doch da waren die Saubers auch untergewichtig unterwegs. „15 WM-Punkte hab' ich mir ausgerechnet." Darunter auch einen Stokkerlplatz? „Ja. Den hätte ich mir auch in Monza geholt – hätte mir die Box früher die Aufholjagd von Michael Andretti signalisiert und mich Andrea de Cesaris nicht rundenlang blockiert." Daß die ganze Formel 1 Wendlinger als jenen Fahrer anerkennt, der mit Abstand am spätesten bremst, ist da nur ein kleines Trostpflaster . . .

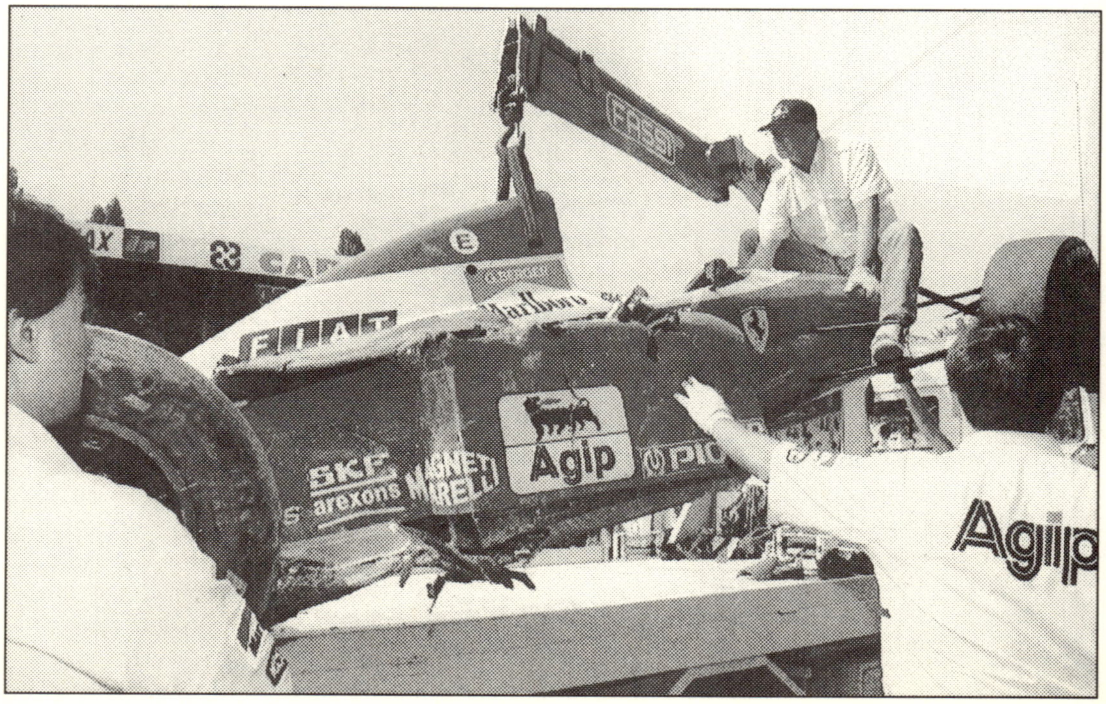

▲ Niki Lauda: Mit seiner Airline erfolgreicher als Ferrari-Berater (oben). Der zertrümmerte Berger-Bolide nach dem Crash in Monza (rechts) ▶

Erfaßt die Rezession auch das Weihnachtsgeschäft '93?

Alarm um Privatwirtschaft: Die Pleitewelle rollt weiter!

Alarmierende Bilanz des Kreditschutzverbandes: Der Schuldenberg unserer maroden Privatbetriebe steigt 1993 auf 35 Milliarden Schilling.

Die Pleitewelle in der Verstaatlichten und bei den heimischen Privatbetrieben wird sich nach Expertenprognosen auch auf das Weihnachtsgeschäft auswirken: In wirtschaftlich schlechten Zeiten sind die Geldbörsen der Österreicher verschlossener.

Das Massensterben bei den österreichischen Klein- und Mittelbetrieben nimmt kein Ende: Milliardenschwere Großinsolvenzen wie jene der Hallein Papier AG, der Wiener IBG, der traditionsreichen Demel-Konditorei, des Hendl-Imperiums Mirimi oder des Vorarlberger Textilriesen Rhomberg sind nur einige Beispiele dafür. Nicht zu vergessen natürlich die Assmann-Pleite. Folge: Mit (laut Kreditschutzverband von 1870) geschätzen 35 Milliarden Schilling Schulden wird der Minusrekord des Jahres 1992 heuer bei weitem übertroffen.

Beschleunigt hat die heimische Pleitewelle die weltweite Rezession, in deren Sog auch Österreich tief hineingezogen wurde und die fast ausnahmslos alle Regionen erfaßt. Besonders stark erwischt hat es aber Wien, Steiermark und Oberösterreich. Mit den meisten Großpleiten über 20 Millionen Schilling Schulden müssen die Branchen Maschinen-Metall, Papier-Druck-Verlag sowie die Bauwirtschaft kämpfen.

Die Ursachen des gewaltigen Anstiegs der Insolvenzen sind nach Ansicht der Krisenforscher aber nicht nur die katastrophale Konjunktur, sondern auch „selbstgestrickte" Probleme: Schlampereien in der Buchführung, Fehlentscheidungen der Unternehmensspitze, zu starke Expansionsgelüste und eine viel zu dünne Eigenkapitaldecke. Die man sich mit teurer Fremdfinanzierung erkaufen müsse, deren hohe Kreditzinsen vielen Betrieben den Todesstoß versetzen.

Dementsprechend pessimistisch sieht denn auch die Prognose für das Weihnachtsgeschäft 1993 aus: Die Pleitewelle in Verstaatlichter und Privatwirtschaft sowie die damit verbundene Angst der Menschen vor einem Verlust des Arbeitsplatzes lassen Rückgänge im Handel erwarten.

Swanee Hunt (43): Ihr Vater war reichster Mann der Welt

Neue US-Botschafterin in Wien

Sie ist Geschäftsfrau, Komponistin, Sozialpolitikerin, Theologin mit drei Universitätsabschlüssen, Ölmilliardärin und – die neue US-Botschafterin in Österreich! Swanee Hunt (43) aus Denver/Colorado löst auf Vorschlag von Präsident Bill Clinton Helene von Damm ab – womit die US-Botschaft in Wien fest unter weiblicher Obhut bleibt.

Swanee Hunt entstammt einer der schillerndsten Dynastien Amerikas, deren turbulentes Treiben Vorbild für die TV-Serien „Dallas" und „Denver" war. Ihr Vater Haroldson Lafayette Hunt galt als reichster Mann der Welt, der sein Vermögen mit einem riesigen Ölimperium in Texas verdiente – und der sein Startkapital beim Pokern gewonnen hatte . . .

Botschafterin Swanee Hunt

Jetzt sterben die Menschen im vom Krieg zerstörten Land an Hunger und Kälte

Winter in den Trümmern Bosniens

Sarajewo. – Der Krieg in Bosnien hat das Land zertrümmert und die Menschen ihrer Hoffnungen beraubt. Die Erkenntnis in den höchsten Etagen der Weltpolitik, versagt zu haben, hilft nun auch nicht mehr: Jetzt verhungern oder erfrieren die Bosnier. Die von der UNO gelieferten Lebensmittel sind nur ein Tropfen auf den heißen Stein; Ärzte klagen, daß sie ihre Patienten nicht mehr versorgen können. In den Spitälern fehlt es nicht nur an Strom und Wasser.

Es ist für die Moslems der zweite und der härteste Winter: Ausgezehrt von den Strapazen des Krieges klagen sie in Interviews, daß ihnen die Kraft für den täglichen Überlebenskampf fehle. Eine Mutter von drei Kindern aus Sarajewo erzählt weinend: „Mein Mann ist gefallen, unser Haus kaputt, und die Politiker reden, daß alles für eine friedliche Lösung getan werde."

Und die westliche Welt? Sie schickt Liebesgaben und fromme Wünsche für ein glückliches neues Jahr . . .

Bilder mit Symbolwert: Eine zerstörte Moschee – und die UNO ein stummer und hilfloser Zeuge (oben). Die Fratze des Krieges: der serbische „Soldat" zieht grölend auf das Schlachtfeld (rechts). Und die Zivilisten kämpfen ums Überleben, wie diese Jugendlichen, die Holz sammeln (unten).

Neue Kronen Zeitung

Horoskop für 1994

Glückskinder & Pechvögel im Jahr des Jupiters

Frau Helga verrät Ihnen Ihre Zukunft

Nach Saturn übernimmt am 20. März 1994 Jupiter die Herrschaft für die nächsten 12 Monate. Der Einfluß dieses Planeten auf die Menschen ist positiv. Er bringt Erfüllung oder das Erreichen eines lang angestrebten Zieles.

Die Geburtsdaten der Glückskinder 1994:

23.3., 31.3., 8.4., 15.4., 29.4., 17.5., 19.5., 27.5., 6.6., 22.6., 26.6., 1.7., 3.7., 17.7., 2.8., 8.8., 25.8., 31.8., 3.9., 14.9., 19.9., 23.9., 29.9., 1.10., 14.10., 22.10., 25.10., 28.10., 2.11., 16.11., 21.11., 23.11., 28.11., 4.12., 8.12., 19.12., 25.12., 31.12., 6.1., 9.1., 13.1., 12.1., 20.1., 31.1., 1.2., 6.2., 18.2., 22.2., 25.2., 1.3., 15.3. 20.3.

Die Geburtsdaten der Pechvögel 1994:

27.3., 1.4., 19.4., 26.4., 3.5., 10.5., 15.5., 21.5., 13.6., 18.6., 30.6., 24.7., 29.7., 31.7., 11.8., 15.8., 20.8., 25.9., 6.10., 10.10., 17.10., 1.12., 11.12., 14.12., 24.1., 27.1., 10.2., 16.2., 15.3.

Das sagen Ihnen die Sterne über Leben, Liebe und Beruf

Widder: 21. 3. bis 20. 4.

Als typischer Widder verlieren Sie keine Zeit, eine Situation zu ändern, die unhaltbar geworden ist, und das kann im Sommer 1994 zu einer hastigen Trennung oder einer plötzlichen Scheidung führen. Lassen Sie dabei aber nicht den finanziellen Aspekt außer acht! Vielen steht ab Oktober eine Übersiedlung bevor.

Stier 21. 4. bis 20. 5.

Sie wollen 1994 einfach Ihre Ruhe haben. Wenn man versucht, Sie anzutreiben, werden Sie störrisch. Privat sollten Sie sich bis Mai passiv verhalten. Danach müssen Sie sich aber zu einer Entscheidung durchringen. Beruflich wird es ein positives Jahr, die Zeit, wo man Sie herumkommandieren konnte, ist vorbei.

Zwillinge: 21. 5. bis 21. 6.

In der Liebe ist alles eitel Wonne, wenn man Ihnen nur nicht zu nahe zu kommen versucht. Aber wehe, Sie haben einen Partner, der wie eine Klette an Ihnen klebt, dann schlittern Sie im März in eine arge Krise, die dramatisch enden kann. Gesundheit: Nach kritischem Herbst steht im Dezember wieder alles bestens.

Krebs: 22. 6. bis 22. 7.

Unter Liebeskummer haben Sie nun lange genug gelitten. Machen Sie jetzt nicht den Fehler, alle neuen Beziehungen an dem letzten Partner zu messen. Im Juli treffen Sie einen Menschen, der endlich Ihren hohen Ansprüchen entspricht. Gesundheit: Abgesehen von den eingebildeten Krankheiten, sind Sie topfit.

Löwe: 23. 7. bis 23. 8.

Wenn man Sie nicht genug anbetet, werden Sie mieselsüchtig und kränkelnd. Reibereien sind bis Juni '94 die Folge. Hoffentlich ist Ihr Partner so klug, sich Ihnen mit Haut und Haaren zu verschreiben, dann werden Sie ihn auf Händen tragen. Beruf: Vorsicht im März und September – jemand will Ihnen ein Bein stellen.

Jungfrau: 24. 8. bis 23. 9.

Was vorbei ist, ist vorbei. Vergießen Sie keine sentimentale Tränen über die Vergangenheit, das Jupiterjahr entschädigt Sie für alles. Jungfrauen können zwar leicht auf Sex verzichten, aber 1994 erweckt ein Mensch, den Sie schon lange Zeit kennen (vielleicht aus Ihrem Büro), sogar bei Ihnen wilde Leidenschaft.

Waage: 24. 9. bis 23. 10.

Sie lieben zwar das angenehme Leben, aber das Arbeiten haben Sie nicht erfunden. Aus dem finanziellen Engpaß hilft Ihnen erst im Juli ein beruflich lukratives Angebot. In der Liebe sind Sie im Jupiter-Jahr sehr wankelmütig. Bedenken Sie, daß die Fortsetzung einer Bindung oft herzloser ist als ein glatter Bruch.

Skorpion: 24. 10. bis 22. 11.

Man holt Sie reumütig zurück. Privat wie beruflich hat man erkannt, daß nach Ihnen nichts Besseres nachkommt. Vergessen Sie Stolz und Rachegefühle. Wenn widrige Umstände eine Ehe unmöglich machen, sollten Sie auch 1994 treu zu dem Partner stehen und sich nicht darum scheren, was die anderen denken.

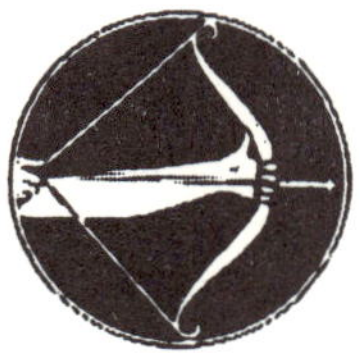

Schütze: 23. 11. bis 21. 12.

Streit gibt es vor allem März/April '94, weil Sie sich mit unbekümmerter Leichtigkeit in Liebesaffären stürzen und damit eine bestehende Partnerschaft gefährden. Aber wer Sie liebt, muß die Leine lang lassen und Ihre oft taktlose Art in Kauf nehmen. Beruf: Einen geplanten Stellenwechsel werden Sie bald bereuen.

Steinbock: 22. 12. bis 20. 1.

Sie zählen 1994 zu den Glückskindern! Mit Ihrer ruhigen Art bringen Sie Ordnung in jedes Chaos – beruflich wie privat. Treffen Sie im Juni einen wagemutigen Entschluß – er wird sich finanziell rentieren! Ein geliebter Mensch findet nach vielen Hindernissen endlich zu Ihnen. Eine Ehe sollten Sie aber gut überlegen.

Wassermann: 21. 1. bis 19. 2.

Haben Sie einmal eine Meinung gefaßt, halten Sie bedingungslos an ihr fest, auch wenn Sie längst wissen, daß sie falsch ist. Diese Sturheit kann Sie vor allem im Februar und von Mitte September bis Mitte November viel Geld kosten. Bei Ihrem Partner sollten Sie endlich den Mut aufbringen und „ich liebe dich" sagen.

Fische: 20. 2. bis 20. 3.

Auch wenn Sie nicht gerade der großzügigste, heißblütigste Liebhaber sind, können Sie sich im Jupiterjahr vor Angeboten nicht erwehren. Berufliche Probleme vergällen Ihnen noch bis April '94 das Leben, danach kann es bei vielen zu einem plötzlichen Kompromiß oder aber zu einer totalen Veränderung kommen.

Auftritt für's Video: Alt-Spitzbub Strobl mit seinen „Haberern"

Toni Strobl, Wiener Weltmeister

So ein Spitzbub

Toni Strobl, das Wiener Original aus dem – wie er stolz immer wieder betont – Arbeiterbezirk Floridsdorf, tritt im Dezember 1993 ab. Im Interview mit Roman Schliesser beteuert der Alt-Spitzbub, der Hunderttausende Menschen zum Lachen gebracht hat: „I hab no nie an Witz gestohlen, sondern für jeden einen Schilling bezahlt. Sogar dem Helmut Qualtinger . . ."

▲ Strobl mit Helmut Zilk: Fachsimpelei über das „Weanerisch"-Buch des „Krone"-Mitarbeiters Josef Köber. Glanzrolle: Strobl als Hildegard Knef ▶

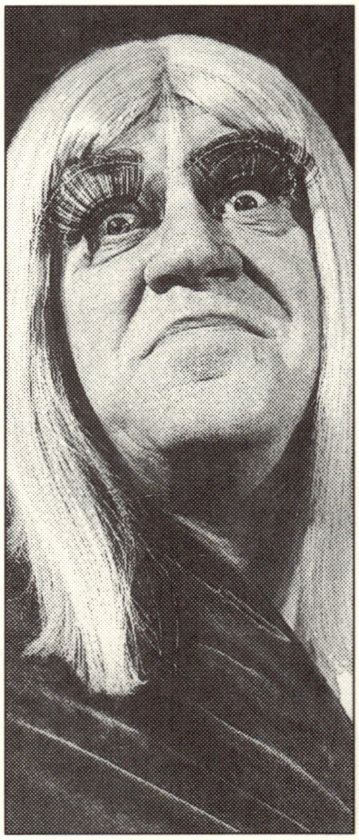

Anfang 1994 droht eine Rekord-Arbeitslosigkeit

Schlechte Nachricht vom Arbeitsmarkt: Trotz „Null-Lohnrunden" in Anbetracht des mäßigen Wirtschaftsjahres 1993 rechnen Experten mit einem Anstieg der Arbeitslosenrate auf 8,7 Prozent – das bedeutet mehr als 300.000 Beschäftigungslose!

Die Auswirkungen der Pleitewellen '93 treffen den Arbeitsmarkt erst Anfang 1994, so eine Studie des Wirtschaftsforschungsinstitutes. Für die ersten drei Monate des Jahres 1994 rechnen die Experten daher mit einer dramatischen Zunahme der Arbeitslosigkeit. Anhaltend auch der charakteristische Trend, daß immer mehr Betriebe sich scheuen, ältere und teurere Kräfte anzustellen und an deren Stelle lieber junge, billigere Arbeiter beschäftigen.

Harter Schlag für Busek & Co. ausgerechnet vor den Wahlen

ÖVP-General Maier tritt zurück

Geht: Ferdinand Maier (42)

Harter Schlag für die ÖVP: Ausgerechnet vor dem schicksalshaften Wahljahr '94 tritt mit Ferdinand Maier der zweite VP-General und bisherige Wahlkampfleiter zurück. Maier wechselt Anfang Jänner in die Privatwirtschaft, seine Funktion wird nicht nachbesetzt. Ingrid Korosec bleibt damit alleiniger VP-General.

Die Wahlkampfleitung des kleinen Regierungspartners übernimmt Föderalismus-Minister Jürgen Weiss. Eine Entscheidung von Parteichef Erhard Busek, die „Krone"-Redakteur Dieter Kindermann in einem Kommentar als „einen aufgelegten Elfmeter für die Opposition" wertet. „Viele Steuerzahler", so Kindermann, „werden sich fragen, wieso ein Minister noch Zeit für den Full-time-job eines Wahlkampfleiters hat".

Ferdinand Maier selbst spricht von „einem verlokkenden Angebot, das ich nicht ablehnen konnte."

im Schmähführ'n, beendet seine Karriere

kommt nie wieder

42 Jahre durften wir mit Strobl & Co Zwerchfellmassagen genießen – egal, ob sie sich Spitzbuben, Alt-Spatzen oder wie zuletzt Runderneuerte nannten. Diese Ära ist am 3. Dezember 1993 vorbei. Toni Strobl, der Wiener Weltmeister im Schmähführ'n, steigt aus.

Damit endet eine Karriere, die voll im Fluß war. Nicht nur ob der grandiosen Erfolge, sondern auch des enormen Flüssigkeitsverbrauches. „Der Durscht war a Wahnsinn", erinnert sich Strobl, „16 Vierteln pro Vorstellung wia nix. Mir ham die Alte Donau leerbechert, mitsamt de Braunalgen ham ma's g'soffen."

Begonnen hatte alles, als Strobl, zarte 22 Jahre alt, von einem gewissen Helmut Schicketanz angesprochen wurde: „I hear, du kannst Gitarr spiel'n. Willst ma net aushelf'n?"

Wenig später kam dann noch ein dritter dazu. „Helmut Reinberger, a Postler. Der Mann am Baß. Bis zu 150 Schilling ham ma damals für an Auftritt bekommen. A Schnitzl hat neun Schilling kost' . . ."

1953 suchte das Trio, das sich bis dahin die „3 Travellers" genannt hatte, einen neuen Namen. „I hab damals g'sagt: Alle ham englische Namen, nenn ma uns liaba Wiener Spitzbuben." Das war's dann auch.

Es folgte ein unaufhaltsamer Höhenflug: Unvergessene Auftritte, Schlagerparodien, Witze und Imitationen ließen Strobl & Co in die österreichische Unterhaltungsgeschichte eingehen. Die Ton- und Bildaufzeichnungen von ihren legendären Programmen sind im wahrsten Sinn des Wortes bereits teure Sammelstücke.

Übrigens: Seinen Abschied feiert Strobl – wie könnte es anders sein – in Floridsdorf. Der Wiege seiner Karriere.

◀ *Seine Parodien ließen Hunderttausende Tränen lachen. Egal, ob Strobl Bruno Kreisky imitierte (links) oder das Wiener Original Waluliso (rechts)* ▶

Aus Toni Strobls Witzkiste

„Was ist der Unterschied zwischen dem Hergott und dem Papst?"

„Der Hergott hat die Welt erschaffen – da Papst schaut sie's au . . ."

☆

Treffen sie zwa Freind: „Du, wo hackelst'n jetzt?" „Bei General Motors, in da Autofabrik." „Am Bandl?" „Na, i derf frei rumlauf'n . . ."

☆

„Wo hast denn heuer Urlaub g'macht?"

„950 Kilometer von Rom."

„Wahnsinn, wo is'n des?"

„In Schwadorf . . ."

☆

„Wieso hast'n so a hoche Stimm' heut'?"

„I war in Stambul Mandeln operier'n, ham's mi verkehrt auf'n Tisch g'legt . . ."

„Nau Servas, Eier Gnaden!"

☆

Kummt ana zum Arzt: „Herr Dokta, imma, wann i den Finga auf's Herz leg, tuat's ma sooo weh. Und wann i eahm in die Lungen druck', kennt i schrei'n vor lauter Schmerz. Aber am ärgsten is, wann i den Finger gegen die Leber preß'. Da wer' i fast ohnmächtig . . ."

„Klingt ernst", sagt der Dokta, untersuacht eahm zwanzig Minuten und fragt: „Se san Burgenländer?"

„Jo, warum?"

„Weil's an brochenen Finger ham . . ."

☆

Kummt a Arbeitsloser ham zu seiner Oiden. „Du Schatzi, i hob a neiche Stöllung." Sagt sie: „Schau die liaba nach ana Hacken um!"

☆

Treffen sich zwei Leichenträger im Beisl neben dem Friedhof. „Bin i fertig, vier Begräbnisse, zwa Kompostierungen . . ." „Wos, Kompostierungen?" „Grüne miaßn a sterben."

PERSONENREGISTER

BILDNACHWEIS

AFP (1), AP (47), Renate Apostel (1), Gerhard Bartel (8), Kurt Bethke (1), Christoph Birbaumer (1), Harald Brodnig (1), Camera Press (1), Manfred Cobyn (9), Franz Crepaz (1), DPA (1), Gert Eggenberger (1), Horst A. Egger (1), EPA (15), Michael Fenz (3), Peter Freithofer (1), GEPA (1), Gerhard Gradwohl (6), Klemens Groh (14), Clarissa Gruber (5), Hartung Fotoagentur (1), Willibald Haslinger (1), hopi (2), Michael Horowitz (3), Christian Jauschowetz (1), Martin A. Jöchl (4), Reinhard Judt (1), Ernst Kainerstorfer (5), Keystone (5), Chris Koller (4), Kövesdi (1), Gerhard Kunze (2), Helfried Langhans (1), Rudolf Laresser (1), Ferdinand Neumüller (2), Bernhard Noll (1), Maislinger (1), Martin Menzel (4), Gino Molin-Pradel (1), Christian Mrozowski (1), ORF (12), Paramount (1), Pessentheiner (1), Reuters (21), Rex Features (1), RTL-Plus (2), Fritz Schaler jun. (2), Erwin Schickinger (1), Andreas Schiel (28), Schraml (2), Fritz Schuster (3), Sipa-Press (1), Walter Sittig (1), Sündhofer (2), Syndication int. (2), Manfred Szlezak (1), teutopress (3), Peter Tomschi (8), Universal Picture (2), US-Botschaft (1), Viennareport (3), Votava (3), Wolfgang Weber (1), Werek (1), Harry Zeilinger (1) sowie Archiv der „Kronen Zeitung".

Schutzumschlag: Christof Birbaumer (1), Chai von der Laage (1), Contrast (1), Klemens Groh (1), IMO (1), Ernst Kainerstorfer (1), Krone-Archiv (1), Thomas Kreuziger (1), Gino Molin-Pradel (1), ORF (1), Reuter (1), Sepp Spiegl (1), Andreas Schiel (1), Peter Tomschi (1), Edwin Walter (1)

Für die redaktionelle Mitarbeit danken wir unseren Kollegen, den Kolumnisten, Redakteuren, Reportern, Fotografen und Karikaturisten der „Kronen Zeitung", die diesem Buch eine Auswahl ihrer 1993 erschienenen Berichte, Kommentare und Bilder überließen. *GW/CM*

Zum Sammeln und Schenken

Backlist

Georg Markus

Schlagzeilen, die Österreich bewegten

Was immer sich seit dem 2. Jänner 1900 weltweit ereignet hat – sei es in der großen Politik oder in der Gesellschaft, im Sport, in der Kunst, in der Mode – es fand in der „Kronen Zeitung" seinen Niederschlag. Die Schlagzeilen der „Krone" bewegen ganz Österreich. Wir lassen sie in diesem außergewöhnlichen Buch mit zahlreichen Artikeln, Fotos, Zeichnungen und Karikaturen Revue passieren – eine ebenso spannende wie unterhaltsame Dokumentation unseres Jahrhunderts.

Georg Markus
Schlagzeilen, die Österreich bewegten
160 Seiten, Farb- und SW-Abb.,
lam. Pappband, 23 x 31,5 cm
DM 39,80/S 298,–/sfr 39,80
ISBN 3-8000-3363-1

Georg Markus

Schlagzeilen 1991 und Schlagzeilen 1992

Auf bewährte Art präsentiert Georg Markus für 1991 und 1992 einen Jahresrückblick. In zalreichen Artikeln, Fotos und Illustrationen werden die Höhepunkte des vergangenen Jahres in Erinnerung gerufen. Politik, Wirtschaft, Kultur, Sport und Gesellschaft – eine bunte Mischung aus Information und Unterhaltung. Die Jahreschronik der Kronen Zeitung – mittlerweile längst als Sammelobjekt etabliert.

Georg Markus
Schlagzeilen 1991
128 Seiten, zahlreiche SW-Abb.,
lam. Pappband,
DM 16,80/S 129,–/sfr 17,80
ISBN 3-8000-3391-7

Schlagzeilen 1991 und 1992 - zwei Bücher zum Vorteilspreis von ÖS 298,-

Georg Markus
Schlagzeilen 1992
160 Seiten, zahlreiche Farb- und
SW-Abb., lam. Pappband,
DM 24,80/S 169,–/sfr 25,80
ISBN 3-8000-3468-9

Autor

Georg Markus
In Wien geboren, Journalist und Schriftsteller. Er ist einer der erfolgreichsten Sachbuchautoren Österreichs und machte sich als Biograph von Hans Moser, Karl Farkas, Katharina Schratt, Sigmund Freud und anderen einen Namen.

UEBERREUTER